HISTORY OF MODERN EUROPE

THE FOUNDATIONS OF EARLY MODERN EUROPE 1460-1559

现代欧洲史

早期现代欧洲的建立1460—1559

01

[美]尤金·赖斯
[美]安东尼·格拉夫顿◎著
安妮 陈曦◎译

Eugene F. Rice, JR
Anthony Grafton

中信出版集团 · 北京

图书在版编目（CIP）数据

现代欧洲史．卷一，早期现代欧洲的建立：1460-1559 /（美）尤金·赖斯，（美）安东尼·格拉夫顿著；安妮，陈曦译．-- 北京：中信出版社，2016.12（2018. 6 重印）

书名原文：The Foundations of Early Modern Europe,1460—1559

ISBN 978-7-5086-6614-3

Ⅰ．①现… Ⅱ．①尤… ②安… ③安… ④陈… Ⅲ．①欧洲—中世纪史—1460-1559 Ⅳ．①K5

中国版本图书馆 CIP 数据核字 (2016) 第 202095 号

现代欧洲史．卷一，早期现代欧洲的建立：1460—1559

著　　者：[美] 尤金·赖斯　[美] 安东尼·格拉夫顿
译　　者：安　妮　陈　曦
出版发行：中信出版集团股份有限公司
（北京市朝阳区惠新东街甲 4 号富盛大厦 2 座　邮编　100029）
承 印 者：北京通州皇家印刷厂

开　　本：787mm × 1092mm　1/32　　印　　张：11　　字　　数：230 千字
版　　次：2016 年 12 月第 1 版　　印　　次：2018 年 6 月第 7 次印刷
广告经营许可证：京朝工商广字第 8087 号
书　　号：ISBN 978-7-5086-6614-3
定　　价：45.00 元

目 录

第三章 文艺复兴与人文主义

第四章 早期现代国家的形成

第五章　教会革命和宗教改革：权力之争

第六章　教会革命和宗教改革：改宗问题

再版序言

《早期现代欧洲的建立》一书诞生于二三十年前。当时学习早期现代欧洲历史的学生们做了大量的学术研究，证实了书中论点的正确性。尤金 · 赖斯研究的重点是印刷术、欧洲世界的扩张、学术和文学的传统权威的恢复，以及16世纪新旧教会的宗教权力危机。虽然过了这些年，但这些成果似乎仍旧鲜活而准确。尤金发出过告诫，这是一个传统和革新并存于建筑、经济等生活的方方面面的时代，过度从单一角度回溯这段历史并不可取。因此，这一新版本在没有改变原书大致结构及章节的前提下，对原书中参考的一些重要文献，特别是马基雅维利的《君主论》和莫尔的《乌托邦》，进行了更加详细的解读。

然而，如同缔造历史一样，记录历史同样没有终点。现代历史学家所研究的世界在改变，他们的兴趣也在随之改变。新问题的产生并不能取代老问题，而是使问题更多了。在经济和社会史方面，过去的二三十年间出现了大量关于城市家庭结构和生活的研究。在思想史方面，视觉艺术的相互作用、自然科学和人文主义学术的传统成了新焦点。最后，文化史研究了文艺复兴时期朝臣和贵族们小巧而极富创造性的世界，重点关注了美国历史学家曾缄默不言的共和政体。这一新版本把这些新奇而激动人心的研究都囊括其中，思想史、社会史、政治史和宗教史的核心内容都得到了完整的呈现。

安东尼·格拉夫顿

新泽西州普林斯顿

1993 年 5 月

初版前言

欧洲在1460—1559年间经历了一场全方位的飞速变化。与所有从一种轮廓分明的文明过渡到另一种的年代一样，传统与革新、灾难与希望的鲜明对比，是这段时期最明显的特征。这就是为什么15世纪和16世纪的历史学家与从古代过渡到中世纪的历史学家一样，总是面临全局和重点之间的艰难抉择。一些研究这段时期的历史学家认为当时的习俗、信仰和制度就如春天来临，万物复苏。而另一些历史学家则试图寻找当时社会萧条、因循守旧和衰退的证据，他们认为那段时期如秋天般凋零衰败。这种完全对立的观点反映了当时新旧世界的奇妙融合。

从旧过渡到新，就是从中世纪过渡到现代吗？答案是肯定的，不过有一些限制条件。第一个问题在于，不要试图把中世纪归纳为某种社会"类型"，寻找中世纪科学、艺术、哲学、宗教或政府体系的精髓，通过这个标准来衡量变化和革新。这样的过程并非完全误导。资料的选择和排序总是赋予历史某些风格，否则这段历史将晦涩难懂。但与此同时，革新和传统的比较，必须要考虑到中世纪生活的多样性。比如，用圣托马斯 · 阿奎纳（St. Thomas Aquinas）解决某个问题的方法来代表中世纪所有哲学家和神学者的观点，这很常见，有时也可取。然而，就算所有或者大部分中世纪思想家有着相同的重大设想，就算圣托马斯的观点很典型，他的理论也只能代表众多13世纪哲学发展理论中的一种。同样，当代历史学家反对圣托马斯的很多学说，称他对14世纪和15世纪的影响只限于他自己的多明我会，而现代教会只承认他是合格的神学家。不过我们也要记住，对一个时代创新的赞扬，往往建立于对前一个时代的轻视之上。

“现代”这个概念隐藏的多样性和歧义甚至更多。清晰表述其含义至关重要，因为很多19世纪和20世纪早期的学者在15世纪和16世纪，特别是意大利文艺复兴和德意志宗教改革这一时期，发现了现代欧洲文明的原型。他们所指的“现代”是他们自己所处的时期。而对于后来20世纪的历史学家来说，他们意识到自己所处的是另一个过渡期，这个过渡期的发展比文艺复兴和德意志宗教改革时期更加迅速。20世纪历史学家认为，伊拉斯谟（Erasmus）、路德、亨利八世、雅各布 · 富格尔、拉斐尔、米开朗琪罗的革新与早期现代世界相距甚远，甚至还不及当代改革者用尽75年时间试图根除的传统和风俗。很多文艺复兴和德意志宗教改革时期的现代主义都变得很老套，就像16世纪罗马出现的中世纪拉丁式建筑或哥特式建筑。因此，如果我们所指的“现代”是当代，或是套用“现代”一词的含义，例如，把“现代艺术”中的“艺术”看作想法和主张与文艺复兴相异或相悖的20世纪文化艺术，那么，文艺复

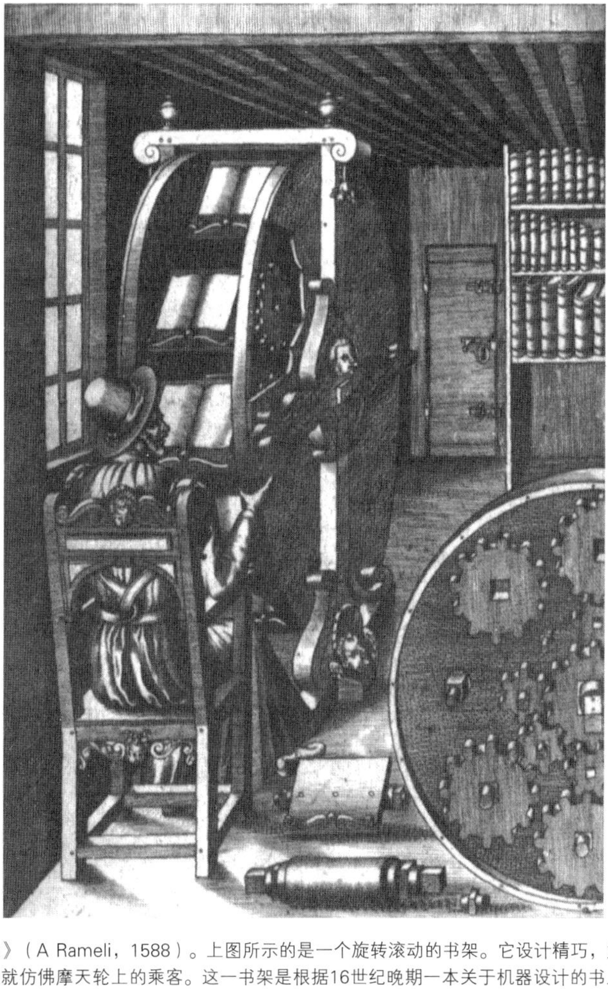

《书轮》（A Rameli，1588）。上图所示的是一个旋转滚动的书架。它设计精巧，放在上面的书就仿佛摩天轮上的乘客。这一书架是根据16世纪晚期一本关于机器设计的书上的描述复刻而来。它（以及其他类似的设备）满足了学者的需求，反映了印刷术发明后新旧文本的大量涌现。尽管它看起来有些粗糙，却能方便地归类信息，使用者能很好地对比针对同一事件、人物或国家的不同描述。

兴和德意志宗教改革是现代世界的开端这一观点，将不再有意义。

在现代和 15、16 世纪之间，欧洲经历了工业革命和法国大革命，以及民族主义发展时期的文化世俗化。文艺复兴和宗教改革时期的欧洲尚未经历工业化，是“不发达”社会，和罗马帝国的经济生活、科技、人口结构、通信、阶级结构很相似，而与当代的西方欧洲和美洲是不同的。在当时的任何地方，政治和军队的忠诚都与王朝而不是国家更加相关。而那个时期的政治联系与个人和家庭关系息息相关，人人都重视宗教。当时在圣人、神秘主义者、改革者和神学家的努力下，还出现了惊人的宗教创造力。信教者十分活跃，在捍卫少数派宗教团体的安全时尤其如此。

总之，15 世纪和 16 世纪上半叶从旧到新的过渡（这种过渡甚至早在 14 世纪就已开始）不是从中世纪到现代的过渡，而是从中世纪到现代早期的过渡。文艺复兴和宗教改革时期的人们建立了新欧洲的基础，但现代历史学家把这个新欧洲称为“传统欧洲”，也就是还未经历法国大革命和工业革命的欧洲。学习这段历史还需要逐步改变认知和学习的方式，才能继续发掘其中重要的关联性和非关联性。

尤金·赖斯

地　图

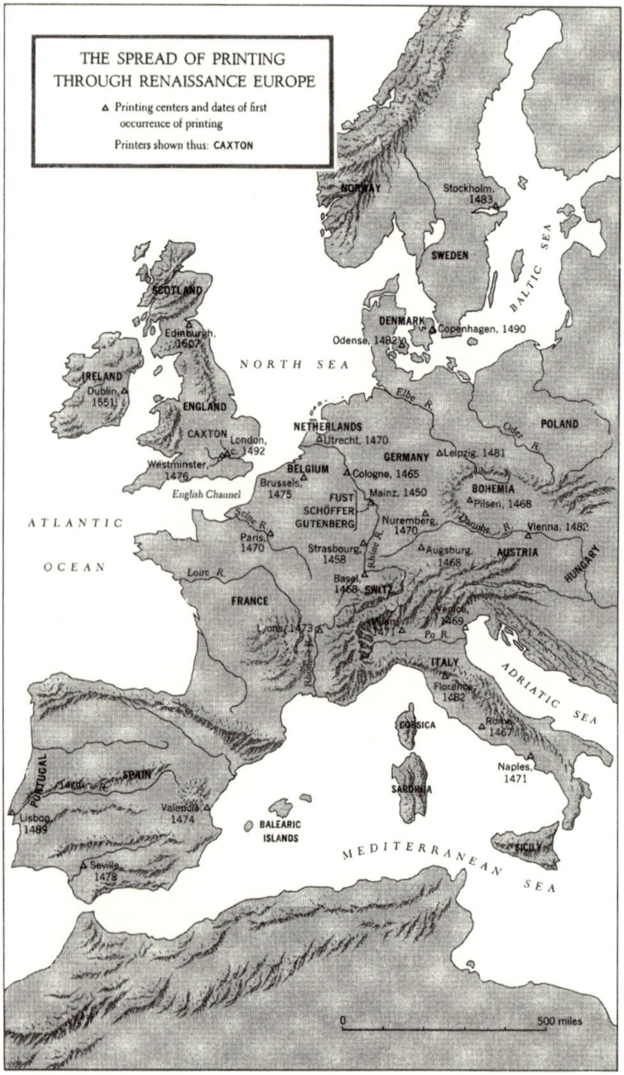
THE SPREAD OF PRINTING
THROUGH RENAISSANCE EUROPE
Δ Printing centers and dates of first occurrence of printing
Printers shown thus: CAXTON
NORWAY
Stockholm, 1483
SWEDEN
BALTIC SEA
SCOTLAND
Edinburgh, 1507
DENMARK
Copenhagen, 1490
Odense, 1482
NORTH SEA
IRELAND
Dublin, 1551
ENGLAND
CAXTON
London, c. 1492
Westminster, 1476
Elbe R.
NETHERLANDS
Utrecht, 1470
POLAND
Oder R.
GERMANY
Leipzig, 1481
BELGIUM
Cologne, 1465
Brussels, 1475
English Channel
BOHEMIA
Pilsen, 1468
Mainz, 1450
FUST
SCHÖFFER
GUTENBERG
Nuremberg, 1470
Seine R.
Danube R.
Vienna
ATLANTIC
OCEAN
Paris, 1470
Strasbourg, 1458
Rhine R.
Augsburg, 1468
AUSTRIA
HUNGARY
Loire R.
Basel, 1468
FRANCE
Venice, 1469
Lyons, 1473
Po R.
ITALY
ADRIATIC SEA
Florence, 1482
CORSICA
Rome, 1467
PORTUGAL
SPAIN
Naples, 1471
SARDINIA
Lisbon, 1489
Valencia, 1474
BALEARIC ISLANDS
Seville, 1478
SICILY
MEDITERRANEAN SEA
0
500 miles

印刷术在欧洲文艺复兴时期的传播

◂印刷中心及印刷术首次出现的日期
印刷商以大写标示，如“CAXTON”

Adriatic Sea 亚得里亚海
Atlantic Ocean 大西洋
Augsburg奥格斯堡
Austria 奥地利
Balearic Islands巴利阿里群岛
Baltic Sea 波罗的海
Basel 巴塞尔
Belgium 比利时
Bohemia 波希米亚
Brussels 布鲁塞尔
Cologne 科隆
Copenhagen 哥本哈根
Corsica 科西嘉岛
Danube R. 多瑙河
Denmark 丹麦
Dublin 都柏林
Edinburgh 爱丁堡
Elbe R. 易北河
England 英格兰
English Channel 英吉利海峡
Florence 佛罗伦萨
France 法国
FUST 福斯特
Germany 德意志
GUTENBERG 古登堡
Hungary 匈牙利
Ireland 爱尔兰
Italy 意大利
Leipzig 莱比锡
Lisbon 里斯本
Loire R. 卢瓦尔河
London 伦敦
Lyons 里昂
Mainz 美因茨
Milan 米兰
Mediterranean Sea 地中海
Naples 那不勒斯
Netherlands 尼德兰
North Sea 北海
Norway 挪威
Nuremberg 纽伦堡
Odense 欧登塞
Oder R. 奥德河
Paris 巴黎
Pilsen 比尔森
Poland 波兰
Portugal 葡萄牙
Po R. 波河
Rhine R. 莱茵河
Rhône R. 罗讷河
Rome 罗马
Sardinia 萨丁尼亚
SCHÖFFER 舍费尔
Scotland 苏格兰
Seine R. 塞纳河
Seville 塞维利亚
Sicily 西西里
Spain 西班牙
Stockholm 斯德哥尔摩
Strasbourg 斯特拉斯堡
Sweden 瑞典
Switz 瑞士
Tagus R. 塔霍河
Utrecht 乌得勒支
Valencia 巴伦西亚
Venice 威尼斯
Vienna 维也纳
Westminster 威斯敏斯特

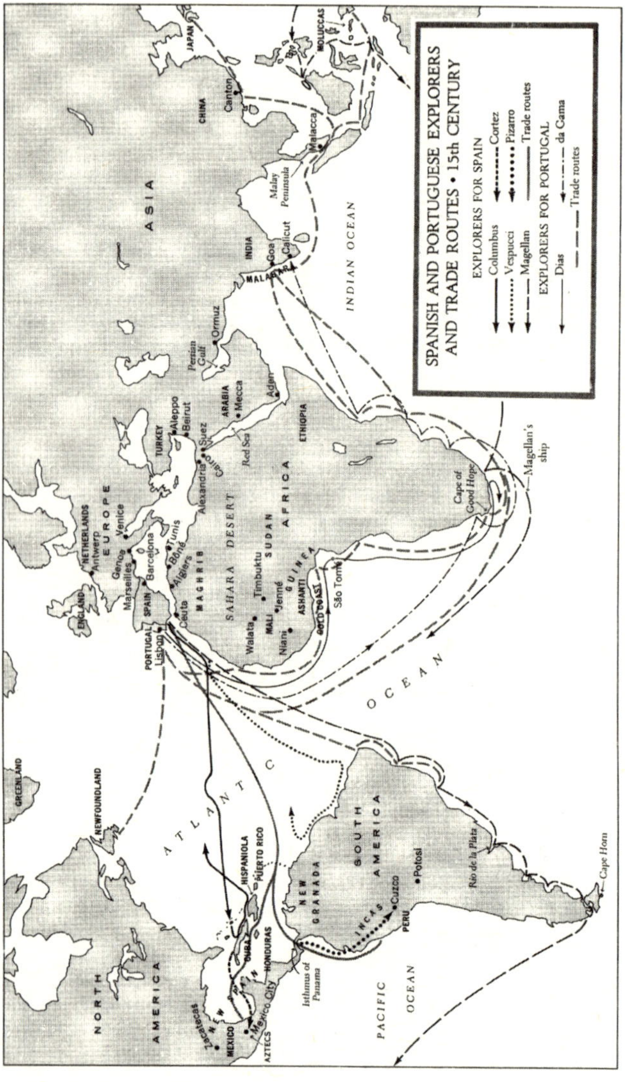
SPANISH AND PORTUGUESE EXPLORERS
AND TRADE ROUTES • 15th CENTURY
EXPLORERS FOR SPAIN
Columbus
Cortez
Vespucci
Pizarro
Magellan
Trade routes
EXPLORERS FOR PORTUGAL
Dias
da Gama
Trade routes
ASIA
CHINA
JAPAN
Canton
MOLUCCAS
Malacca
Malay Peninsula
INDIA
Goa
Calicut
MALABAR
INDIAN OCEAN
Ormuz
Persian Gulf
ARABIA
Mecca
Aden
Aleppo
Beirut
TURKEY
Suez
Cairo
Red Sea
ETHIOPIA
Alexandria
EUROPE
NETHERLANDS
Antwerp
Venice
Genoa
Marseilles
Barcelona
ENGLAND
SPAIN
PORTUGAL
Lisbon
Ceuta
Tunis
Bône
Algiers
MAGHRIB
SAHARA DESERT
SUDAN
AFRICA
Timbuktu
Walata
MALI
Jenné
Niani
GUINEA
ASHANTI
GOLD COAST
São Tomé
Cape of Good Hope
Magellan's ship
OCEAN
ATLANTIC
GREENLAND
NEWFOUNDLAND
NORTH AMERICA
NEW SPAIN
Zacatecas
MEXICO
Mexico City
AZTECS
CUBA
HISPANIOLA
PUERTO RICO
HONDURAS
Isthmus of Panama
NEW GRANADA
SOUTH AMERICA
INCAS
PERU
Cuzco
Potosí
Río de la Plata
Cape Horn
PACIFIC
OCEAN

15 世纪西班牙和葡萄牙探险家的航海路线和贸易路线

西班牙探险家
- 哥伦布
- 韦斯浦奇
- 麦哲伦
- 科尔特斯
- 皮萨罗
- 贸易路线

葡萄牙探险家
- 戴斯
- 达·伽马
- 贸易路线

Aden 亚丁
Africa 非洲
Aleppo 阿勒颇
Alexandria 亚历山大
Algiers 阿尔及尔
Antwerp 安特卫普
Arabia 阿拉伯半岛
Ashanti 阿散蒂
Asia 亚洲
Atlantic Ocean 大西洋
Aztecs 阿兹特克
Barcelona 巴塞罗那
Beirut 贝鲁特
Bôné 波尼
Cairo 开罗
Calicut 卡利卡特
Canton 广州
Cape Horn 合恩角
Cape of Good Hope 好望角
Ceuta 休达
China 中国
Cuba 古巴
Cuzco 库斯科
England 英格兰
Ethiopia 埃塞俄比亚
Europe 欧洲
Genoa 热那亚
Goa 果阿
Gold Coast 黄金海岸
Greenland 格陵兰岛
Guinea 几内亚
Hispaniola 伊斯帕尼奥拉岛
Honduras 洪都拉斯
Incas 印加
India 印度
Indian Ocean 印度洋
Isthmus of Panama 巴拿马海峡
Japan 日本
Jenné 延内
Lisbon 里斯本
Maghrib马格里布
Malabrar 马拉巴
Malacca 马六甲
Malay Peninsula 马来半岛
Mali 马里
Marseilles 马赛
Mecca 麦加
Mexico 墨西哥
Mexico City 墨西哥城
Moluccas 摩鹿加群岛
Netherlands 尼德兰
Newfoundland 纽芬兰
New Granada 新格拉纳达
New Spain 新西班牙
Niani 尼亚尼
North America 北美洲
Ormuz霍尔木兹海峡
Pacific Ocean 太平洋
Persian Gulf 波斯湾
Peru 秘鲁
Portugal 葡萄牙
Potosi 波托西
Puerto Rico 波多黎各
Red Sea 红海
Rio de la Plata 拉普拉塔
Sahara Desert 撒哈拉沙漠
São Tomé 圣多美
South America 南美洲
Spain 西班牙
Sudan 苏丹
Suez 苏伊士
Timbuktu廷巴克图
Tunis 突尼斯
Turkey 土耳其
Venice 威尼斯
Walata 瓦拉他
Zacatecas 萨卡特卡斯

ECONOMIC EXPANSION
IN EUROPE ca. 1500
Banking
Wool
Linen
Silk
Silver mining
Copper mining
Major trade routes
Navigable rivers
0
300 miles
ATLANTIC
OCEAN
NORTH
SEA
BALTIC
SEA
MEDITERRANEAN SEA
ADRIATIC
SEA
English Channel
SCOTLAND
Edinburgh
IRELAND
Dublin
York
Hull
ENGLAND
Norwich
Colchester
London
Severn R.
Thames R.
Amsterdam
NETHERLANDS
Antwerp
Bruges
Ypres
Ghent
Tournai
Brussels
Dinant
Seine R.
Paris
FRANCE
Loire R.
Hamburg
Osnabrück
Bielefeld
Münster
Goslar
Berlin
Copenhagen
Elbe R.
Oder R.
Vistula R.
SAXONY
Annaberg
Mansfeld
GERMANY
Stolberg
Dresden
Chemnitz
Joachminstal
Rhine R.
Mies
BOHEMIA
SILESIA
Prague
Kuttenberg
Deutsch Brod
Iglau
POLAND
Warsaw
Kielce
Leutschau
Neusohl
Kremnitz
Kaschau
Schemnitz
Ulm
Freiburg
Augsburg
Ravensburg
Munich
Memmingen
Danube R.
Vienna
Hallstatt
HUNGARY
Constance
St. Gall
Schwyz
TYROL
Trent
Bourg
Geneva
Lyons
Milan
Padua
Venice
Schneeberg
Cahors
Rhône R.
Avignon
Genoa
Marseilles
ITALY
Pisa
Florence
SPAIN

15 世纪欧洲经济扩张

Ⓑ 银行业
Ⓦ 羊毛
Ⓛ 亚麻
Ⓢ 丝绸
🅂 银矿
🄲 铜矿
—— 主要贸易路线
—— 通航河流

Adriatic Sea 亚得里亚海
Annaberg 安娜贝格
Amsterdam 阿姆斯特丹
Antwerp 安特卫普
Atlantic Ocean 大西洋
Augsburg 奥格斯堡
Avignon 阿维尼翁
Baltic Sea 波罗的海
Berlin 柏林
Bielefeld 比勒费尔德
Bohemia 波希米亚
Bourg 布尔格
Bruges 布鲁日
Brussels 布鲁塞尔
Cahors 卡奥尔
Chemnitz 开姆尼茨
Colchester 柯彻斯特
Constance 康斯坦茨
Copenhagen 哥本哈根
Danube R. 多瑙河
Deutsch Brod 德意志布罗德
Dinant 迪南
Dresden 德累斯顿
Dublin 都柏林
Edinburgh 爱丁堡
Elbe R. 易北河
England 英格兰
English Channel 英吉利海峡
Florence 佛罗伦萨
France 法国
Geneva 日内瓦
Freiburg 弗莱堡
Genoa 热那亚
Germany 德意志
Ghent 根特
Goslar 戈斯拉尔
Hallstatt 哈尔施塔特
Hamburg 汉堡
Hungary 匈牙利
Hull 赫尔
Iglau 伊赫拉瓦
Ireland 爱尔兰
Italy 意大利
Joachminstal 约阿希姆斯塔尔
Kaschau 卡绍
Kielce 凯尔采
Kremnitz 克雷姆尼茨
Kuttenberg 库滕贝格
Leutschau 洛伊查
Loire R. 卢瓦尔河
London 伦敦
Lyons 里昂
Mansfeld 曼斯费尔德
Marseilles 马赛
Mies 密斯
Milan 米兰
Mediterranean Sea 地中海
Memmingen 梅明根
Munich 慕尼黑
Münster 明斯特
Netherlands 尼德兰
Neusohl 诺伊索尔
North Sea 北海
Norwich 诺里奇
Oder R. 奥德河
Osnabrück 奥斯纳布吕克
Padua 帕多瓦
Paris 巴黎
Pisa 比萨
Poland 波兰
Prague 布拉格
Ravensburg 拉芬斯堡
Rhine R. 莱茵河
Rhône R. 罗讷河
Saxony 萨克森
Schemnitz 开姆尼茨
Schneeberg 施内贝格
Schwyz 施维茨
Scotland 苏格兰
Seine R. 塞纳河
Severn R. 塞文河
Silesia 西里西亚
Spain 西班牙
Stolberg 施托尔贝格
St. Gall 圣加伦
Thames R. 泰晤士河
Tournai 图尔奈
Trent 特伦托
Tyrol 蒂罗尔
Ulm 乌尔姆
Venice 威尼斯
Vienna 维也纳
Vistula R. 维斯瓦河
Warsaw 华沙
York 约克
Ypres 伊普尔

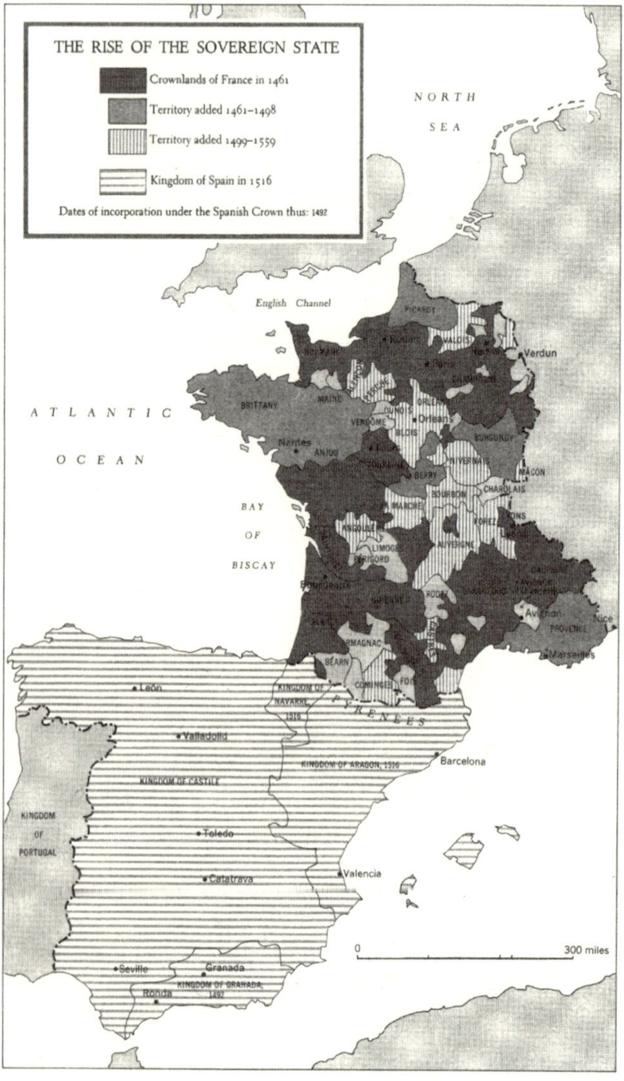
THE RISE OF THE SOVEREIGN STATE
Crownlands of France in 1461
Territory added 1461–1498
Territory added 1499–1559
Kingdom of Spain in 1516
Dates of incorporation under the Spanish Crown thus: 1492
NORTH SEA
English Channel
ATLANTIC OCEAN
BAY OF BISCAY
PICARDY
VALOIS
Verdun
Paris
CHAMPAGNE
MAINE
BRITTANY
DUNOIS
ORLEANS
Orleans
VENDÔME
BLOIS
BURGUNDY
Nantes
ANJOU
NIVERNAIS
BERRY
MACON
CHAROLAIS
BOURBON
MARCHE
FOREZ
ANGOULÊME
LIMOGES
AUVERGNE
PÉRIGORD
RODEZ
Avignon
Nice
PROVENCE
ARMAGNAC
CASTRES
Marseilles
BÉARN
COMINGES
FOIX
KINGDOM OF NAVARRE, 1516
PYRENEES
León
Valladolid
Barcelona
KINGDOM OF ARAGON, 1516
KINGDOM OF CASTILE
KINGDOM OF PORTUGAL
Toledo
Valencia
Catatrava
0
300 miles
Seville
Granada
KINGDOM OF GRANADA, 1492
Ronda

主权国家的崛起

- 1461年法国领地
- 1461—1498年增加的领土
- 1499—1559年增加的领土
- 1516年西班牙王国领土

Albret 阿布莱特
Alencon 阿朗松
Angoulême 昂古莱姆
Anjou 安茹
Armagnac 阿马尼亚克
Atlantic Ocean 大西洋
Auvergne 奥弗涅
Avignon（To Papacy）阿维尼翁（属罗马教廷）
Avignon阿维尼翁
Barcelona 巴塞罗那
Bay of Biscay 比斯开湾
Béarn 贝阿恩
Berry 贝里
Blois 布洛瓦
Brittany 布列塔尼
Bourbon 波旁
Bourdeaux 布尔多
Burgundy 勃艮第
Castres 卡斯特尔
Catatrava卡拉特拉瓦
Champagne 香巴尼
Charolais 夏洛来
Cominges 科明赫斯
Dauphiné 多菲内
Dunois 迪努瓦
Duraine 迪朗宁
English Channel 英吉利海峡
Foix 富瓦
Forez 福雷
Granada 格拉纳达
Guienne 吉耶讷
Kingdom of Aragon 阿拉贡王国
Kingdom of Castille 卡斯蒂利亚王国
Kingdom of Granada 格拉纳达王国
Kingdom of Navarre 纳瓦拉王国
Kingdom of Portugal 葡萄牙王国
La Marche 拉马什
Lanouedoc朗格多克
León 莱昂
Limoges 摩日
Lyons 里昂
Maine 曼恩
Mâcon 马孔
Marseilles 马赛
Nantes 南特
Nice 尼斯
Nivernais 尼韦奈
Normandy 诺曼底
North Sea 北海
Orleans 奥尔良
Paris 巴黎
Perche 佩尔什
Périgord 佩里戈尔
Picardy 皮卡第
Provence 普罗旺斯
Pyrenees 比利牛斯山脉
Reims 兰斯
Rodez 罗德兹
Ronda 龙达
Saintonge 圣通日
Seville 塞维利亚
Toledo 托莱多
Touiduse 图伊杜斯
Tours 图尔
Valencia 巴伦西亚
Valladolid巴利亚多利德
Valois瓦卢瓦
Vendôme 旺多姆
Verdun 凡尔登

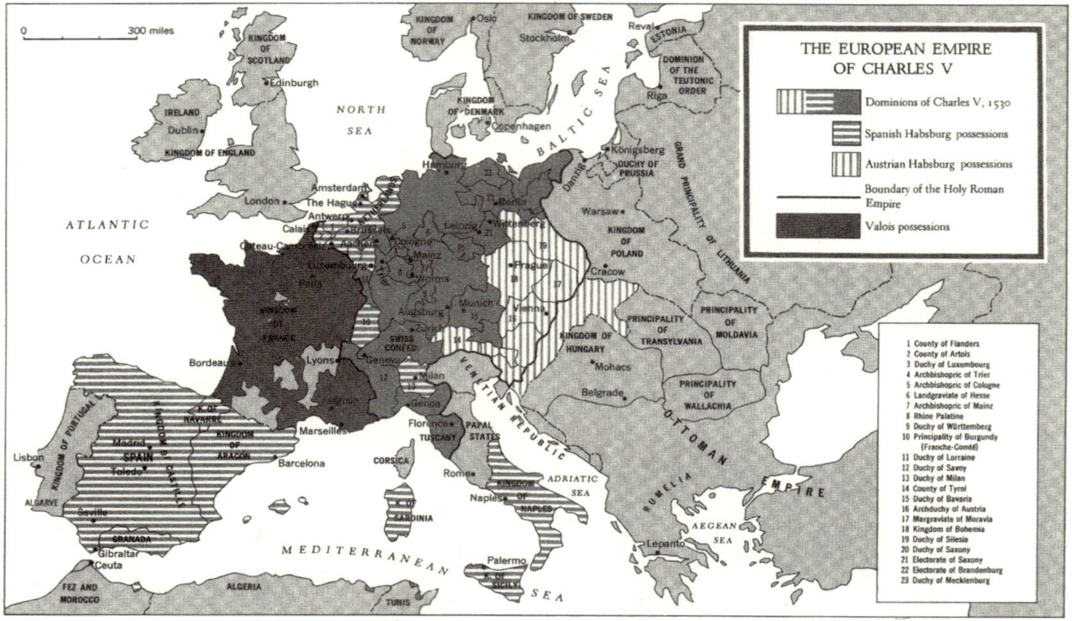

THE EUROPEAN EMPIRE
OF CHARLES V
Dominions of Charles V, 1530
Spanish Habsburg possessions
Austrian Habsburg possessions
Boundary of the Holy Roman Empire
Valois possessions
1 County of Flanders
2 County of Artois
3 Duchy of Luxembourg
4 Archbishopric of Trier
5 Archbishopric of Cologne
6 Landgraviate of Hesse
7 Archbishopric of Mainz
8 Rhine Palatine
9 Duchy of Württemberg
10 Principality of Burgundy (Franche-Comté)
11 Duchy of Lorraine
12 Duchy of Savoy
13 Duchy of Milan
14 County of Tyrol
15 Duchy of Bavaria
16 Archduchy of Austria
17 Margraviate of Moravia
18 Kingdom of Bohemia
19 Duchy of Silesia
20 Duchy of Saxony
21 Electorate of Saxony
22 Electorate of Brandenburg
23 Duchy of Mecklenburg
0 300 miles
KINGDOM OF SCOTLAND
Edinburgh
IRELAND
Dublin
KINGDOM OF ENGLAND
London
NORTH SEA
ATLANTIC OCEAN
KINGDOM OF NORWAY
Oslo
KINGDOM OF SWEDEN
Stockholm
KINGDOM OF DENMARK
Copenhagen
BALTIC SEA
Reval
ESTONIA
DOMINION OF THE TEUTONIC ORDER
Riga
Königsberg
DUCHY OF PRUSSIA
GRAND PRINCIPALITY OF LITHUANIA
Danzig
Warsaw
KINGDOM OF POLAND
Cracow
Hamburg
Berlin
Wittenberg
Leipzig
Amsterdam
The Hague
Antwerp
Calais
Brussels
Aachen
Cologne
Mainz
Worms
Trier
Luxembourg
Paris
Prague
Vienna
Munich
Augsburg
Zurich
SWISS CONFED.
Geneva
Lyons
KINGDOM OF FRANCE
Bordeaux
Marseilles
Milan
Genoa
Florence
TUSCANY
PAPAL STATES
VENETIAN REPUBLIC
KINGDOM OF HUNGARY
Mohacs
Belgrade
PRINCIPALITY OF TRANSYLVANIA
PRINCIPALITY OF MOLDAVIA
PRINCIPALITY OF WALLACHIA
OTTOMAN EMPIRE
RUMELIA
Lepanto
AEGEAN SEA
ADRIATIC SEA
Rome
Naples
KINGDOM OF NAPLES
Palermo
K. OF SICILY
CORSICA
K. OF SARDINIA
MEDITERRANEAN SEA
K. OF NAVARRE
KINGDOM OF ARAGON
Barcelona
KINGDOM OF CASTILLE
Madrid
SPAIN
Toledo
KINGDOM OF PORTUGAL
Lisbon
ALGARVE
Seville
GRANADA
Gibraltar
Ceuta
FEZ AND MOROCCO
ALGERIA
TUNIS

查理五世的欧洲帝国

查理五世1530年的统治范围
西班牙哈布斯堡家族的领地
奥地利哈布斯堡家族的领地
神圣罗马帝国的边界
瓦卢瓦家族的领地

Aachen 亚琛
Adriatic Sea 亚得里亚海
Aegean Sea 爱琴海
Algarve 阿尔加维
Algeria 阿尔及利亚
Amsterdam 阿姆斯特丹
Antwerp 安特卫普
Atlantic Ocean 大西洋
Archbishopric of Cologne 科隆大主教辖区
Archbishopric of Mainz 美因茨大主教辖区
Archbishopric of Trier 特里尔大主教辖区
Archduchy of Austria 奥地利大公国
Augsburg 奥格斯堡
Avignon 阿维尼翁
Baltic Sea 波罗的海
Barcelona 巴塞罗那
Belgrade 贝尔格莱德
Berlin 柏林
Bordeaux 波尔多
Brussels 布鲁塞尔
Calais 加来
Cateau-Cambrésis 卡托–康布雷西
Ceuta 休达
Cologne 科隆
Copenhagen 哥本哈根
Corsica 科西嘉岛
County of Artois 阿图瓦郡
County of Flanders 佛兰德斯郡
Cracow 克拉科夫
Danzig 但泽
Dominion of The Teutonic 日耳曼统治区
Dublin 都柏林
Duchy of Bavaria 巴伐利亚公国
Duchy of Lorraine 洛林公国
Duchy of Luxembourg 卢森堡公国
Duchy of Mecklenburg 梅克伦堡公国
Duchy of Milan 米兰公国
Duchy of Prussia 普鲁士公国
Duchy of Savoy 萨伏依公国
Duchy of Saxony 萨克森公国
Duchy of Silesia 西里西亚公国
Duchy of Tyrol 蒂罗尔公国
Duchy of Württemberg 符腾堡公国
Edinburgh 爱丁堡
Electorate of Brandenburg 勃兰登堡选侯国
Electorate of Saxony 萨克森选侯国
Estonia 爱沙尼亚
Fez And Morocco 非斯和摩洛哥
Florence 佛罗伦萨
Geneva 日内瓦
Genoa 热那亚
Gibraltar 直布罗陀
Granada 格拉纳达
Grand Principality of Lithuania 立陶宛大公国
Hamburg 汉堡
Ireland 爱尔兰
Kingdom of Aragón 阿拉贡王国
Kingdom of Bohemia 波希米亚王国
Kingdom of Castille 卡斯蒂利亚王国
Kingdom of Denmark 丹麦王国
Kingdom of England 英格兰王国
Kingdom of France 法兰西王国
Kingdom of Hungary 匈牙利王国
Kingdom of Naples 那不勒斯王国
Kingdom of Navarre 纳瓦拉王国
Kingdom of Norway 挪威王国
Kingdom of Poland 波兰王国
Kingdom of Portugal 葡萄牙王国
Kingdom of Sardinia 萨丁尼亚王国
Kingdom of Scotland 苏格兰王国
Kingdom of Sicily 西西里王国
Kingdom of Sweden 瑞典王国
Königsberg 柯尼斯堡
Landgraviate of Hesse 黑森伯爵领地
Leipzig 莱比锡
Lepanto 勒班陀
Lisbon 里斯本
London 伦敦
Luxembourg 卢森堡
Lyons 里昂
Madrid 马德里
Mainz 美因茨
Margraviate of Moravia 摩拉维亚侯爵领地
Marseilles 马赛
Mediterranean Sea 地中海
Milan 米兰
Mohacs 莫哈奇
Munich 慕尼黑
Naples 那不勒斯
Netherlands 尼德兰
North Sea 北海
Oslo 奥斯陆
Ottoman Empire 奥斯曼帝国
Palermo 马勒莫城
Papal States 教皇国
Paris 巴黎
Prague 布拉格
Principality of Burgundy（Franche-Comté） 勃艮第公国（弗朗什–孔泰）
Principality of Moldavia 摩尔达维亚公国
Principality of Transylvania 特兰西瓦尼亚公国
Principality of Wallachia 瓦拉几亚公国
Reval 雷瓦尔
Rhine Palatine 莱茵–普法尔茨
Riga 里加
Rome 罗马
Rumelia 鲁米利亚
Seville 塞维利亚
Stockholm 斯德哥尔摩
Swiss Confed 瑞士联邦
The Hague 海牙
Toledo 托莱多
Trier 特里尔
Tunis 突尼斯
Tuscany 托斯卡纳
Venetian Republic 威尼斯共和国
Vienna 维也纳
Warsaw 华沙
Wittenberg 维滕贝格
Worms 沃尔姆斯
Zurich 苏黎世

THE ITALIAN STATE SYSTEM
DURING THE RENAISSANCE
*M. — MARQUISATE
ALPS
DUCHY OF MILAN
Milan
ASTI
SAVOY
DUCHY OF SAVOY
MARQUISATE OF SALUZZO
*M. OF MONTFERRAT
Po R.
Genoa
REPUBLIC OF GENOA
Verona
Venice
Padua
VENETIAN REPUBLIC
*M. OF MANTUA
DUCHY OF MODENA
DUCHY OF FERRARA
Bologna
ISTRIA
OTTOMAN EMPIRE
DALMATIA
Lucca
REPUBLIC OF LUCCA
Pisa
Florence
REPUBLIC OF FLORENCE
Siena
REP. OF SIENA
PAPAL STATES
Tiber R.
Rome
ADRIATIC SEA
CORSICA (to Genoa)
SARDINIA (to Spain)
KINGDOM OF NAPLES
Naples
TYRRHENIAN SEA
0
200 miles
Palermo
KINGDOM OF SICILY
MEDITERRANEAN SEA

文艺复兴时期意大利的国家体制

*M. 侯爵领地

Adriatic Sea 亚得里亚海
Alps 阿尔卑斯山脉
Asti阿斯蒂
Bologna 博洛尼亚
Corsica（to Genoa）科西嘉岛（属热那亚）
Dalmatia 达尔马提亚
Duchy of Ferrara 费拉拉公国
Duchy of Milan 米兰公国
Duchy of Modena 摩德纳公国
Duchy of Savoy 萨伏依公国
Florence 佛罗伦萨
Genoa 热那亚
Istria 伊斯特拉
Kingdom of Naples 那不勒斯王国
Kingdom of Sicily 西西里王国
Lucca 卢卡
Marquisate of Saluzzo 萨卢佐侯爵领地
Mediterranean Sea 地中海
Milan 米兰
Naples 那不勒斯
Ottoman Empire 奥斯曼帝国
Padua 帕多瓦
Palermo马勒莫城
Papal States 教皇国
Pisa 比萨
Po R. 波河
Republic of Florence 佛罗伦萨共和国
Republic of Genoa 热那亚共和国
Republic of Lucca 卢卡共和国
REP. OF Siena 锡耶纳共和国
Rome 罗马
Sardinia（to Spain）萨丁尼亚（属西班牙）
Siena锡耶纳
Tiber R. 台伯河
Venetian Republic 威尼斯共和国
Venice 威尼斯
Verona 维罗纳
Tyrrhenian Sea 第勒尼安海
*M. of Montferrat 蒙费拉侯爵领地
*M. of Mantua 曼图亚侯爵领地

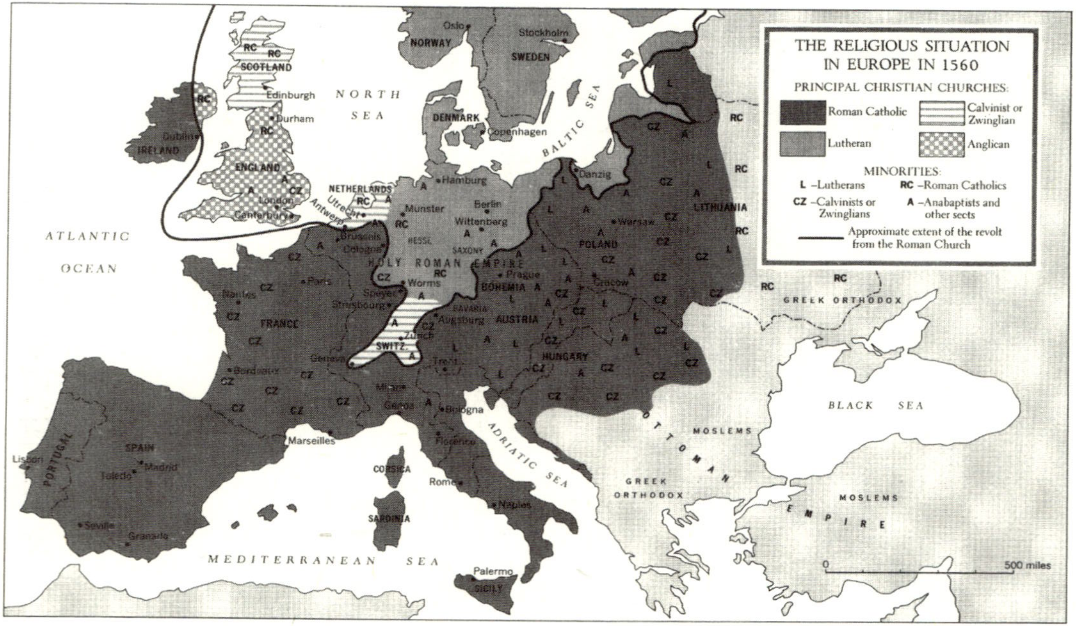
THE RELIGIOUS SITUATION IN EUROPE IN 1560
PRINCIPAL CHRISTIAN CHURCHES:
Roman Catholic
Calvinist or Zwinglian
Lutheran
Anglican
MINORITIES:
L –Lutherans
RC –Roman Catholics
CZ –Calvinists or Zwinglians
A –Anabaptists and other sects
Approximate extent of the revolt from the Roman Church
ATLANTIC OCEAN
NORTH SEA
BALTIC SEA
MEDITERRANEAN SEA
ADRIATIC SEA
BLACK SEA
SCOTLAND
Edinburgh
Durham
IRELAND
Dublin
ENGLAND
London
Canterbury
NETHERLANDS
Utrecht
Antwerp
Brussels
Cologne
NORWAY
Oslo
SWEDEN
Stockholm
DENMARK
Copenhagen
Hamburg
Danzig
Munster
Berlin
Wittenberg
HESSE
SAXONY
HOLY ROMAN EMPIRE
Prague
Worms
Speyer
Strasbourg
BOHEMIA
BAVARIA
Augsburg
AUSTRIA
Zurich
SWITZ.
Geneva
Trent
HUNGARY
POLAND
Warsaw
Cracow
LITHUANIA
FRANCE
Paris
Nantes
Bordeaux
Marseilles
Milan
Genoa
Bologna
Florence
Rome
Naples
Palermo
SICILY
CORSICA
SARDINIA
SPAIN
Madrid
Toledo
Seville
Granada
PORTUGAL
Lisbon
GREEK ORTHODOX
MOSLEMS
OTTOMAN EMPIRE
0
500 miles

1560 年欧洲宗教形势图

主要的基督教教派
- 罗马天主教
- 路德教
- 加尔文教或茨温利教
- 英国国教

缩写
L—路德教
CZ—加尔文教或茨温利教
RC—罗马天主教
A—再洗礼教和其他教派

——反抗罗马天主教的大致势力范围

Adriatic Sea 亚得里亚海
Antwerp 安特卫普
Atlantic Ocean 大西洋
Augsburg奥格斯堡
Austria 奥地利
Baltic Sea 波罗的海
Bavaria 巴伐利亚
Berlin 柏林
Black Sea 黑海
Bohemia 波希米亚
Bologna博洛尼亚
Bordeaux 波尔多
Brussels 布鲁塞尔
Canterbury坎特伯雷
Cologne 科隆
Copenhagen 哥本哈根
Corsica 科西嘉岛
Cracow 克拉科夫
Danzig 但泽
Denmark 丹麦
Dublin 都柏林
Durham达拉谟
Edinburgh 爱丁堡
England 英格兰
Florence 佛罗伦萨
France 法国
Geneva 日内瓦
Genoa 热那亚
Granada格拉纳达
Greek Orthodox 希腊东正教
Hamburg 汉堡
Hesse 黑森
Holy Roman Empire 神圣罗马帝国
Hungary 匈牙利
Ireland 爱尔兰
Lisbon 里斯本
Lithuania 立陶宛
London 伦敦
Madrid 马德里
Marseilles 马赛
Milan 米兰
Mediterranean Sea 地中海
Moslems 穆斯林
Munster曼斯泰
Nantes 南特
Naples 那不勒斯
Netherlands 尼德兰
North Sea 北海
Norway 挪威
Oslo 奥斯陆
Ottoman Empire 奥斯曼帝国
Palermo马勒莫城
Paris 巴黎
Poland 波兰
Portugal 葡萄牙
Prague 布拉格
Rome 罗马
Sardinia萨丁尼亚王国
Saxony 萨克森
Scotland 苏格兰
Seville塞维利亚
Sicily西西里
Spain 西班牙
Speyer施派尔
Stockholm 斯德哥尔摩
Strasbourg斯特拉斯堡
Sweden 瑞典
Switz 瑞士
Toledo托莱多
Trent特伦托
Utrecht乌得勒支
Warsaw 华沙
Wittenberg维滕贝格
Worms沃尔姆斯
Zurich 苏黎世

第一章

科学、技术与发现

1492 年这个年份对我们来说并不陌生，1498 年也是如此，瓦斯科 · 达 · 伽马（Vasco da Gama）在这一年通过海路抵达了印度的马拉巴尔海岸（Malabar Coast）。其他的一些年份我们可能不太熟悉，而那些年份也不如这两个重要。在公元 1500 年之前的半个世纪，欧洲人读到了在西方印刷的第一批图书。1450 年至 1525 年间，武器引发了新型战争。1500 年，哥白尼在罗马讲授数学，不久之后，他开始教授地球绕自转轴转动，同时又按一定的轨道围绕着处于中心位置的太阳转动的理论。这些革新、发现和再发现都对欧洲历史和世界历史的命运产生了深远的影响。他们改变了欧洲同非欧洲文明之间的关系，也改变了欧洲同其自身过去的关系。直到 16 世纪，欧洲在科技和文化上都只是古希腊和古罗马的学徒，相比近东和远东文明，欧洲也资历尚浅。在这种科技与文化的依存局面结束后的下一个开端，哥伦布与瓦斯科 · 达 · 伽马的大航海也恰好出现了。随着政治与经济占据优势地位，欧洲获得并开始行使科技的领导权。公元 1500 年之前，欧洲引进了先进的思想和技术；公元 1500 年之后，欧洲人成为了文化领域的佼佼者。

印刷术的发明

1450年左右，金属活字印刷技术在美因茨（Mainz）得到了完善。相关资料里多次出现了三个人的名字，他们是约翰内斯·谷登堡（Johann Gutenberg，约1395—1468），约翰内斯·福斯特（Johann Fust，约1400—1465）和他的女婿彼得·舍弗（Peter Schöffer，约1425—1502）。这样的资料很少，而且常常表述不清，有时缺乏可信度。所以我们无法准确无误地确定某一个人对活字印刷术的发展和商业开发所做出的贡献。但是，我们对印刷术起源相对不了解也确有好处，这样我们就不会错误地把一项复杂的科技发明归功于某一个人，这种不了解也让我们认识到，在任何情况下，一项发明都不像一首诗歌或一幅画那样是由一个人创造出来的，它是一种社会产物。就像蒸汽机和电报的发展一样，用机械复制文字的发明是一个复杂而循序渐进的过程。美因茨印刷机在15世纪50年代成功地完成了这一过程，但其早期的发展尤为重要。

中国的两个发明雕版印刷术和造纸术，都与西欧的活字印刷息息相关。* 雕版印刷，也称木板印刷，源于8世纪早期的中国。雕刻工人把想要复刻的文字或图画粘贴在木板上，获取字形成反体，用刻刀把版面没有字迹的部分削去让文字凸出可见，在凸起的字上涂上墨汁，把纸覆在上面，字迹就留在纸上了。这些步骤理论上很简单，但执行

* 11世纪中国已有活字印刷术，活字用泥做成并烧硬，按文序用蜡固定在铁板上印刷。印毕化蜡，活字又可重新排用。——译者注

起来很困难，且费时费料，而且不适合西方的字母文字。雕版印刷术传入西方的时间大概是在1250年至1350年间，这期间西方和中国有紧密的接触，但雕版印刷没有直接影响到活版印刷的发展，反倒产生了较大的间接影响。雕版印刷也许启发了以下几个重要步骤：在旧木板上刻制出单字字母，重新排列字母，让其在新文本上凸显出来。很显然，雕版印刷普及了印刷术和印刷本的概念，其商业成功始于14世纪晚期，工厂开始印刷扑克牌（也是中国人的发明）、宗教书籍，以及市场规模和利润巨大的粗糙的雕版印刷书籍。

《造纸工人》。木版画，作者约斯特·安曼（Jost Amman），摘自《汉赛奇对艺术、工艺和贸易的描述》，1568年出版。

纸张是必不可少的，但更多是出于经济因素而不是技术因素。手抄稿通常被抄写在羊皮纸（由绵羊断裂皮层制成）或牛皮纸（小牛皮制成）上，当印刷品的意义巨大而不太注重是否实惠时，雕版印刷可以使用这些材料。但像《圣经》一样厚的书需要使用多达 170 张小牛皮或 300 张羊皮，缺少纸张会使盛行的机械复制技术变得无用武之地，即使它能经济快速地生产出大批量的书籍。12 世纪时，从中国获得技术的阿拉伯人把造纸术引入西班牙。接下来的两个世纪，造纸术在欧洲大部分地方都发展缓慢，其中有：意大利（约 1270 年）、法国（约 1340 年）、德意志（约 1390 年），瑞士（1411 年）。在欧洲，首要的原材料是旧破布。造纸工人把破布放在使用水动力的捣磨机里捣碎，与浸湿的亚麻和大麻纤维还有水混合，在带木框的平坦的大金属细筛里把它们浸渍成纸浆。再将纸浆均匀铺在金属丝网上，让水从网格中沥出，然后把纸片平摊在另一层毛毡上，挤压吸干水分后剪裁。瓦格纳的《纽伦堡的名歌手》中描绘的英雄，鞋匠兼诗人汉斯·萨克斯（Hans Sachs，1494—1576），在诗中这样描述早期造纸的过程：

我在工厂里使用旧破布，
流水使车轮滚动，
破布被捣碎。
然后在水盆里浸渍成纸浆，
平摊在一层毛毡上制成模，
挤压一整天，

挂起来风干。

雪白光滑，是视觉的享受。

到谷登堡的青年时代，纸的产量已经很大，价格大约是羊皮纸的六分之一。

西方的活版印刷也汲取了欧洲的方法经验，它们在技术上有着直接的关联。就像谷登堡、福斯特、舍弗在美因茨实验的那样，印刷需要合适的墨汁、把墨汁转化为纸张的压床，以及金属模子。想

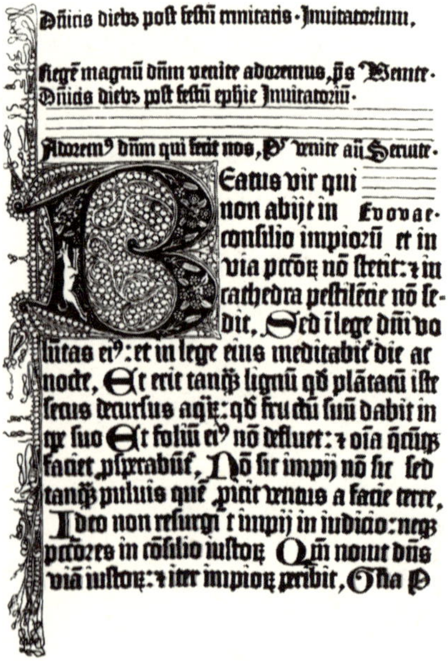
Dñicis dieb9 post festũ trinitatis · Inuitatoriũ.
Regē magnũ dñm venite adoremus, ps Venite.
Dñicis dieb9 post festũ ephie Inuitatoriũ.
Adorem9 dñm qui fecit nos, P9 venite añ Seruite.
Beatus vir qui non abijt in consilio impioȝ et in via pctoȝ nō stetit: ₇ in cathedra pestilētie nō sedit, Sed i lege dñi voluntas ei9: et in lege eius meditabit die ac nocte, Et erit tanq̄ȝ lignũ qd plātatū iuxta decursus aquaȝ: qd fructū suũ dabit in tēpe suo Et foliũ ei9 nō defluet: ₇ oīa q̄cūq̄ȝ faciet, psperabūt, Nō sic impij nō sic sed tanq̄ȝ puluis quē pijcit ventus a facie terre, Ideo non resurgūt impij in iudicio: neq̄ȝ pctores in cōsilio iustoȝ Qm̄ nouit dñs viā iustoȝ: ₇ iter impioȝ peribit, Gloria P
Euouae.

福斯特和舍弗印刷的《诗篇》中的一页，第二行以一个大写的“B”开头：“不从恶人的计谋。”

要墨汁平滑均匀地黏附在金属模子上，墨汁必须有一种油基。15世纪早期，佛兰德斯艺术家开始创作油画；适合印刷的油墨，也是油画颜料的简单改良，含有颜料（灯黑或木炭）与亚麻籽油调和物。雕版印刷的原模子也是现成的，就是造纸厂用来挤压湿纸水分的压力机，它可以轻松用于印刷。最主要的是活字印刷的发明，它使得每一个字母的反体模型都可以用金属精密地铸造出来。铸字所需的技能被认为和更精湛的冶金术技艺相关。掌握这些技艺的人有金属雕刻家，硬币和奖杯的设计者，精于打造小物件的金匠，在钟、锡器和装订本上打孔的手艺人。我们必须知道，15世纪上半叶在欧洲的许多地方，手艺精湛的工匠用模板、墨汁和压力机做过实验；他们也努力尝试用机器取代抄写员；在欧洲的一些地方，印刷术的发明把熟悉的技术转化为一套可行的新程序（这种戏剧化的转变我们现在回想起来感觉很容易，但当时它是在遇到重重困难后才得以实现的）。最后，谷登堡、福斯特和舍弗完善了这套新程序，并首开先河把它做成了一项产业。

毋庸置疑，用活字印刷制作出来的最古老的书是在美因茨出版的。当时完美的技术令人瞠目结舌，有证据表明，美因茨的印刷公司在早期的实验和发现中吸收了大量的技术经验。拉丁文版的《圣经》和谷登堡息息相关，而目录学家命名的《四十二行圣经》（以此区别于每页三十二行印刷的《美因茨圣经》）在1455年印刷完成。活字印刷的技艺及其排字的艺术完美无瑕。显然，美因茨印刷公司为印刷技术打下了坚实的根基。以后的三百多年，谷登堡的继承人用他的方法打孔、制作模板、铸字和印刷。此后的印刷工人在审美上并未超越前人。1457 年 8 月 14 日，福斯特和舍弗出版了《圣经 · 旧约》中的《诗篇》。那一卷印在了牛皮纸上，字被印成了红黑两种颜色，显得美观而又高贵。印刷工人在笔记的最后写道，每节诗篇“都因为首字母显眼的精美设计而熠熠生辉”。那些文字被以红色和蓝色印刷的花朵和小动物装饰，显得很精致。福斯特和舍弗印刷的《诗篇》是欧洲现存的标有署名和日期的最古老的书籍，也是最精美的书籍之一。

这些最早被印刷出来的书籍还有一个奇怪的特征：书页的设计和手抄稿极其相似，没有经验的人几乎看不出二者的区别。显然，印刷工人的技术、审美和商业目的是复制手抄稿。他们这么做并不是为了省事或者仅仅为了给顾客提供类似的产品。这种习惯说明，最早的印刷工人甚至都不知道印刷这项发明会诞生，他们只是把印刷看作一种新的书写方式（出自舍弗的《脱离芦苇或笔的人工书写艺术》），他们以为自己要出售的东西只是大量的手抄稿。虽然活字印刷是文艺复兴时期最伟大的发明，但它最早却是因为书写体验的需要而形成的，这就是为什么印刷工人很难把自己从传统观念中解放出来。活字印刷并不发源于意大利这个 15 世纪欧洲的文学艺术中心。印刷产业出现大型的工商企业，最开始是在一个教会省城，那儿的人口大约是 3 万，而且文化程度都不高。修道院和座堂参议神父包揽了拉丁文《圣经》、祈祷书、《诗篇》和赞美诗集的印刷，这才是印刷工人更重要的产品。从最早的出版商的列表（彼得 · 舍弗的列表）中可以看出，廉价的书籍反映了传统品位，主要包括《圣经》摘要、圣托马斯·阿奎纳的著作、圣徒的生活、生活指南、世俗的消遣，骑士的罗曼史。

1460 年至 1500 年间，美因茨的印刷术飞速发展，其主要原因显而易见，那就是在城镇生活或工作的商人、艺术家、律师、政府官员、医生和教师对书籍的需求没有得到满足。欧洲的农民大部分都未受过教育，在接下来的几个世纪里也是如此。一些贵族开始认识到，文化教育对服务于君主和国家的人的职业生涯是多么重要。这些贵族和圣职人员的需求之所以被满足，是因为过去有工作坊抄写员为他们制作手抄书。印刷书籍几十年间都遭遇了反对势力，特别是在意大利，这股力量来自富有的收藏家。但那些镇上的中产阶级（这个称谓可能不准确，但我们不可避免地要这样称呼他们）和需要阅读写作的人，因为做生意和开展公民事务而需要懂得算账的人，越多越多在城镇的学院受到教育的人，在 15 世纪使大学艺术系名声大噪的人，这些人之间形成了一个需求巨大的印刷品现货市场。印刷术快速发展的背后是城市人口的剧增，以及始于中世纪鼎盛时期的世俗文学的流行。随着城镇人口的增多，人们对教育、财富、权力、自我意识、知识文化的需求也在提升。由于对精神修养和自我提升的热情不断高涨，资产阶级迫不及待地购买了关于娱乐的书籍和各类实用书籍，有宗教和世俗的、拉丁语与各地方言、语法书、字典、百科全书、数学、天文学、医学、法律、地方史和全球史的入门读物，以及备受欢迎的拉丁语经典读物，如维吉尔（Virgil）的史诗《埃涅阿斯纪》（*Aeneid*）、西塞罗（Cicero）的《论责任》（*Deofficiis*），还有特伦斯（Terence）、普林尼（Pliny）和塞内卡（Seneca）的著作。

城市企业家在印刷术发明之前就设法满足城市居民的阅读需求。文具商，就像他们的称谓所显示的一样，按照需求提供定制的书。他们重金聘请了抄写员和书稿装饰师，抄写文字和资料。有些文具商生产了大量的通俗读物，等着零售出去，个别书籍接受预订。越有雄心的文具商就越会大量生产书籍。迪博尔德·劳伯（Diebold Lauber）是纽伦堡的一名抄写员，他制作了一份手写的书单，列出了在他的书店里能找到的近100本书。佛罗伦萨文具商韦斯帕夏诺·达·比斯特奇（Vespasiano da Bisticci）调动了45个抄写员，在20个月的时间内为科西莫·德·美第奇（Cosimo de' Medici）完成了大约200本书，他又用几乎同样长的时间为其他统治者和收藏家（有的远至英格兰）提供书籍。韦斯帕夏诺出版的成百上千的手抄书和装饰书现在存放于梵蒂冈和牛津的图书馆内。这些人不辞辛劳地满足顾客的审美，用书装扮图书馆。他们引领了一种潮流，人们开始追捧崭新的、清晰的人文读物手稿、精心装饰的扉页，以及印有经典主题和半身雕像的装订书籍，这些元素都在纸质书刊的时代保留了下来。他们的书店和精心装扮的图书馆成了知识分子与其资助者商谈的去处，成了广大社会生活的一部分，和商业生活融为一体，就像修道院和中世纪的大学。和韦斯帕夏诺不一样，有些文具商不再对大批量生产这种新艺术表示厌恶，他们变成了采用新生产方式的出版商。

现有的金融和分配方式以及城市市场需求，释放了活字印刷固有的活力，导致印刷书籍逐渐增多。印刷术从美因茨传到斯特拉斯堡（Strasbourg，1458），再到科隆（Cologne，1465）、奥格斯堡（Augsburg，1468）、纽伦堡（Nuremberg，1470）、莱比锡城（Leipzig，1481），再到维也纳（Vienna，1482）。1467 年德意志的印刷工人或他们的学徒把这门“神圣的”艺术带到了意大利，1468 年传入了瑞士和波希米亚，1470 年又传到了法国和尼德兰。1472 年至 1476 年间，印刷术传入了西班牙、英格兰、匈牙利和波兰，1482 年至 1483 年间又传入了丹麦和瑞典。直到 1500 年，出版公司已经出版了大约 4 万版次的 600 万册书，比罗马帝国衰亡后西欧生产的书籍的总量还多。

印刷书籍的大量生产不可避免地对文化产生了重要影响。最显著的可能是宗教改革前的几年间印刷术对学术的影响。那些完全依靠抄写员技术、学识和细致程度的手稿错误百出，不可信赖。后来的抄写员们继续犯同样的错误，加上他们自身也会犯错，这种不准确、不可信的情况更加严重。印刷术对学识的根本贡献在于它阻止了这种持续发展的谬误，通过长期不懈的努力使过去伟大的文字得以尽可能地恢复原样。印刷术使欧洲不同地方的学者们能够有条件研究同一组文字。研究得以精确到某一页、某一行、某一个词，在巴塞尔的学者可以建议修改某个词，而在罗马或佛罗伦萨的同事可以查阅他是怎样修改的。又或者，一位学者可能在巴黎修道院的图书馆发现，手稿的质量比过去有很大提升，那是因为有更加全面和客观的标准来评定手稿。由于有修正和新的发现，新的版本就会接二连三地出现，直到达到标准。通常，达标的文本只出现在19世纪甚至20世纪。旧的方式方法有时是一种负担，而我们所学会的、所操练的许多新技术都要归功于印刷术。

印刷术使得校勘变成一门依靠积累的科学，这只是诸多普通现象中的一个例子。印刷术把脑力劳动变成了一种合作的，而非孤立操作的人类活动。就像工业革命时期的蒸汽机提升了人类体力劳动的生产力一样，印刷术让脑力劳动在解决问题时事半功倍。印刷术对脑力的集中影响在自然科学这个领域表现得最为明显。比如，16世纪早期哥白尼提出了“日心说”，但直到1543年他才发表《天体运行论》。1500年至1543年间他都在独立钻研重要的科学问题。1543年后，哥白尼的书渐渐引起了欧洲一些优秀学者的关注，大家开始一起研究、争论这些问题，如果不是这样，那些问题也不会这么快被解答。通过这种新型的智力工具，科学研究和学术成为了一场公开的对话和新成果的交流，这种对话和交流经历了严格的审查和反复的实践。由此而论，印刷术的发明可与书写及电脑的发明相媲美。

印刷术不仅让学识变得更加完整、准确，也让获取这种学识变得更加容易。因为印刷越发标准化，学习和阅读就变得越发容易。现在个人可以负担买书的钱，而过去只有修道院、主教座堂*的参

* 座堂圣职，是指协助主教处理教务的职位。——译者注

议神父或学校这样的机构才有书籍。中世纪的学生不得不编制他们自己的字典和参考书，他们在教室的大部分时间都用来誊写老师指定的课文。上课时老师必须大声朗读出课文，这样学生们才能记录下来，现在学生在家就能阅读课文。要学习就要记忆，而印刷术解放了记忆。如果一段文字很容易在书架上被找到，那就没有死记硬背的必要。1580 年，活字印刷被发明后的一个世纪，法国作家蒙田（Michel de Montaigne，1533—1592）重申了文艺复兴教育理念的一个首要主题，他说，教育的目的不是记忆大量的事实性知识，而是通过训练获得才智、准确的判断力和高雅的品位。对于蒙田来说，满腹经纶的人只是书呆子。他有理由这么说，因为印刷的参考资料如今可以实现人类记忆的传统功能。

同样令人吃惊的是 1500 年后，印刷术加快了图像和思想的传播，从而使造型艺术引起了更多的关注。版画就是其中的一种造型艺术。在摄影发明出来之前，版画是用来复制肖像和装饰图案等艺术品的常见方法，这种艺术形式在各地艺术家中间广为流传。版画的艺术影响力堪比鹿特丹的伊拉斯谟（Erasmus of Rotterdam）这样的文人雅士，伊拉斯谟通过印刷的文字迅速影响了欧洲的学术界，而米开朗琪罗的绘画作品也具有同样的影响力，他在西斯廷教堂天顶上绘制的裸体人物的壁画在当时闻名遐迩。然而，第一次成功说明印刷术对思想交流具有革命性意义的事件是路德教的传播。随着印刷术的发展，宗教改革也以惊人的速度传播。如果没有印刷术，宗教改革的传播速度也不会如此之快。事实上，印刷术在 16 世纪早期的作用已经反映出其未来的双面角色：一方面通过启蒙和普及教育，对现状进行改革；另一方面，当这种技术被国家控制后，它又成为收音机和电视机被发明出来之前被用来操控人民思想的媒介。

这就是为什么中世纪很少实行书籍的系统化审查制度，这种制度在印刷术发明后很快出现，并快速发展。印刷使阅读更加民主，现代审查制度便应运而生。世俗权威和教会权威都可以对书籍进行审查，禁止买卖书籍或烧毁书籍的目的是保持正统的政治观念和信仰。1492 年至 1503 年的罗马教皇亚历山大六世，在 1501 年的诏书中就清楚表明了教会对印刷的态度。他说道："印刷的艺术大有用处，因为它让实用的、审查通过的书快速流通。但如果我们允许那些无益的书扩大影响，那印刷也可能是有害的。所以很有必要对印刷公司进行彻底的控制，这样，他们就不会引进反对天主教的或很有可能对信徒们有害的印刷著作。"这种态度的具体体现是公布用来反对路德教传播的禁书书单，1559 年颁布的罗马教皇《禁书目录》就是其中之一。1526 年英格兰的亨利八世国王下令出版了类似的禁书目录。巴黎及鲁汶的大学也参与准备了其他早期的禁书目录。类似于天主教的主教，新教教会也积极保护信徒的思想，而国王通常认为不同于自己信仰的宗教都是异教，是不忠的。到 1560 年，各种形式的书籍审查在西欧变得普遍。一边是作者、印刷公司和出版商的反抗，另一边是来自教会和政府的审查，双方在当时那个意识形态相冲突的时代，展开了一场学术解放和意识自由的争夺之战。

新型战争

破坏性科技在1450年至1550年间迅速发展。这期间火药被用来发射弹药，从而改变了战争的艺术。而正如印刷术改变了精神生活的现状一样，新型战争深刻地改变了欧洲政治和社会变革的格局。

火药大约在13世纪中叶传入西方。在英国方济各会修士、科学家罗杰·培根（Roger Bacon，约1214—1292）的描绘里，火药似乎已经成为了家喻户晓的物件。他写道：

> 有一种能发出响声和火光的儿童玩具，世界上许多地方都能生产。它由硝酸钾粉末、硫黄和炭研制而成。这些粉末被装在羊皮纸制成的手指一般大小的器具里，由此产生的噪声对人耳有严重的伤害，尤其是在没有防备的时候对耳朵的伤害更大，产生的火光也非常可怕；如果使用大型的器具来制作，没有人能忍受那种可怕的噪声和火光。如果器具由结实的材质制成，爆炸的威力会更猛烈。[1]

培根十分了解真正的火药，他知道混合硝酸钾、硫黄和炭的适当比例，以及爆炸性燃烧需要使用什么合适的器皿。但他并没有发明火药，火药是中国人的发明，早在11世纪就出现了，与造纸术和雕版印刷术一样，是通过阿拉伯人传入欧洲的。

然而，把火药从玩具变成武器的技术，推动了战争和社会的改变。14世纪早期，这种技术分别在欧洲和中国被发现。欧洲第一次关于枪的描述出现在1326年佛罗伦萨的文献里，文献说有两位官员被命令制作钢球和大炮，用来保卫佛罗伦萨的城堡和村庄。同年，一张英文手抄稿第一次把枪描述为用来射箭的原始“火罐”。14世纪末，欧洲各地开始制造枪械，从发射铅弹头的24磅重枪和发射箭的34磅重枪，到重达1吨、需要用一个多月来制造的枪支。15世纪中叶，火炮被证实能有效防御石堡和乡村的传统幕墙。1453年奥斯曼土耳其人攻占了君士坦丁堡，苏丹穆罕默德二世（Sultan Mahomet Ⅱ，1451—1481年在位）因为有德意志和匈牙利的火炮制造商为他服务，才得以对抗拜占庭人，穆罕默德二世拥有14个炮台，每个炮台设有多台射石炮，还有56台不同种类的小型火炮。最为壮观的是两台巨炮，每台重达800多磅，能投掷直径三英尺的巨大石块。它需要动用70头牛和一千多人才能把一台枪炮从阿德里安堡（Adrianople）挪出来，再把石块投到博斯普鲁斯（Bosporus）。炮击从4月初就开始了。5月28日，也就是七星期后（架设大炮需要两小时，且大炮每天只能发射几次），这堵欧洲最坚不可摧的城墙已经被打出了许多缺口。5月29日，整座城市都沦陷了。同时，火炮在法国的围攻战中起到了革命性的作用，这种作用在百年战争的最后阶段变得更加显著，当时法国从英国手中夺回了诺曼底。1449 年至 1450 年间，查理七世（Charles Ⅶ）在一年零四天的时间内成功进行了 60 次围攻。敌军对皇家的攻城装备早有耳闻，以至于火炮一进入待发状态堡垒就主动投降。至此，用高效的大炮攻下古老的防御工事这种技能被完全掌握。

在这些决定性的胜利后的一个半世纪内，火炮都被用作攻城武器。其中一场重要的激战，即 1515 年的马里格纳诺（Marignano）战役，正是因为使用火炮而获胜。然而，文艺复兴时期的火炮机动性差、不够准确、火力不足。这限制了它们在战争真正爆发前双方对轰时的作用。战争的改变不是因为大炮，而是因为被称为军队“实质和力量”（引自马基雅维利）的步兵，以及他们日益轻便的武器装备。

中世纪军队的主要武装力量是骑兵；中世纪的战役是马背上披盔戴甲的贵族之间的冲突。而到了 1530 年，骑兵只剩法国军队的十一分之一，西班牙军队的十二分之一（有的军事理论家甚至争论说，士兵双脚和马数量的比例应该是二十比一）；战争变成了携带长矛和火绳钩枪的平民步兵之间的搏斗，而有重型装备的骑兵只起到次要作用。14 世纪和 15 世纪的英国人和瑞士人率先尝试使用这种新的战斗方式。英国人发明了长弓。1346 年的克雷西战役（Battle of Crécy）是一千多年来战场上第一次出现投射物横飞的景况，也是孤军作战的步兵第一次击败有着骑兵巨大优势的敌军而获得胜利。瑞士人则开发了步兵战术，这种战术能让大量步兵在户外进行机动作战，他们既可以抵挡骑兵的突击，也能参与到进攻之中。他们可以组成多达六千人的密集阵列，训练如何快速准确地移动而不破坏阵形。步兵最主要的武器是矛，就是一根十英尺长、带有锋利铁矛头的木柄。防守时步兵站立不动。外面四排的步兵把矛举过头顶指向骑兵，马上的骑兵如果冲入密集的队阵就会被困其中而坠马，随后被内圈的步兵用剑刺死。一位米兰的大使不屑一顾地把步兵描述成“以奶酪和酸奶为食的粗鲁农民”，但正是这些步兵一举于1476年在莫拉特（Morat）打败了勃艮第公爵（Duke of Burgundian）威风凛凛的骑士，其景象正如手持长弓的英国平民在克雷西战役中击败了法国骑兵。更重要的是瑞士的长矛兵不像英国弓箭手或意大利弩手那样不能进攻，长矛兵可以组成势不可当的冲锋队列进行攻击。在中世纪只有骑兵能冲锋进攻，而瑞士长矛方阵让步兵也能够大举进攻。

随着装备枪炮的步兵人数增多，长矛兵的军力也在增强，这对于步兵成功夺取装甲骑兵的地位起到决定性作用。15世纪初，手持枪炮（捆绑在长矛手柄上的微小型炮火）开始投入使用，直到15世纪末，真正的步兵火器——火绳钩枪才开始流行；1521年，西班牙人才引进了改良后的火绳钩枪，这种枪被称为步枪。在步枪的木柄里有铁质的炮管，大约6英尺长、15磅重，能发射铅弹，有效射程长达200码（180米）。1500年后越来越多的军队配备了火绳钩枪和步枪。火绳钩枪没有取代矛，而是改进了矛的不足之处。当然，相比火绳钩枪和步枪的火力，长矛兵极其容易受到攻击。但是，火绳枪兵无法抵抗骑兵，他们在开枪后通常没有足够的时间撤退以避免被骑兵追赶上。火绳枪兵需要长矛兵的保护以对抗骑兵，而长矛兵需要步枪为他们开路。

矛和步枪相互依存的战术在 1520 年至 1525 年间，是由现代步兵之父西班牙大将军、佩斯卡拉侯爵（marchese di Pescara）弗朗切斯科·特·阿瓦洛（Fernando Francisco Avalos，1489—1525）发明的。这种战术最早在帕维亚战役（Battle of Pavia，1525）中取得了巨大成功。在这场战争中，由国王弗朗索瓦一世（Francis Ⅰ，1515—1547 年在位）指挥的法国军队和西班牙帝国军队为了争夺现代意大利的统治权而交锋。西班牙帝国拥有大约 17000 名步兵和不到 1000 名重骑兵。法国军队的骑兵数量更多。结果，法国骑兵惨

此画描绘1525年2月24日帕维亚之战，弗朗索瓦一世被抓获。

败，西班牙步兵大获全胜。佩斯卡拉侯爵的火枪手稳步进攻、灵活机动，歼灭了法国贵族，场面惨烈。弗朗索瓦一世也被抓获。据说法国军队 80000 名士兵阵亡，而西班牙帝国军队的死亡人数是 700 人。当天火绳枪兵在装甲骑兵面前展现出了绝对优势，正如 75 年前君士坦丁堡的陷落（fall of Constantinople）所证实的那样，中世纪的堡垒在火炮面前不堪一击。

1450 年至 1525 年间，战争进入了一个新时代，即火药的时代，更准确地说，是由火药推进弹药（炮弹和子弹）的时代。欧洲金属产量的提高使得这些具有破坏力的新方法快速发展和传播。大炮的制造耗费了不计其数的金属。15 世纪 30 年代，制造一台大型的大炮需要三到四吨的铜。虽然炮架是木质的，但安装了铁栓、铁链和挂钩这些重量较大的铁具。一座大炮及其炮架总重量达两吨多。15 世纪末，铁取代石头成为炮弹。火绳钩枪和步枪的炮管是铁质的。除了这些铁质武器，一些老式的防御武器，如剑、长矛、匕首、箭，尤其是士兵和马的盔甲，仍在使用。从 14 世纪中叶开始，盔甲的重量就在增加，它们能有效防御英国长弓手的箭。其实包裹住骑手和马身体的铁板虽然很美观，却无法防御子弹。盔甲告别了其最后也是最辉煌的时代，而火药迎来了第一纪元。

1460 年以后，军队对金属日益增长的需求得到满足，一系列的科技革新大幅提升了欧洲矿石的产量。用来给矿井排水的高效设备，靠水力风箱鼓风的高炉（这是熔炉第一次能从矿石中提炼出纯度像铜一样的、能被精密铸造的铁）使得铁产量在 1460 年至 1530

年间增长了 5 倍。这项新技术能去除中欧盛产的含银的铜矿石中的银，让铜的产量大幅提升。这一点很重要，因为在 16 世纪末铸铁出现之前，铜是制造火炮的必要元素。就像活字印刷的发展依赖于纸张的充足供给那样，火器的传播需要足够的铜和铁。

但是，这很难解释为什么金属的供应量超过了新型武器的使用量。当然，我们倾向于假设，火药本来的目的是毁灭人类的生活，但并没有证据表明火药应该主要用于战争。在被用来推送子弹之前，火药被用来制作烟花爆竹，或是产生经济效益，比如矿山爆破。在火药被引入欧洲之前，它在中国已广为人知，但在中国火药并未用于军事目的。这种差异表明，文艺复兴时期的欧洲面临着进行军事发明的巨大压力，这种压力在 1450 年左右变得更加明显。它来自领地的君主和那个时代的根本政治现实：欧洲要巩固它在现代世界的主要政治形态——主权领土国家。这些新武器和新型战争对于计划扩张领土的统治者大有益处，他们利用这些技术武装自己的军队以发动侵略战争。火药技术在西方变得司空见惯，因为它让战争皇权化，帮助君主在自己的领土上利用有组织的军事力量建立权力垄断。

如果说武器的影响一方面是令战争皇权化，那另一方面的影响便是令战争平民化。对于那个时代的人来说，第二种情况的影响力更大。一位在帕维亚被俘虏的法国贵族这样写道：“祈求上帝，让这些武器没有被发明出来。我自己也不必忍受他们带给我的伤痛，这些伤痛至今还折磨着我。这么多的勇士也不必死在懦夫和懒汉的手上，这些懦夫和懒汉甚至不敢正视被他们远距离击毙的人的脸。”使用火药推进弹药的作战使战争变得前所未有的血腥，这对自称骑士的绅士们影响不可谓不大，因为武器能让一个普通人从远处击倒最勇猛的骑士。曾在（意大利）费拉拉（Ferrara）的埃斯特公爵（duke of Este）的法庭上歌唱“女士、骑士、武器和爱”的诗人卢多维可·阿里奥斯托（Lodovico Ariosto，1473—1533），为枪炮这种十恶不赦的发明而哀悼：“万恶的发明，你在人们的心里怎么可能有容身之地？你让战士的荣誉一败涂地，买卖武器不再受人尊敬，你让恶看起来好过善，勇气荡然无存，再没有人敢来战场迎接挑战。”[2] 君主可从武器中获利，与之相反的是对过往的怀念，过去只有贵族可以战斗，并且要遵循荣誉准则。而现在佩带矛和火绳钩枪的步兵勇猛战斗，表现不凡，他们试着不依靠武器和个人勇气取胜，而是凭借井然有序、勤勉和灵巧，依靠策略、突袭和计谋。尼可罗·马基雅维利（Niccolò Machiavelli，1469—1527）写道：“在其他的事务中使用计谋是可恶的，但在战争行动中使用计谋则是一种荣耀，值得赞颂。”[3] 在战争中国家的道德缺失取代了骑士的个人荣誉。火药加快了骑士走向衰落的速度。皮埃尔·特利尔（Pierre Terrail），也称巴亚尔骑士，被认为是无懈可击的无畏骑士，他是最后一位基督徒骑士的伟大代表，1524 年，他的死标志着骑士这一身份的终结。他的习惯是就地处决抓获的每一个火绳枪兵，但最后他也是中弹身亡。

武器令战争皇权化、平民化，从而扭转了欧洲各国的权力形势，使其远离贵族，偏向皇权。不过这个过程缓慢且复杂，而且欧洲各国情况各异。但其长期效应是相同的：火药技术削弱并剥夺了陆地巨头们的自由，让他们再也无法支配独立的、有组织的军事和政治力量。此前的几个世纪，私人军队和战争随处可见。在没有武器的时代，即使地理位置优越的石堡，也不及最善战的士兵——佩戴盔甲的骑兵。新武器削弱了这种独立的贵族权力的军事基础。火药时代的战争需要攻城装备，包括成百上千台大炮和成千上万的武装步兵。防御和进攻变得昂贵，超出了个人技术和财务能力，超出了除大国统治者以外所有人的能力。可以肯定的是，贵族巨头仍然

《马尔斯与维纳斯》，委罗内塞画作。爱与美之神征服了战神。他们的结合有了一个女儿——哈莫尼。纽约大都会艺术博物馆。

参与战争。他们的人数、接受的训练和好战的特征仍是衡量一个国家军事力量最可靠的标准。有的贵族不情不愿，有的玩世不恭，但大部分深谋远虑，他们非常适应科技变革，并在 16 世纪一如既往地领导欧洲军队。然而他们无法拥有或直接控制炮兵辎重，或是利用自己的资源，组织、资助、派遣有效的步兵分遣队。他们渐渐失去对士兵和武器装备直接而独立的控制，因为国王一直都依赖于军事人才、惯例、技术和经验，这深刻地影响了资本家和统治者之间的关系，更笼统地说，这影响了早期现代国家的发展。

火器被广泛使用，这渐渐地改变了人们对战争的道德态度。一些 16 世纪的学者成了和平主义者，并谴责战争残忍无道。少数基督徒因为宗教原因而反对战争，尤其是再洗派信徒（Anabaptist），他们相信“不可杀人”的戒律应该落到实处。所有人都认为士兵很可憎。一位佛罗伦萨的神学家这样写道：“战争的艺术变成了杀戮，追求军事仪式的人没有信仰和虔诚可言。他们背叛、偷盗、亵渎、做伪证、辱骂，甚至虐待无辜的囚犯、醉汉、赌徒和鸡奸者。”[4]但无论在哪个时代，大部分追求实际的人都会保卫“正义的”战争，这些战争是为了维护和平，抵抗凶残的敌人，防止不公正的行为。通常战争都会被人们赞颂，因为人拥有平衡行为与思想、武力与学识的能力。理想中的人能够做好这两方面的平衡。维纳斯和马尔斯是文艺复兴画作中常见的主题，他们的结合表明温和与暴力可以共存。而战争被认为是与史诗、盛会、浪漫、历史最契合的主题。战争甚至和道德有关，因为它倡导勇气、刚毅和忠诚等高尚品德。但“武器很可怕”这一说法一经传开，人们便开始描绘战争的可怕景象。在艺术领域，战争让人重新想起了罗马司战女神贝洛纳（Bellona）。人们把她和火药联系在一起，称其拥有大量的大炮、步枪、地雷和手雷，对其暴行表示悲哀。军事科技让人们对战争变得日益敏感，战争的诗意开始褪色。

现代科学的起源

科学方法和科学追求更加深刻地塑造了西方人的情感和价值观。

现代西方文明孕育出了发达的科学。西方科学的突破与古希腊、中世纪的阿拉伯、印度和中国的科学不同，也更为成功。它出现在 1543 年哥白尼（Copernicus）出版《天体运行论》（*On the Revolutions of the Celestial Spheres*）之后，1687 年牛顿出版《原理》（*Principia*，即《自然哲学的数学原理》）之前的这段时间，我们称之为科学革命。这种根本的知识突变快速而复杂，当然它存在于早期的作品里。具体地说，它是一种全新而复杂的方法论，开创于中世纪和文艺复兴时期。这种新方法包括三个步骤：逻辑分析、实践和数学计算。每一个步骤都是不同社会环境或学术环境中的知识工具。这些不同步骤在 14 世纪和 15 世纪创造的不同历史形成了科学改革的前史。16 世纪早期，这些步骤渐渐融合，成为一种卓有成效的方法，为增进人类的理解奠定了基础，也为伽利略和牛顿那一代人征服大自然奠定了基础，是文艺复兴对现代科学发展做出的最大贡献。

14 世纪的学者、巴黎大学和牛津大学人文学院的逻辑学和哲学导师使得现代科学逻辑方法论初步成型，文艺复兴时期，博洛尼亚和帕多瓦大学的哲学和医学导师又将这一雏形完善。他们把它命名为解析和合成。“解析”是一种从观察效应到结果的归纳，是“后验”（posteriori）的一种示范。“合成”是从结果到效应的反推，是“先验”（priori）的示范。

16 世纪最伟大的逻辑学家杰克柏·萨巴瑞拉（Jacopo Zabarella，1533—1589）这样定义这些步骤的目的：“它把我们引入推理的形式中，由必要步骤得来的已知规律，推导未知的知识。”[5] 比如，研究人员观察阴影这一现象。他利用观察的经验得出解释阴影的假设。这就是“后验”，即从效应到对结果的假设性陈述做出归纳。但这只是他实验的一半。现在他必须通过核查所观察到的现象，更准确地说，是通过逻辑推理效应，来证明自己的总结是正确的。如果通过核查由经验而来的效应，证明总结是正确的，那这些效应必定会出现。这是“合成”，即从结果到对效应的“先验”做出推断。他们以亚里士多德三段论的形式被呈现出来，为了能更好地进行科学研究，又稍做了改变。月食就是其中一种令人震撼的阴影效应。阴影效应被称为三段论的大项（major term）：“月食发生的时候在月亮和光源之间出现了一种不透明物体。”由这种描述或其他关于阴影的观察归纳而来的总结或结果被称为中项（middle

term）:“任何物体只要有不透明物体位于它和光源之间，这个物体就会失去光亮。”所以，这个三段论的结论是：月亮失去光亮，是因为不透明物体遮挡了光源。由此证明，中项是大项的前提，而大项具有假设和观察的逻辑构架。

解析和合成的方法产生了显著的成效。它帮助14世纪的法国和英国学者定义了匀加速。他们发现了匀加速原理的形式：“在所有相等的任意长度的时间间隔内，获得一个相等的速度增量。”[6]这些学者研究了亚里士多德运动原理的不足。想要一个物体运动，必须对它施加外力，这是一个错误的常识，问题是如何解释抛物运动。为什么一块石头在离开投掷者的手之后持续在空气中运动？亚里士多德的假设不足以令人信服，他认为石头是由于空气的推动而运动，空气流到石头后面，以维持石头运动。而这些学者重新提出了一个假设，这个假设最开始是由6世纪一位反对亚里士多德力学的拜占庭批评家提出来的，他解释说抛物运动的持续性来自一种被称为“冲力”（impetus）的惯性力量，是由抛物者向物体所施的固有力量。大部分学者认为这种动力像热力一样会逐渐消失，但有个别学者争论说，这种力量只会因为介质的阻力或物体的重量而消失，这与动量和惯性的现代定义很相似。

一个半世纪以来，物理学家的研究停滞不前。其中一个原因是当时他们对数学的认知有限。中世纪晚期的学者在数学上的造诣远不及古希腊的最高水准，这些学者不认为几何学的抽象概念和物理现实之间有巨大关联，他们声称，这两者并没有本质上的关联。而且，他们的研究只限于逻辑推理。实际上，他们不愿意用实验来证明自己的理论。他们认为如果能够驳倒与自己的假设相悖的任何观点，那这个假设就成立。同时，他们提出许多具有吸引力的假说，其目的仅仅是证明一个非亚里士多德式的哲学观点也可能是有逻辑的。然而，他们同时对尊重权威表现出夸张的态度，相信亚里士多德的论点都是真理。他们好争辩，相对于用实践的方法研究真理，他们更偏爱争论带来的胜利。他们精于计算，却认为实验和测量没有太大必要。

实验和测量的习惯是在社会和学术环境中养成的，这种环境不同于大学和神职机构的学术环境：它就像15世纪和16世纪意大利艺术工程师的工作室。这些艺术工程师都是平民和工匠，以及在大师工作坊学过手艺的机械师。他们有着量化和因果的逻辑思维。通过绘画和雕刻，他们训练出精准的观察力，为了更准确地复制大自然，他们研究鸟类、花和叶子；他们研究光学定律；他们使用解剖刀，画解剖图记录解剖的过程。在研究古代遗迹的比例以及建造新建筑的过程中，他们下意识地把测量作为自己的专业准则。他们除了是某些领域的艺术家，也是机械、军事、水利领域的工程师。他们设计大炮、开凿运河、建造喷泉，为华丽的戏剧演出制造设备。他们制作钟表、琴、地图、航海工具和天文工具，还时常做实验。他们是实验研究真正的先驱者，其经验法则是现代科学物理定律的雏形。

最伟大的艺术工程师当属列奥纳多·达·芬奇（Leonardo da Vinci，1452—1519）。我们熟知达·芬奇是因为他的大量手稿都得以

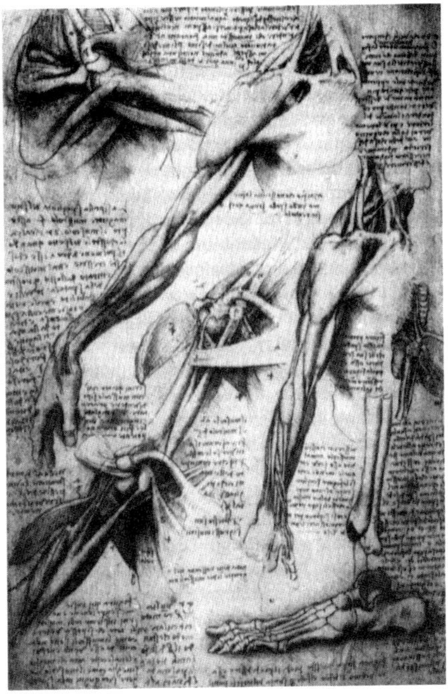

《解剖学(肩膀)》，达·芬奇画作。达·芬奇在做人体研究时解剖了30多具尸体。这幅画藏于温莎城堡，皇家图书馆。

保存下来。那些笔记让我们走近他的实验方式，看到他的科学成就，同时也暴露了他科学研究方法的不足之处。这些笔记记录了成百上千的实验。它们证实，对于达·芬奇来说经验主义是一种习惯，甚至是一种知识哲学。他写道，“智慧是实验的女儿”，“经验从不犯错”，以及“我清楚地知道，因为我没有接受过文化教育，有的人就无知地认为他们有权利把我贬低为没文化的人，这些愚蠢的人……他们没有看到我的知识来自经验，而不是他人的言论：经验被所有有识之士尊称为老师”。达·芬奇的笔记说明他正在制作小型模型来证明自己的理论，看它们是否奏效。他知道自己必须反复实验。他的技术和设备独具匠心，但他的经验主义略显天真。其他学者理论丰富，他却理论匮乏，而且并不比其他学者更通晓数学。他提到阿基米德，知道阿基米德是一位伟人，但伟人的研究并未对达·芬奇造成影响。达·芬奇在那些观察实验重于理论的领域有着丰硕的成果，比如解剖学；又比如，与两个变量相关的定量定律，在这个定律中，其中一个变量根据人的调整而改变，另一个变量很容易就能被观察到，所以，达·芬奇对梁柱的承重进行了实验测量，他把不同重量的物件放在大小不一的横梁上的不同区域，以此来测试重量对横梁的破坏程度。最后，他总结道，一根横梁的承重与其宽度成正比。

然而，只靠反复的实验是不够的，就像只靠学者们的逻辑方法也是不够的。达·芬奇的实验只解释了一小部分现象，想要整理出复杂的实验结果，研究出可行的科学方法，需要第三个组成部分：对数学的了解，对功能更复杂的数学概念的掌握，以此认识物理世界。高深的数学知识间接影响了第三个专业团体，即16世纪的人文主义学者。

15世纪后期，许多意大利人类学家和少数北方学者都掌握了希腊语，他们非常热衷于发掘、编辑、翻译、出版希腊文读物，那些文字当时在崇尚拉丁文化和拉丁语言的西方都无人知晓或鲜为人知。希腊古风之所以重新获得关注，主要原因在于希腊主要的科学和数学文本被找回，人们对这些文本也有了新的认识。特拉布宗的乔治（George of Trebizond）把2世纪托勒密（Ptolemy）所编纂的天文学全书《天文大成》(*Almagest*)译成了拉丁文。约翰内斯·雷格蒙塔努斯(Johannes Regiomontanus)是一位年轻聪慧的数学家，他学习希腊语，又在意大利教授天文学，他认为乔治的研究在技术上有缺陷。他为托勒密的书制作了一本精致的摘要，让包括哥白尼在内的所有天文学家都可以了解行星理论。1538 年，这份摘要的希腊文版本在巴塞尔出现。而在中世纪的西方，人们只能通过拉丁文版本中晦涩的，有时甚至是错误的译文来了解托勒密复杂而庞大的学术著作。这些针对托勒密的研究让西方读者能读到他的资料，了解他的技术，而很早以前他的研究就被伊斯兰世界所熟知。还有的学者研究古希腊数学家，如帕波斯(Pappus)、阿波罗尼奥斯(Apollonius)和丢番图(Diophantus)的著作。1544 年，用希腊语撰写的最伟大的数学研究著作——阿基米德的作品，出现了拉丁文版本。这些版本并不仅仅是历史学术著作。哥白尼在日心说的基础上完成了伟大的著作《天体运行论》(*De revolutionibus orbium coelestium*，1543)，而托勒密的研究及 16 世纪和 17 世纪热衷于研究古希腊数学的几何学家和代数学家，为其奠定了基础。所以，研究经典著作看似在保留历史，事实上也为学术界带来了巨变，它为开普勒(Kepler)和伽利略(Galileo)向传统的亚里士多德式自然哲学发起革命挑战提供了武器。

这些大量的著作蕴含的知识改变了 16 世纪的几何学和代数学，同样，数学在文化和科学领域的重要性日渐明显。人文主义的教育实践强调数学而忽视逻辑学。各个大学都有数学专业课程，文艺复兴时期的学者无时无刻不在提醒自己的读者那句题写在柏拉图图书院大门上的话："不懂几何的人禁止入内。"最重要的是，对柏拉图哲学高涨的热情激励他们去研究高难度的数学知识，这让科学家们开始相信，大自然本身在结构上遵循数学的规律，事实上几何学中的圆形和三角形能把明显混乱的情感体验变得通俗易懂。

为什么坚持从数学的角度解读大自然如此重要？这个问题令人联想到伽利略对哥白尼似是而非的赞美，而伽利略的支持者可以"做出合理的理论分析，漠视哥白尼，让伽利略成为自己信仰的主人"[7]。伽利略并不认为实验的证据不重要。他只是说明，常识具有欺骗性，数学的抽象概念比简单的经验总结更能清楚地解释经验主义事实的内在。16世纪以前的科学家对自己所感知的经验做出的总结都显得肤浅而草率，所获得的研究结果只是一般常识和经验法则，而不是科学规律。构思科学规律需要养成抽象思维的习惯，要愿意洞察这个令人眼花缭乱的世界，并用数学公式表述所观察到的规律。要有大胆的想象力，例如，想象自己能观察到在真空中自由落体的人。要有极度简化的思维，专注于构想出可以反复测试的假设性抽象概念，这意味着要学习各种现象间最简单的定量关系，把它作为数学主体，而不是具有固有特质和不规则性的感知主体来学习。这意味着把经验几何化。16世纪希腊数学家的发现让这种思维方式得以实现。

公元1500年以前，现代科学方法的三个组成部分逻辑、实验、数学是单独发展的，因为研究这些科学方法的专业团队的目的、关注点、智力兴趣、社会地位都有所差异，无法进行有效的交流。公元

1500年之后，这种差异很快缩小，这些专业团队就复杂的科研开发进行交流，找到了共鸣。很明显，其中一个重要的因素就是印刷术。学术、科技和数学等领域书籍的广泛传播，加快了不同专业之间的学术思想交流。人道主义的文化理想影响了所有有识之士。流行趋势让他们对翻译的新文本尤为关注，越来越多的学者学习希腊语，并且用希腊语学习古希腊科学。艺术工程师比过去享有更高的社会地位。他们在艺术和科技领域的成就引起了文学家和哲学家的兴趣，过去学习人工操作和机械操作的技能会被藐视，现在这种现象减少了。受过大学教育的学者开始用拉丁文撰写关于枪炮制造、航海和采矿的文章。比如，伟大的数学家尼科洛·塔尔塔利亚（Niccolò Tartaglia，1500—1557），他花费了大量时间和精力研究发射学，而物理学家格奥尔·鲍尔（Georg Bauer，1490—1555）在人文主义领域他更愿意被称为阿格里科拉（Aglicola）。他是一位杰出的拉丁语专家，著作包括《化石研究》（*Denaturafossilium*，1546），以及16世纪关于矿业和冶金最重要的专著《矿冶全书》（*De re metallica*），这部著作在他去世后的1556年出版。所有精巧的工匠都需要学习。达·芬奇在中年学习了拉丁语，并直接接触到了人道主义学说和传统大学学识。专业素养和理论流程相结合，催生了一类新的自然哲学家，他们在意大利被称为“哲学几何学家”（filosofogeometra）。这类科学家在自己的研究中融入了学者们演绎推理的流程、艺术工程师实验的习惯及希腊学者的数学知识。尼古拉·哥白尼（Nicolaus Copernicus，1473—1543）是这类科学家中最具资历者之一。在帕多瓦大学和博洛尼亚大学，他学习了亚里士多

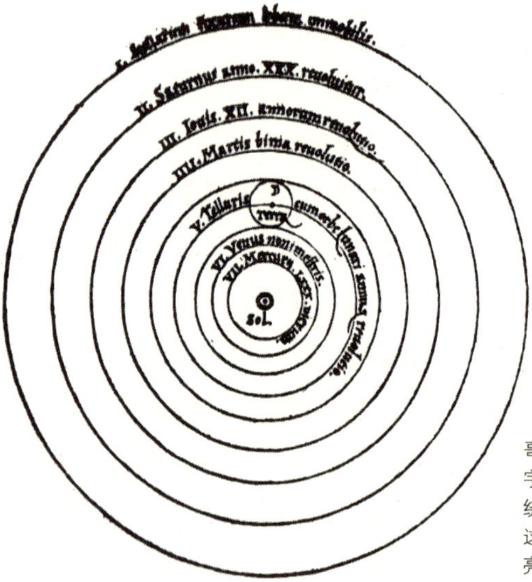

哥白尼的日心说。太阳位于宇宙中心，从水星到土星都绕着太阳转动。地球是距离这个中心第三远的星球，月亮围着地球转。

德的“传统逻辑”，还学习了希腊语。他坚信在大自然里发现简单几何学规律的可能性和重要性。他还吸收了这些艺术家和工程师漫不经心的思维方式和动手能力。例如，有充分的证据表明，他为自己画过一幅自画像；另有证据表明，他的许多天文学工具都是自己动手制作的。

在不同的研究领域使用相同的方法，便产生了新的科学方法。经验主义者意识到他们可以为自己大量的观察赋予理论结构，方法是把自己的数据应用到解析和合成的学术方法中。这使得更多的逻辑学家参与到检测和实验中。数学家学会了让自己抽象的想象力适应科学三段论和受控实验的需求，结果产生了一个强大的智力工具。这是一种以传统科学三段论为核心，以数学方程式为“中项”的方法论，由这种数学假设推断而来的结果通过观察和实验被进一步精确检测。利用这个工具，科学改革得以实施。

在大约公元1500年，科学和宗教领域开始出现激烈的争论。列奥纳多·达·芬奇自认为比起崇尚古希腊名医伽林（Galen）的医生或者亚里士多德式的哲学家，自己更了解人类解剖学和生理学，以及像空气运动和水运动这样大规模的物理作用。德意志医生帕拉塞尔苏斯（Paracelsus）批判大学教授，说他们只知道纸上谈兵，只知道书本知识，对人体、植物和矿物质的真相一无所知。他有自己的一套方法体系。这个体系以炼金术的三种物质为中心，它们分别是盐、硫黄和水银，所有生物都包含这三种物质。他甚至公然烧毁了大学的标准医学教科书——阿维森纳的《医典》（*Canon*），就像当年路德烧毁了把他逐出教会的教皇诏书。其他人则攻击由来已久的占星术。占星术是用来追踪天际对人类生活、健康和历史的影响的传统法则。尤其是当占星家争论双鱼座行星合（planetary conjunction）的时候，错误预测了1524年将会有大洪水来临，却没有预测到来年真正到来的（德意志）农民战争。少数天文学家甚至开始对不同的行星系和宇宙论进行实验。

然而，就算是16世纪中叶敏锐的观察家也没能预测到改革的出现。第一部新科学的主要文献——哥白尼的《天体运行论》诞生于1543年。1560年以前接受哥白尼观点的人屈指可数，还有少数反对者像路德一样，强烈反对哥白尼，说“这个愚昧的人想要颠覆整个天文学”。大部分人则是采取中立的态度。但哥白尼凭借坚持不懈的精神重塑了天体结构的研究。他所研究的传统天体结构里蕴藏着这样新奇的结论：地球每年围绕着太阳转动，并且他还详细阐述了地球运动的相关数据和已知的天文学知识不谋而合的情况。1560 年，大部分人脑海里的宇宙还是但丁描述的那样：封闭、整洁、可测量、以人为中心。但随着哥白尼“地球是一个星球”的结论出现，人类朝着牛顿学说的世界机械又迈进了重要一步。

探索：世界和文字

科学与工艺，权威的阅读文本与令人不安的事实发现，这种相互抵触的复杂关系在地理学领域体现得尤为明显，并最终为人类带来了丰富的成果。文艺复兴清楚地解释了分隔学科和思想主题的屏障是如何被消除的。但地理研究并非如此，因为不少人都反对阅读古籍。事实上，我们清楚地看到，15 世纪和 16 世纪，阅读古籍改变并推动了我们对自然界的科学探索。

在中世纪，西方人致力于各种地理研究。学者们为有人居住的地方绘制了大量的示意图，这些示意图看起来很吸引人，但实际上存在许多缺陷。十字军东征后，耶路撒冷被标记为世界中心，这并不是因为它地处众所周知的大陆中心，而是因为历史上最伟大的事件“基督受难”发生在那儿。这种示意图用地中海、顿河和尼罗河把有人居住的世界分隔为三个部分：亚洲、非洲和欧洲，每个洲居住的人分别是大洪水以后诺亚三个儿子的后裔。分隔大陆的海洋和河流在地图上形成了一个大写的 T，而大陆的外围则被一圈海洋环绕，这种地图通常被称为 T-O 地图（见下图）。圆圈的边缘绘有奔跑的怪兽，有的人把它解读为上帝的警告，有的人认为这是极端天气的自然产物：把独脚举过头顶用来遮阳的人，头长在肩膀下的人，眼睛长在脸部中间的独眼人。另一种示意图则用于基础科学的教学，不涉及历史，它把可居住的世界分为两个区域，一半是北半球，另一半是南半球。中间被热带分隔开的地区和南北半球的寒带都不适合人类居住。

航海家也绘制地图，但与其他地图不同。他们所绘制的地图现

T–O地图。中世纪世界地图的标准图示，代表三个已知的大陆，即亚洲、欧洲和非洲，被流动的海洋包围，被三条窄小的水系分隔，即顿河、地中海和尼罗河，这三条水系组成了字母T的一横和一竖。十字军东征后，耶路撒冷被标放在了T–O地图的正中心，字母T的交叉点上。很明显，这种表示的象征意义大于科学意义。

在被称为波多兰航海图。航海家会向水手展示如何标绘从一个海港到另一个海港的航线。与纽约人幻想他们的天际线囊括了整个美洲不同，地图绘制师只记录自己见到的重要场景，并会在地图上明显地标记出来。准确、具体地描绘出海岸线的位置，有助于划分大陆的边界。航海家们就沿着这些简洁的网状直线，即常规的贸易和航海的路线，一次又一次地跨越海洋。

这两种地图为两类读者提供了两种不同的信息。第一种地图向学者传授了关于宇宙的道德秩序和物理秩序的知识，这些学者也许从未旅行过，抑或旅行过但未使用过 T-O 地图或任何学术工具作为引导。第二种地图为商人和水手指明方向，引导他们安全地通往贸易往来的旅途，这些务实的商人不需要展示宇宙万物秩序的地图。学者和传统机构选择使用详尽的地图，这种地图的参考标准比较独特，其内容不免有些耸人听闻；而实用性强的地图内容枯燥，但事实信息准确无误。

15 世纪时，国与国之间的界线很模糊，后来才慢慢变得清晰。在这个过程中，学者们可能迈出了关键的一步。15 世纪初，他们向拜占庭帝国购买了一本托勒密的《地理学》。这本长篇技术手册归纳了公元 2 世纪最全面的地理信息，标出了 8000 多个地方的经纬度坐标，并对欧洲、北非和亚洲的地理情况做了综述。《地理学》说明了如何采用三种方法将球体的地球凹凸不平的效果复制到平面上。14 世纪时，拜占庭的学者们采用其中两种方法重新制作了地图，并加上了文字说明。

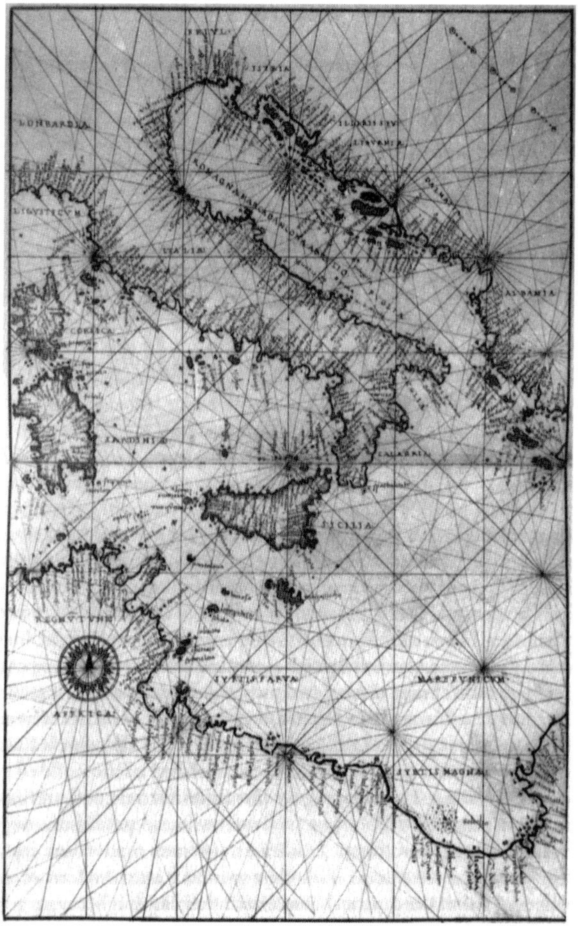

波多兰航海图所描绘的地中海中部。中世纪后期和文艺复兴时期的水手会使用这样的地图。在图中，海岸线被具体地描绘出来，发散的十字线用来表示从一个海港到另一个海港的方向。上图绘制于16世纪，这一时期，应用托勒密《地理学》中的方法，各个国家的地理轮廓也在图中有所体现。但波多兰航海图的实际用途并未改变，其强调的依旧是海岸线，而非内陆国境线。

1406年，雅各布·丹吉洛（Jacopo d'Angelo）把《地理学》翻译成了拉丁文，但不包括地图。学者们又用接下来15年的时间把书中的地图翻译成了拉丁文，并添加注释，更好地展示了托勒密的制图。出售手稿的商人，比如，佛罗伦萨的韦斯帕夏诺·达·比斯特奇，向多位诸侯和高级教士出售了大量这样华丽的书册。《地理学》一书被接连不断地复制出来，起初是以手稿的形式，后来则是影印，这些文字和地图成了意大利文艺复兴时期咖啡桌上的常见读物。意大利及地中海世界的学者和贵族能随时阅读最新版本的托勒密地图。《地理学》似乎成了一本惊世骇俗的著作，它把三维空间中的事物十分精确地展现在平面空间。列奥纳多·达·芬奇称，自己绘制的大量解剖学示意图对人体研究的贡献，能与托勒密为地球表面所做的贡献相媲美。

与此同时，实干家们，尤其是意大利人，开始阅读地理学的书，目的是获取有用的信息，为生财的冒险之旅摸索门道。早在15世纪初期，佛罗伦萨商人、冒险家戈罗·达提（Goro Dati）就利用了他在一本意大利文的《地理学》中学到的理论和实践知识。这本书向读者，可能是想学习从商的男孩，清晰地阐述了传统宇宙学和地理学的概况，以及北美旅游的详情。15世纪中叶，意大利航海家如热那亚人克里斯托弗·哥伦布（Christopher Columbus），开始仔细研究托勒密《地理学》和波多兰航海图中通往东方的新通道。事实上哥伦布非常热衷于阅读古书，从托勒密的地图中，他学到了关于地球的知识，也学到了如何在航行中精打细算。另外，他还十分喜爱研究指南针和天文学。他在古代权威读物中获得了航海旅行的灵感，并于 1492 年发现了新大陆。

托勒密的影响利弊各半。多少有些荒谬的是，他精湛的专业技术和出色的想法，反而不如他犯下的事实性错误影响大。托勒密大大低估了地球的周长，以及从欧洲西部海岸到亚洲东部海岸的距离。哥伦布直接听信了这种他认为是权威，但实际上是错误的观点，加上托勒密提及的并不准确的古代哲学思想，这让哥伦布确信，他可以向西航行至印度群岛。这种信念让哥伦布错误解读了自己的整个航程，他把所到的群岛错认为属于亚洲边界，而自己遇到的那些当地人则像书中描述的那样，是在无人居住的边境地区通常会见到的怪人。

然而，除了对于经度的错误认识，托勒密还有很多学识要展示给世人。他说得很清楚，他可以纠正自己的前辈，比如，希帕克斯（Hipparchus）和马里纳斯（Marinus），因为他生于他们之后，知识比他们更丰富。托勒密也指出，后继学者会以同样的方式纠正他的错误，填补他学术研究的空缺。事实上他所撰写的文本的具体格式以及留下的一整套地图，都在鼓励读者对其进行补充。在现代欧洲地图中添加内容毫无难度，因此托勒密的书册出现了许多添加地图的版本，有手抄本也有影印本。环绕非洲的葡萄牙船队证明了托勒密关于印度洋封闭的观点是错误的，新地图对此予以了纠正。到 16 世纪早期，现代世界地图和非洲地图出现在《地理学》中，这些地图都是实时更新或经过了反复修改的。

因此，知识、贸易和旅行领域开始出现革新。从托勒密的地图

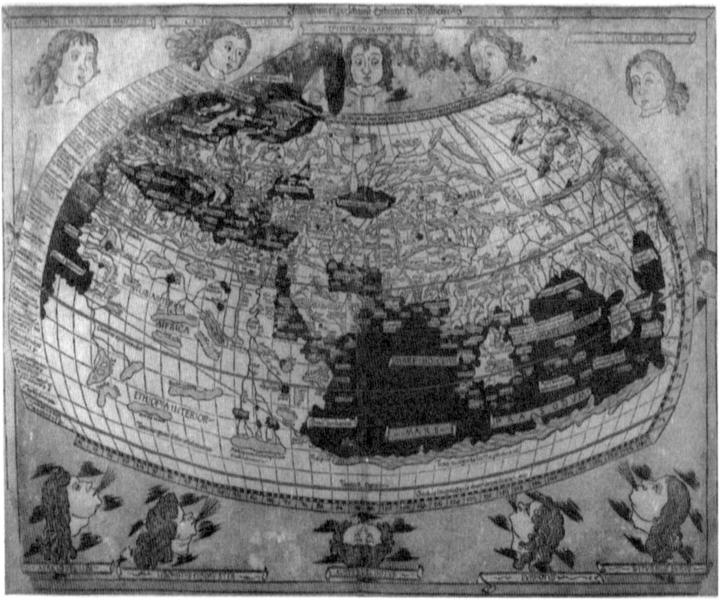

托勒密的世界地图。这张世界地图是附于托勒密《地理学》一书内的原图的拜占庭复制品。它展示了古代科学家和人种学者所知的世界：亚洲、欧洲和撒哈拉沙漠以北的非洲地区。印度洋被一片大陆环绕，非洲被分隔开，亚洲东部混沌未开。但地图清晰地划分出了欧洲、亚洲西部及北非的大部分，这可以作为描述世界其他地区的模板。

中，学者们知道必须获取新数据，因此在现存的地图基础上添加了更新的数据。他们利用托勒密精湛的绘图技巧来描绘新陆地的形状。渐渐地，他们发现整个古代地理体系需要进行根本的改变。首当其冲的是制作粗糙的 T-O 地图图解。很明显，人们居住的地区并不是被水域环绕的狭小陆地，而是分散开来的多个陆地，被可通航的海域分隔开来。大西洋上的陆地并不是亚洲周围零零星星的小岛，而是两个新的大陆。耶路撒冷或任何欧洲城市都不是世界的中心，探险家揭开了这个广阔的世界的真实面貌。T-O 地图上标画的怪兽也消失了。虽然探险家时不时会听到，有的人声称自己见到过食人族和亚马逊人，见到过独脚人和独头怪躲避追捕，但后来他们清楚地认识到这些都是幻想出来的动物。气候带地图也需要修改，学者们意识到被划分出来的热带其实完全允许人类居住。最后，古书的权威受到了挑战。新世界的旅行家、历史学家庞塞·德·阿科斯塔（José de Acosta）为自己颇具影响力的书作序，解释了他为什么嘲笑亚里士多德关于热带的理论，因为他乘船跨越赤道，不仅活着回来了，而且感觉良好。

16 世纪中叶，托勒密的理论不得不做出改变。当时最伟大的地理学家亚伯拉罕·奥特柳斯（Abraham Ortelius）和吉哈德斯·墨卡托（Gerardus Mercator）发明了比托勒密的绘图方式更复杂的地图绘制技巧——墨卡托投影。他们没有在托勒密的地图上进行更新，而是研发出了全新的全尺寸地图册。墨卡托曾经编辑过托勒密的《地理学》，他解释道，他不想把托勒密的地图作为最新信息，因为托勒密的地图太过时，无法真正地成为这个世界的指南，只能作为衡量公元 2 世纪知识水平的指南。至此，对过去的文字和科学的研究开始告一段落，人们对自然世界的探索翻开了新的篇章。

而在那时，文艺复兴的文化本身也已经消逝，但那又是另一个时代了，并非本书所讨论的范围。在本书所详述的 1450 年至 1550

《马格内斯的青金石北极星》，西奥多·加勒制作。这幅精美的铜版画描绘了文艺复兴时期一位航海家在专心工作的场景，工作室里陈列了各种航海仪器，以及一个地球仪、一个浑天仪。

年间，人们进行了卓有成效的合作，而这种互动的景象在中世纪从未出现过。

葡萄牙航海探险

黑格尔说："只有在天黑以后，密涅瓦（罗马智慧之神）的猫头鹰才会起飞。"他的意思是，只有到历史进程快结束时我们才会明白历史的全部意义。欧洲的经济文化在世界占主导地位有很长时间。现在我们回头去看这段历史，才更清楚地明白葡萄牙航海探险的意义。它标志着欧洲向世界扩张的开始：建立大片政治殖民地，实施经济渗透，把世界变为欧洲的经济腹地，推崇基督教帝国主义，让欧洲文化凌驾于整个世界之上。这种扩张开启了世界历史的欧洲时代。

同时，16 世纪的许多欧洲人看待重大科学发现的态度，再也不像他们过去看到日心说假说的事实真相那样震惊，对于这种态度的转变，我们丝毫不觉得意外。所以像伊拉斯谟一样的智者从不提及这些发现，路德也只把它当作宣扬福音书的一种方式。印刷出版的书籍中大部分关于土耳其人，鲜有关于印度或中国的描述。16 世纪下半叶的法语书并没有提到世界上有美洲。当时的探险家们和我们一样，对未来一无所知，他们评价自己科学发现的眼光比我们的还狭隘。他们仅凭自己的个人兴趣和追求进行评价。或使用一种偏倚的标准，即一个封闭社会对欧洲以外的文化和价值的接受程度。他们之所以有这两种评价标准，是因为当时他们所处的特殊时间节点，其实，他们处在一个新时代的伊始，而不是旧时代的尾声。

但这些因素都不太可能扩大欧洲向世界扩张的影响，因为探索和发现最初的动机是一个个小而具体的事件。不过，重大历史事件的起因不一定也是大事件。航海发现就是一个恰当的例子。它开启了欧洲对全世界的扩张。但是航海探索的原始动机很简单，就是为了满足由十字军东征引发的对寻找非洲黄金的狂热。

1415年，葡萄牙人占领了休达（Ceuta），开始了对非洲海岸的殖民，以消除伊斯兰教的影响。与此同时，他们开始传播基督教，寻找黄金这种古老而闻名的贸易资源。休达是位于摩洛哥最北端的一个城市，它曾是十字军攻克的重镇之一。在此之前，航海家亨利王子（Prince Henry，1394—1460），即葡萄牙国王若昂一世（King John I）的小儿子，认为控制休达是非洲扩张计划的第一步。对抗伊斯兰教一直以来就是葡萄牙人航海探索的重要动机，例如，亨利王子认为占领休达的一个目的就是抑制伊斯兰教在非洲的影响力。他的另一个目的则是直接联系神秘的祭司王约翰（Prester John），祭司王约翰是拥有大片领地的基督教王国的统治者，欧洲人把他视为埃塞俄比亚皇帝，想吸引他加入基督教联盟抵抗伊斯兰教徒。后来葡萄牙人希望在印度找到基督徒，这些人的祖先据称已经皈依了使徒托马斯，同时，葡萄牙人希望能让众多的非基督徒的印度人迅速皈依基督。

然而，皈依基督的希望之花之所以绽放，是因为其滋润的商业土壤，而最大的商业诱惑是黄金。1375年，一位西班牙珠宝商绘制了一张非洲地图。这张地图之后流传甚广。图上显示，在撒哈拉沙漠的中心有一位黑人君主，他一只手拿着节杖，一只手拿着一块黄金。配有一段文字说明："这位黑人君主名叫曼萨·穆萨（Mansa Musa），是几内亚黑人的君主。他的国家遍地黄金，所以他是这陆地上最富有最尊贵的国王。"地图绘制师提供的信息看来准确无误。其他资料显示，1321年曼萨·穆萨前去麦加朝圣，在路上他向开罗的埃及人展示了自己的财富。他的王国位于尼罗河三角洲上，是个管理有序的国家，他的财富和权力都来自黄金交易中所获得的利润。黄金贸易历史悠久，至少在10世纪以前，金粉就从西非的苏丹（Sudan）（主要是北边与塞内加尔河接壤，西边与法莱梅接壤，东边与尼日尔接壤的地区）以及黄金海岸的阿善堤（Ashanti）北部流入了地中海国家。这些地区的原住民从河砾石中提取黄金。他们用黄金和穆斯林黑人做交易换得盐这种他们急需的必需品。而这些穆斯林黑人把黄金从内陆带到撒哈拉沙漠以南的市场售卖。这些市场如：曼萨·穆萨所统治的马里（Mali）帝国的首都尼亚尼（Niani）；位于尼日尔河三角洲最南端重要的贸易和文化中心杰内

《几内亚国王曼萨·穆萨》，《卡塔兰地图》中的一段。于1375年绘制于马略卡岛（the island of Majorca）。现藏于巴黎的法国国家图书馆。

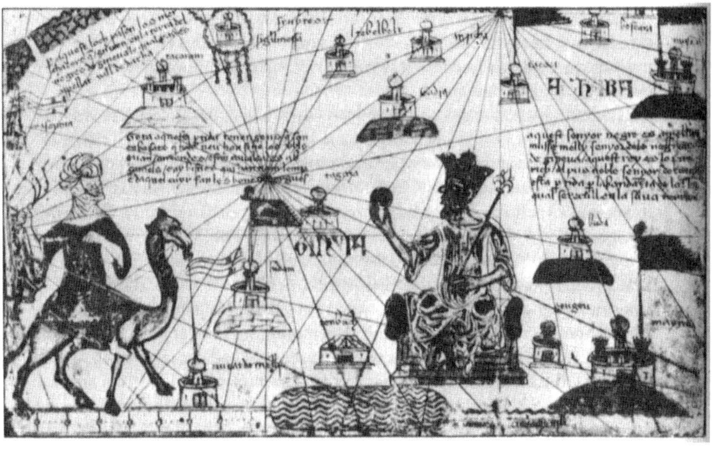

（Jenné）古城；位于瓦拉塔（Walata）和廷巴克图（Timbuktu）的繁荣的商贸中心。马里南方的商人在这些地方与来自北方和东方的、同样信奉伊斯兰教的白人相会，然后满载黄金的骆驼商队开始了漫长的旅途。他们穿越撒哈拉直达位于马格里布（Maghrib）的地中海港口——阿尔及尔（Algiers）、波尼（Bône）和突尼斯（Tunis）。

几个世纪以来，威尼斯（Venice）、热那亚（Genoa）、马赛（Marseille）和巴塞罗那（Barcelona）的商人在巴巴里海海岸（Barbary Coast）进行贸易往来，他们所购买的商品来自遥远的“黑人的国家”——现在被称为几内亚（Guinea），穿越沙漠被运送至巴巴里海岸。亨利王子的目标宏伟，需要丰富的想象力、勇气、技术及坚持不懈的执行力，他计划绕开马格里布和撒哈拉地区的中间人，利用资源发展黄金贸易，从伊斯兰教教徒手中夺回贸易。对此计划，他感到迫不及待，因为在15世纪的葡萄牙甚至整个欧洲，珍稀金属尤其是黄金极其稀有。在欧洲垄断这种重要资源，将会带来巨大的权力和利益。所以，由亨利王子赞助的航行并不是莽撞之举。当然，航行需要航海、绘制地图方面的技术，还需要翻新船只，打造海军兵器。这不可避免地涉及探索和增长知识。但是他们对非洲的认识仍然停留在很早的水平，这些信息由一群学者和海员，包括基督徒、犹太人及服务于亨利的伊斯兰教信徒收集而来，这些人的目的很明确，就是在几内亚寻找黄金。

拥有宏图大志和丰富想象力的亨利王子指导了葡萄牙航海探索的第一步。几乎每年都有船只起航去往非洲海岸。1460年，也就是亨利王子去世的那一年，葡萄牙海员到达了几内亚。1460年至1480年间，他们开拓了这片领土并开始商业开发。若昂二世国王（King John Ⅱ，1481—1495年执政）对扩张领地乐此不疲，被称为几内亚的主人。他与西非的统治者接触，建造了堡垒和贸易中心。15世纪末，葡萄牙人占据了曾经被非洲穆斯林垄断的巨大市场。现在海运去欧洲的黄金可以直接送往里斯本（Lisbon）和安特卫普（Antwerp），而不用走传统的（沙漠）商队路线，不用先经过阿尔及尔和突尼斯市最后到达热那亚和威尼斯。这种情况造成了16世纪马格里布*的城市经济衰退严重，而葡萄牙则繁荣昌盛。15世纪40年代末，葡萄牙拥有了足够黄金以发行第一批国家金币克鲁扎多（crusado）。到1502年的时候，每年到岸的货船达到了12至15艘，每艘货船装载的黄金重达2000盎司。15世纪70年代，葡萄牙把位于喀麦隆海岸的圣多美岛（the island of São Tomé）开拓为殖民地，雇用黑奴种植甘蔗，向欧洲运送糖，以此换取多彩的布料、戒指、手镯、铜质餐具，还获得了象牙、黑檀木和豆蔻粉（比东方的胡椒更粗糙，但是更便宜）。比这些热带作物更暴利的是奴隶交易。15世纪下半叶，每年都有上千个奴隶从非洲被送往里斯本。奴隶交易持续了几个世纪，甚至在墨西哥和秘鲁减少了欧洲对西非黄金和白银的依赖程度以后，奴隶交易仍然有利可图。1530年后，奴隶变得比黄金更重要，几内亚海岸成为新世界殖民者使用的

* 马格里布：摩洛哥、阿尔及利亚和突尼斯三国的代称。——译者注

非洲劳工的重要来源地。

后来葡萄牙人把对黄金和几内亚奴隶的关注转向了印度香料，但具体时间尚不清楚。也许亨利王子在他生命的最后十年里想象过乘船到印度去。我们可以确定的是，到了1480年，几内亚海岸的开发变得持续而有效，这时雄心勃勃的葡萄牙又把其主要目标转向了东方。葡萄牙在15世纪80年代开始了对非洲海岸的开发，这种全新快速的殖民化进程在1487年到达了高潮。这一年，巴尔托洛梅乌·迪亚士（Bartholomeu Dias，1450—1500）开始了驶向非洲西南端岬角（好望角）的航程，他把这个岬角称为“美好希望的岬角，绕过这个海角，就有希望看到梦寐以求的印度”。但这个美好的愿望延迟了十多年才得以完成。1497年，葡萄牙国王“派遣了四艘船寻找香料”[8]。1498年5月20日瓦斯科·达·伽马抵达了马拉巴尔海岸。

20世纪的人们已经习惯了冰箱、便捷的交通和丰富的饮食选择，所以可能不理解为什么祖先们要寻找香料。但我们必须记住的是，当时欧洲缺少某些食材。他们没有大米、玉米、土豆，只有少量的奶酪、黄油，几乎没有糖。在秋季屠杀牲畜的季节里倒是有一些鲜肉。而在其他季节里肉都被腌制起来，价格也很高。因为肉类被腌制存放，其品质也不会很好。人们的饮食以面包、粥为主，偶尔有些腌菜，还有白菜、萝卜、豌豆、小扁豆和洋葱。烹饪的艺术完全在于调味品的使用，而调味品的关键则在于香料。人们需要香料，因为他们想要刺激味蕾和掩盖食物自身不好的味道，让菜单上有更多选择。他们用香料制作药品、香水，也用于宗教仪式。结果，樟脑、肉桂、肉豆蔻、姜、小豆蔻，尤其是胡椒和丁香的需求大增，这些全是欧洲稀缺的亚洲食材。

达·伽马抵达卡利卡特（Calicut）的时候，欧洲和远东之间的香料交易正井然有序地进行。在位于马来半岛西海岸的马六甲（Malacca），来自中国广东的舢船和印度东部的香料工艺品，一起被装上穆斯林商人的货船，这些穆斯林商人控制了印度洋的贸易。然后这些香料被运往第二大分配转运中心——马拉巴尔海岸的卡利卡特。香料从卡利卡特经过两条传统海上航线被分别送往地中海：一条航线通往霍尔木兹海峡（Ormuz），即波斯湾入口，通过波斯湾、幼发拉底河（Euphrates River）去往阿勒颇（Aleppo）和贝鲁特（Beirut）；另一条航线去往亚丁（Aden），通过红海，再从陆路进入苏伊士（Suez）和亚历山大港（Alexandria）。这些珍贵的货物在亚历山大和贝鲁特被交送到基督教商人的手中，他们多是威尼斯人。15 世纪末的威尼斯仍然像在中世纪一样，对地中海香料交易实施着垄断。在这条漫长的航线上，贸易为所有与之接触的人带来了财富，从印度洋的穆斯林商人到埃及、土耳其的统治者，再到威尼斯商人，大家都是这条传统贸易路线的既得利益者。

葡萄牙人抵达印度洋，对这些既得利益者造成了威胁。葡萄牙人的任务就是再次大规模地实施他们在垄断苏丹人的黄金时使用的策略——夺取在穆斯林控制下的东方海域贸易支配权，推翻穆斯林的垄断，把经过威尼斯运输香料的路线转变为经过霍尔木兹海峡、亚丁、贝鲁特和亚历山大港，货船不用绕过好望角去往里斯本。1509 年，在威尼斯人的帮助下，葡萄牙军队歼灭了一支由埃及苏丹奴隶组成的大型舰队。在葡属印度殖民地总督阿方索·德·阿尔布克尔克（Alfonso de Albuquerque，1509—1515 年任职）的带领下，葡萄牙军队摧毁了卡利卡特，占领了霍尔木兹海峡和果阿（Goa），使果阿成为了马拉巴尔海岸的贸易中心。1511 年，葡萄牙人又攻陷了作为贸易中枢的马六甲。葡萄牙人在 16 世纪前 20 年间所取得的这些胜利，为其在印度洋建立葡萄牙王国打下了基础，也使得从 1501 年到 1504 年这段时间开始，大量的香料开始流向里斯本，再从里斯本到安特卫普。到 1520 年，欧洲帝国主义的桥头堡已经在东方根深蒂固。

葡萄牙很快占据了欧洲的大部分市场。1515 年连威尼斯人都不得不从里斯本购买胡椒。然而，到印度的直接航线的开通并没有立刻让地中海的香料交易结束。运送香料的传统航线仍然在使用。葡萄牙人打破了印度洋上穆斯林的垄断，但他们并没有成功地建立属于自己的垄断机制。具体点说，他们没能占领亚丁。1538 年亚丁被占领，但占领者不是葡萄牙人，而是土耳其人。红海被纳入了土耳其的掌控之中。到 1560 年，运抵亚历山大港和地中海的胡椒以及其他香料的数量仍然和运抵里斯本的相当。航行线路的胜利是大势所趋，达·伽马的探索航行让欧洲的重心开始从地中海向大西洋，从意大利向尼德兰、英格兰、法国转移。但这一过程花费了很长时间。直到 17 世纪，欧洲的经济优势才真正转移到了北部。

新世界

在葡萄牙人从南部和东部进入印度洋之前不久的1492年，西班牙人穿过了大西洋向西航行。两国的航海家有着相同的目的：获取财富和拯救灵魂。一位士兵表示："我们来到这儿是为上帝和国王服务，也是为了让自己变得更加富有。"[9]跟航海家亨利王子一样，克里斯托弗·哥伦布被一件事触动，那就是"很多相信偶像崇拜的人都因为接受毁灭学说而迷失自我"[10]。所以，他离开了西班牙，准备打击这些异教徒，最后他也确实让这些人开始追求真理，信仰欧洲。哥伦布也想致富。他的第一次航行太仓促，一位船员告诉他可以穿越大西洋抵达印度，这样比绕过非洲更加便捷，他便出发了。但结果与他预想的大不一样。葡萄牙人先是在几内亚寻找黄金，然后又在不知不觉中走向通往香料交易的道路。西班牙人则是先为运送印度的香料和金银珠宝开辟新路线。他们没有发现新世界，但他们找到的黄金白银数量惊人。后来，在东方开辟殖民地的葡萄牙王国在印度洋上不慌不忙地建造堡垒、贸易中心，而在新世界的西班牙帝国则建立了大型采矿中心。这两个帝国起初是竞争关系，很快他们站在了同一战线，因为他们意识到越来越多来自美洲的黄金白银可以用来购买东方的香料。他们在西方发现了这一宝贵的矿产，便开始了对亚洲的商业开发。

哥伦布的第一次航行加快了开发和征服新世界的步伐。只要哥伦布还在世一天，他就相信自己已经到达了远东。他这种固执的意念遭到了很多人的反对，他的同行者和继承者意识到他们并没有达到目标，而是遭遇了困境，于是他们开始疯狂地寻找通往印度的航道。这是他们深入美洲的第一个动机，它激励了亚美利哥·韦斯普奇（Amerigo Vespucci，1451—1512）去拉普拉塔河（Río de la Plata）探险，也促使斐迪南·麦哲伦（Ferdinand Magellan，1480—1521）于1519年至1521年间发现南部海峡并向西航行穿越太平洋，但他错以为那是印度洋的一个海湾，是去往摩鹿加群岛（the Moluccas）的通道，还错以为自己距离巴拿马地峡的西班牙殖民地很近。然而，麦哲伦的此次航行让大家了解了太平洋之广阔，以及从西方运送香料到摩鹿加群岛并不现实。同时，黄金在加勒比海群岛和大陆被发现。自此，攫取黄金成了西班牙开发和殖民美洲的首要目的。

建立殖民地的时间和地点取决于金、银矿床的位置和能有多少印第安劳工来进行加工。采矿是西班牙在新世界的首要经济活动，采矿也影响了整个西属美洲殖民时期的政治、经济、社会生活的方方面面。黄金首先在伊斯帕尼奥拉岛（the island of Hispaniola）上被找到，这是哥伦布第一次航行的重要发现。后来古巴和波多黎各也发现了黄金。这些岛屿的中心山脉核心成蜂巢状，有含有金矿物的石英脉。提炼黄金的过程很简单。金块从矿区浅层被采捞上来，

《波托西的里科山》（*The Cerro Rico of Potosí*）。未知艺术家绘，约1584年。在山体的一侧，骆驼身上载着银矿。前景展示了用汞齐化法提炼白银的工序。（来源：美籍西班牙裔协会博物馆及图书馆，纽约。）

更多的时候是从沙砾中筛选出来。靠一个人的劳力需要很长时间才能清洗干净极少量金块，所以只有使用大量像奴隶一样干活的印第安工人才能使淘金产生经济效益。当哥伦布抵达伊斯帕尼奥拉岛时，100 多万印第安人居住在那儿。1510 年，天花疫情爆发，再加上饥饿及残酷的砂矿开采，印第安人口减少了 90%，只剩 10 万人。由于印第安人口大规模减少，劳动力紧缺，只有少数殖民者继续居住在岛上，他们开始养殖牲畜发展农业，种植甘蔗，使用从非洲贩卖过来的黑奴。而大部分殖民者去往内陆，或是去墨西哥和秘鲁，希望能找到更多的黄金和采金的印第安工人。

征服阿兹特克帝国（Aztec）和印加帝国（Inca）是西班牙占领新世界的著名战役。1519 年，哥伦布抵达美洲大陆后的四分之一个世纪，西班牙殖民者赫南多·科尔特斯（Hernando Cortes，1485—1547）听说墨西哥拥有巨大的财富，在这种传闻的驱使下，他离开了古巴前往墨西哥。1532 年，西班牙人控制了墨西哥中部印第安文化的全部区域，将其命名为“新西班牙”。一年后，也就是 1533 年，第二支私人海盗探险队由法兰西斯克·皮泽洛（Francisco Pizarro，约 1470—1541）领导，占领了印加帝国的首都库斯科（Cuzco）。这支探险队在巴拿马招兵买马，集资的形式与现在的非法采矿组织类似。在接下来的 15 年中，西班牙和葡萄牙，这两个新世界的伟大帝国勇往直前，完成了许多探险旅程，得到了丰厚的回报。此时，西班牙人控制了陆地上人口最多的区域，这些区域有 2000 万至 2500 万人居住，占前哥伦比亚时期中美洲和南美洲总人口的 90%。科尔特斯从阿兹特克搜刮了大量金银首饰，皮泽洛则掠夺了印加人的财物。但这次扩张对早期现代欧洲的形成之所以至关重要，主要原因在于全世界储存量最大的几座银矿床正巧都位于新西班牙和秘鲁总督辖区最新的殖民地：位于墨西哥城北部，于 1543—1548 年间被发现的萨卡特卡斯（Zacatecas）和瓜纳华托（Guanajuato）银矿，以及位于玻利维亚高地（Bolivian highlands）的波托西（Potosí），于 1545 年被发现的塞罗里科山（Cerro Rico）银矿。

随着这些位于墨西哥和秘鲁的银矿床的开发，技术含量更高的矿脉开采取代沙矿开采，成为新世界的主要经济活动，银矿则取代金矿成为西属美洲出口欧洲的重要商品。波托西是16世纪全世界最重要的矿业城镇。它位于著名的塞罗里科山山脚，塞罗里科山海拔大约3英里，终年气温在华氏59度以下。矿脉被发现25年后进行了第一次人口调查，结果显示波托西的人口达到12万，比西班牙的任何城市都多，接近巴黎、伦敦这些欧洲最大城市的人口数量。波托西有80座教堂，赌徒和妓女随处可见，在充斥着暴力、剥削和阴谋的喧闹环境下，波托西的居民生产了不计其数的银器。波托西和萨卡特卡斯很快成为了以银矿为基础的殖民经济中心。银矿床的位置决定了人口的居住地，不参与采矿的居民则为矿工提供住房、饮食，为挖矿的印第安劳工提供服务。在这种经济模式下，采矿业带动了农业、畜牧业、制造业和贸易的发展。当然殖民者也向欧洲运送兽皮、铜、烟草、糖和染料。但金矿和银矿的数量和价值远远超过了其他出口商品。新世界主要以采矿和出口金银块换取制成品。欧洲人认为金银财宝远比其他殖民产品重要，就像行驶在西班牙和西印度洋群岛之间的船队成员谈到的那样："我们的船队驶向西印度群岛，去带回属于国王陛下和我们个人的金银财宝。"

然而不管矿藏储量多大，如果没有辛勤的劳动，墨西哥和秘鲁的矿山也不会对欧洲文明产生巨大影响。文艺复兴时期制银的技术革新就如生产武器和印刷书的技术革新一样至关重要。16世纪，德意志掌握了欧洲最全面的采矿和冶金术知识。他们出版了阿格里科

16世纪的采矿场。木版画。出自阿格里科拉的《矿冶全书》，1556年出版。矿井（图示A、D），隧道（图示E），隧道口（图示F），无通风口、不见日光的黑暗隧道（图示B、C）。16世纪，投入科技革新中的大量资金使得采矿业出现了越来越多的资本主义组织。

拉所作的当时最完整的冶金术教科书《矿冶全书》，这本书在新世界被广泛阅读。16世纪30年代中期，一些德意志人对美洲的矿山十分感兴趣，正是这些德意志人在1555—1556年间向墨西哥引入了汞齐化技术，这是美洲采矿历史上的一个重要事件。汞齐化是指把含贵金属的矿石放置在水力发电的捣磨机（也是德意志人引入的）中研磨，与水、汞、盐和不纯的硫酸铜混合，放置在岩石铺砌的宽敞露台，将其竖直地堆砌起来，直到银离子从合成物中分离开来与汞混合。然后洗净这些混合物，打压成条状，放入熔炉中加热，水银在熔炉中挥发，最后成为银条。这种过滤银矿的技术在15世纪后期由威尼斯地区的矿工发明，但在被引入美洲之前，这种技术并没有得到广泛的应用。在美洲，这被认为是一种十分宝贵的技术，因为它大大增加了银矿的产量，实现了传统方式无法做到的低品级矿石的开发。1571年，这种技术被引入波托西，此后的15年间，波托西的矿石产量翻了两番。萨卡特卡斯和瓜纳华托的银矿产量也有了相应幅度的提升。

16世纪，大量金条涌入欧洲。1503年至1535年间，大部分货船装载的都是来自伊斯帕尼奥拉岛、古巴、波多黎各和中美洲的黄金，这些黄金来自沙矿或前哥伦比亚文明时期收集的黄金饰物。1535年后，大部分金条、银条则来自墨西哥和秘鲁。这段时期，白银的比例之高前所未有，到1570年，运抵塞维利亚（Seville）的财宝中只有3%是黄金。16世纪运抵欧洲的金银条，其数量和价值都呈现上升趋势。如果画成曲线图的话，1535年前，价值曲线攀升缓慢，1536 年至 1580 年，由于对印加人的掠夺，萨卡特卡斯和波托西的发现，以及汞齐化技术的引入，价值曲线开始迅速攀升，1580 年后，曲线进一步陡然攀升，直至 16 世纪 90 年代达到顶峰。在 16 世纪 40 年代，每年运送到欧洲的银矿大约为 150 万盎司，而 16 世纪 90 年代，这一数值达到了 1000 万盎司。相比现代欧洲矿产的出口量，这些数字蕴含的历史意义更加重要。欧洲大部分的银矿是在萨克森（Saxony）、波希米亚（Bohemia）、蒂罗尔（Tyrol）、匈牙利（Hungary）开采的。与铁和铜的产量一样，这些地方的银产量在 1460 年后快速提升，并在 1525 年至 1535 年的十年间达到年产量约 3 万盎司的峰值。因此 1540 年前，欧洲的银产量是西属美洲的两倍。但 16 世纪下半叶，美洲的银产量快速攀升，同时欧洲的银产量则以惊人的速度下降。在 16 世纪末，欧洲的银流通量空前的大，但这些银都来自墨西哥和秘鲁，而非中欧。

这些新发现在 16 世纪的最大影响，在于以欧洲的价格进口美洲的黄金和白银带来的冲击。市场上流通的金条、银条数量增加，进一步增大了由于人口增长和价格快速上涨引发的通胀压力。价格上涨在 16 世纪初便已现端倪。到 1560 年，西班牙的黄金白银价格涨了一倍。其他地方的通胀速度较为平缓，其产生的严重影响持续到 16 世纪末、17 世纪初才显现出来。但在 16 世纪初，通胀加快了财富分配和经济实力的变化。它具有革命性的作用，因为它的出现正好符合 1460 年至 1560 年间欧洲经济快速扩张的趋势。早期的价格革命刺激了商业和工业发展，同时也使社会紧张关系加剧，这种

《新发现》（*Nova reperta*）版画（西奥多·加勒作），新世界的发现与葡萄牙人环绕非洲的航行及印刷术、火药的发明一样，改变了欧洲对于自身历史和经济的看法。这幅作品是为了庆祝欧洲人发现了祖先所不知道的地域，获得了过去所不具备的科学技术，如火药、指南针、钟表以及带马镫的鞍。

紧张关系与工业和农业中出现的资本主义生产模式息息相关。从这个角度看，海外扩张其本身就是国内扩张的一种延伸，在这些欧洲基督教国家，传统国界之外的激进扩张同样推动着这些经济体内部发展模式的变革。

第二章

欧洲的经济扩张

14 世纪伊始，持续两百多年的中世纪经济扩张宣告结束。物资匮乏和频繁的饥荒成为 1310 年至 1350 年的主旋律。1347 年，黑死病传入君士坦丁堡和地中海东岸地区；次年波及意大利、西班牙和法国；1349 年扩展至瑞士、奥地利、德意志、低地国家和英格兰；1350 年延伸到斯堪的纳维亚和波兰，让这场瘟疫从生计危机演变成为人口学意义上的大灾难。零星的证据对这一时期的损失做了大致的估算。其中最可靠的数据显示，1348 年到 1377 年间，上述区域人口减少了 12% 到 60%，而同时期全球人口缩减了约 40%。伴随人口下降，商业和工农业产品的价格及总量也在降低或停滞不增。这场漫长的经济萧条于 1460 年到 1500 年间终结。在马丁·路德、哥白尼和米开朗琪罗的有生之年，欧洲经济空前繁荣，工业、商业、金融及人口增长均有复苏。

一个世纪的繁荣

16 世纪上半叶，人口大量、快速且广泛地增长。尽管在 16 世纪后半叶增速稍有放缓，各地增长情况也各有不同，但是人口上涨势头在欧洲大部一直持续到 1620 年。其中，西西里和那不勒斯王国的人口增加了一倍；罗马的人口在 1526 年为 5 万人，但到了世纪末就达到了 10 万。巴黎南部农业区村庄的人口，在 15 世纪末到 16 世纪中叶经历了两倍、三倍，甚至四倍的增长。而尼德兰 17 个省之一的埃诺郡，其农业人口的增长模式也与上述地区相似。从 1365 年到约 1470 年，人口数量下降，而从 1470 年到 1540、1541 年间，人口数量又迅猛上涨。安特卫普的人口也从 1440 年的 2000 人，增加到 1500 年的 5000 人，并于 1560 年达到一万人。尽管对比利时王国总人口的计算结果都不尽准确，但是对特定区域的调查证实了人口强劲增长的势头。在西班牙、葡萄牙、瑞士、尼德兰和法国的其他地区，以及斯堪的纳维亚、波兰和俄罗斯，均能找到其人口蓬勃发展的证据，只是各地情况存在差异。

伴随人口增长，工业生产规模也不断扩大。从欧洲的矿山中开采的铁、铜和银的数量翻了两番，冶金工业的产量也很可能达到了相同的增速。全新的产业对工业繁荣做出了重要贡献。比如，印刷书籍的生产，尽管早在 1500 年前就已产量显著，但在 16 世纪经历迅猛增长，其发展也刺激了传统工业的兴盛，如造纸业和眼镜制造业。不断增多的城市人口带动了建筑业的兴旺。用一个例子来说，我们现在所看到的罗马城，大部分都是在16世纪建造完成的：54座教堂（包括圣彼得大教堂）、60座宫殿、城外多处庄园、成百上千座居民楼，以及大量供朝圣者停留的酒店。34条崭新的街道在当时规划完成，大部分老街铺设完毕，接近100英里长的沟渠重新搭建以引入饮用水。

而纺织业作为13世纪以来欧洲最伟大的产业，其发展模式就要更复杂些了。意大利在毛纺生产业中的杰出地位逐渐消退。14世纪晚期，佛罗伦萨每年能生产10万匹布，而到了1500年产量却仅有三万匹。但是毛纺业的衰落却被丝绸制造业的增长大大抵消，这主要表现在销售额而非产量上。以伊普尔（Ypres）、根特(Ghent)、布鲁日(Bruges)为中心，尼德兰的传统毛纺业也在衰落，但更轻薄、更便宜的羊毛织物的生产弥补了传统纺织业的损失。同时，英格兰超越了意大利和尼德兰，成为了欧洲优质厚羊毛织品的主要提供者。而在中世纪，英格兰出口的主要还是羊毛原料而非布料。1503年至1509年间，英格兰平均每年出口81835匹布和5000袋羊毛。而在1540年至1548年间，其年出口量已达到122254匹。

这样的例子不胜枚举，繁荣的踪迹俯仰即是。工业大发展，各类商品产量都比之前增加了二到五倍。

人口增长、产量提升及新贸易通道的开辟，使欧洲商人能到达过去几世纪难以企及的更远的地方，进行更多的物品交换，从而获得更多利润。葡萄牙商人一路向东，从马六甲到印尼摩鹿加群岛，进入丁香和肉豆蔻种植园的中心，再向北进入中国和日本。在西方，西班牙的塞维利亚成为崛起中的大西洋经济的中心城市。1565年，西班牙大帆船开始定期往返于马尼拉和墨西哥港口阿卡普尔科 (Acapulco)，标志着欧洲贸易开始从真正意义上遍布全球。中国商船每年都会到马尼拉，用香料、丝绸和瓷器来交换墨西哥的银器，而这种交易正是 16 世纪洲际商业基础的缩影，即用美洲银交换东方香料。

尽管洲际贸易充满传奇色彩，我们却不应忽视欧洲内部不同区域间的贸易往来。这类以食品、原材料和加工商品交换为主的贸易是一种基本且更重要的贸易模式。英格兰将其毛纺织品出口到北欧，而非东方。产自葡萄牙的酒并非销售给印第安人，而是英格兰人。西班牙的羊毛销往尼德兰和意大利；匈牙利的铜进入德意志和法国。威尼斯的高脚杯和镜子、费拉拉（Ferrarese）的陶瓷制品、佛兰德斯的手织挂毯、那不勒斯的丝绸，纽伦堡和米兰的冶金制品，这些商品的市场几乎都在欧洲。16 世纪上半叶，安特卫普成为了欧洲的商业神经中枢。取道于此，产生了当时规模最大的贸易，涉及的商品却平淡无奇，即用波罗的海的谷物和林业产品来交换产自法国、西班牙和南欧及地中海地区的盐、酒、鱼、植物油和染料。这类贸易无论是在金额还是货品重量上，都远大于欧洲内部的奢侈品贸易及洲际的贸易。而欧洲内部商品交换的蓬勃兴起，也为向外的贸易扩张提供了坚实的基础。

银行家也在这一时期拓展了其经营领域。中世纪时，银行业几乎完全被意大利人垄断。在 1500 年前后的几十年间，法国人、英国人和德意志人加入意大利人的行列，巩固了各自的外汇银行在法国和英格兰经济中的支配地位。与此同时，各国的金融家们也开

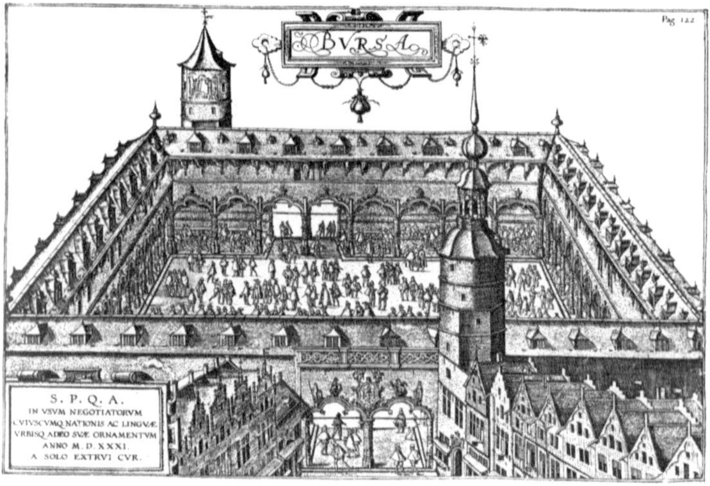

《安特卫普证券交易所》。出自路德维克·归恰得尼发表于1565年的《低地国家》一书。雕塑中的题词为："安特卫普议会和人民于1531年建立该交易所，一是让来自各个国家、讲着不同语言的商人在此进行金融活动，同时也能增添城市的魅力。"

辟疆土，在曾经没有或只有少数银行的国家，如葡萄牙、卡斯蒂利亚，特别是德意志，纷纷建立起了银行。有组织的货币市场就此扩大。在大多数知名商业中心，商业银行家建立起了证券交易所*，进行汇票买卖和利率投机。1531年，新安特卫普交易所开业，宣称"面向所有商人，不管你来自哪里，说哪种语言"。当地居民骄傲地吹嘘新交易所的规模和气派。上千名商人衣着华丽，操着各种语

* 在交易所广场的后面。这个广场在银行机构给它命名以前就已经出现很久了，它以一个布鲁日家族的名称冠名。碰巧的是，这个家族叫拉布尔斯（La Bourse，法语，意思就是"钱包"）。——原注

言，挤在交易所里参加每日的例会，活脱脱使一个交易所变成了一个缩微世界，汇聚着大千世界里一切林林总总。

1460 年，佛罗伦萨的美第奇银行是欧洲最具有影响力的商业机构。而到了 1545 年，德意志奥格斯堡的富格尔公司成为了欧洲第一大公司。美第奇银行（尽管叫银行，但实际业务范围包含商业、工业和金融业）拥有 8 个分支机构，而富格尔公司有 25 个。美第奇有 3 个规模不大的纺织企业，而富格尔公司的矿产资源遍布欧洲。在蒂罗尔有银矿，在西里西亚有金矿，在西班牙开采汞，同时控制着匈牙利大部分的铜矿生产。许多因素导致了美第奇的衰落，其中一个不那么重要的原因是其在布鲁日的办事处向勃艮第公爵发放了一笔高风险的贷款，最终使美第奇陷入了财政困难。在 1519 年皇帝选举时期，雅各布 · 富格尔向哈布斯堡家族的候选人查理放贷，总额达 543000 弗罗林，用以行贿选举人。最终，雅各布连本带利地拿回了钱。1451 年，美第奇银行的总资产为 9 万弗罗林，而 1547 年富格尔家族的资产是 1451 年时的 10 倍还多。16 世纪经济活动的规模之大由此可见一斑。

商人

1460 年至 1560 年，欧洲经济扩张中的关键人物就是商人。他们属于上层商业精英。在总人口为 1 万人的威尼斯，商人贵族的人数为 1500 人。同时期的佛罗伦萨，有不超过 2% 的居民从事国际贸易、银行业，或是在工业领域从事资本控制的工作。其他地区的比例也没有更高。里昂和奥格斯堡，热那亚和塞维利亚，伦敦和安特卫普，都同佛罗伦萨和威尼斯一样，大部分居民都是小商店店主、工匠或是雇佣工人。然而，商人们的干劲、经济实力及影响力，要远超他们在人口中所占的比重。

此外，商人经营范围的多样性也反映了当时经济生活的诸多特征。在中世纪的鼎盛时期，商人多为流动的交易者，自己带着商品沿着商道进行交易。而到了 16 世纪初，商人总体而言已成为一个久坐办公室的工种，并已持续了数代。有诸多原因促成了这种改变，包括交通状况的改善，规模更大的公司强制提高了商人和货品的安全性，集市被一些城市，如布鲁日所取代，成为国际贸易的中心，海洋保险和更合理的商业法律法规开始形成。越摞越高的账本，采用阿拉伯数字而非罗马数字，清楚地记录着公司的资产和负债，商人从中能了解到公司的经营状况。在办公室里，商人通过书信同其国外代理商及其他生意人保持联系，以此了解市场行情和复杂多变的外部环境，通常是政治和军事环境，以此来判断货品供给、价格以及交易所用货币是否会受到影响。而授权代理商则是帮助商人实现交易的中介。（销售额的统计与现在不同，并不是以实际售出货品计算。商品本身需要送到遥远的代理商手中，再卖给当地的零售商。这样一个系统，自然对商人提出了很高的要求，他们必须既有过人的天资，又精于计算。）他们借到钱，然后通过复杂的票据系统，让钱在不同地方流转。他们的公司通常是家庭合伙人模式，但是商人们通常将自己的资本同富裕的合伙人的钱合在一起，作为专项资金，用来进行大宗采购或放贷，或化解经营困难公司的风险，抑或用来雇佣船只，并对其进行武装保护。16 世纪的商人，就是当时复杂经济机器的内部引擎。

早期现代商人的另一个特点，就是其公司的极度多样性，这点同他们中世纪的前辈一样。尽管国际贸易中的大部分风险已被排除，保证商人能够留在家中，但同现代标准相比，当时的环境依然险象丛生。为了保证安全，商人们将钱分散投资到大量不同的项目中。同 18 世纪的商人们一样，文艺复兴时期的商人们将生意的触角伸至全球各地，涉及尽可能多的商品类别，且在每种商品上都只投入一小部分资本。莎士比亚名著《威尼斯商人》中，主人公安东尼奥道出了当时这种普遍的小心谨慎：

相信我：我为此感谢我的命运
我绝不会将商业活动局限在一个项目
或是一个地方；同样我也不会将我的全部家当
全赌在当前这一年上
这样，我的买卖才不会经营得狼狈不堪

即便强大如美第奇这样的公司，也拒绝专营特定商品，而是广泛涉猎包含羊毛原料、毛料、丝绸、明矾、染料、香料、橄榄油、柑橘、原棉、金线在内的各类商品，且品类远比上述所列要广泛得多。

而商人们扩大经营范围的方式，却远不止涉猎大量商品种类。“商人”一词的含义，在 16 世纪和现在也迥然不同。我们倾向于区分工业、商业及金融业公司，却仅愿意将“商人”理解为做生意的人，且通常是零售生意，而这就与小老板无异了。虽然商人们偶尔会局限在国际市场买卖中，但这种专门化却很罕见。更通常的情况是，他们身兼货币兑换商、国际银行家、保险经纪人及实业家等多个角色，无论规模大小；他们还会参与经济学和运输问题的解决，并会在城市和农村投资房地产。在中世纪及现代早期的词语用法中，“商人”一词代表了上述所有这些活动的参与者，或单一，或组合。比如，美第奇就可以被称为商人。除了单纯的商业活动，他们还参与到银行业管理，毛料和丝绸加工的各个环节，他们还曾在托尔法（Tolfa）经营过教皇的明矾矿。富格尔也是商人，而他的经营范围则更有启发性、更富教育意义。

1367 年，富格尔一世从乡下来到奥格斯堡——一个位于德意志南部的自由帝国城市。他是一名织布工，也做些小生意。他去世时，留给后代的遗产并不多。后代们继续做生意，但同奥格斯堡当时大部分的商人一样，他们仅经营香料、丝绸和羊毛这类威尼斯贸易。而真正为富格尔家族创造了财富的则是商业天才雅各布·富格尔。1478 年，19 岁的雅各布成为了一名商人，而到 1525 年去世时，他已是欧洲最富有的商人－银行家。成为商人后，他很快从单一的威尼斯贸易中抽身，转而从事风险更大、却也更赚钱的领域：国际金融、皇家贷款和采矿业。通过给皇帝马克西米利安一世及其孙子查理五世（西班牙国王卡洛斯一世）的贷款，雅各布成为了欧洲最主要的银商和铜商。哈布斯堡王朝起初的领土包括蒂罗尔，它是15世纪中期欧洲大陆上最主要的银、铁和铜产区。哈布斯堡的统治者对其领地内的所有矿产财富拥有重要的皇族特权。举个例子来说，从蒂罗尔开采的所有银都需要征税。1马克银（重约280克）的价格固定为8弗罗林。采矿者将开采出来的银寄存到皇家官员那儿，每马克银能拿走5弗罗林，因此统治者能从中获利3弗罗林。作为对马克西米利安贷款的担保，雅各布·富格尔获得了蒂罗尔出产的几乎全部银的买卖权。他付给采矿者钱，将税收装进自己的腰包，这一收入可与其贷款本金及利息的总和持平。此外，他还将银出售到国际市场，获得更多利润。

实际上，富格尔家族的一项伟大的事业是匈牙利铜矿。在今天斯洛伐克境内喀尔巴阡山脉南坡，有一个叫诺伊索尔（Neusohl）的丰富矿产区。在那里，雅各布和他的继承者们不仅是商人，同时也是工业资本家。富格尔公司拥有矿山，还建设铜铸造车间、锻造车间及提炼厂。通过控制蒂罗尔和匈牙利的矿产，富格尔公司垄断了欧洲绝大部分的铜矿供应。但这还不是全部。在德意志、斯堪的纳维亚、波兰和匈牙利的大片区域，富格尔公司还担任教皇银行家。他们掌控赎罪券的销售，而正是赎罪券最后激起了马

《雅各布·富格尔》。该画作由老汉斯·霍尔拜恩创作。存放于德意志柏林的印刷品和画作博物馆。

丁·路德的愤怒。他们还积累了大量土地资产。此外，作为得到更多贷款的回报，查理五世将其与西班牙骑兵团 3 张订单的收入都交予了富格尔公司，包括阿尔马登（Almadén）的水银矿收入，以及订单涉及土地上产出的小麦和羊毛收入。从 1511 年至 1527 年，这些丰富多样的商业活动带来的价值才能占到富格尔公司年收入的 50%。诚然，只有规模最大的公司才能够仿效富格尔公司的野心勃勃。但即使是最普通的商人，也会遵循普世的商业原则和惯例，不放过任何一个可以赚到钱的机会，不论是在商业、金融还是工业领域。

工业资本主义的发展

商人们在发展自身制造业的过程中，开始逐渐演变为工业资本家。

有关资本主义的定义不胜枚举，说得对的有很多，说得有价值的却很少。比如，说资本主义是一种运用资本的经济制度，这本身没错。说这一制度的目标是盈利，这也没错。但是，由于任何时间、任何地点的任意一种经济制度都会涉及运用资本与追求利益，因此这样的定义并不能成为一种行之有效的分析工具。同样，我们也不能因一部分社会成员参与贸易或银行业活动，而将该社会定义为资本主义社会。因为商业、贷款和借贷本身，无论是有息还是无息，都是和文字记录一样古老的存在。所有这些定义，都不能帮我们分辨欧洲经济组织在不同历史时期所采用的经济模式有哪些不同，亦不能帮我们分辨欧洲经济模式同其他文化下的非欧洲经济模式有哪些不同点。事实上，这些定义模糊了某些区别和历史时期划分，也妨碍了分析。

一种更富成效的方法，是缩小“资本主义”的意义范畴，将其主要与工业生产联系在一起，把资本主义理解为一种特定的生产产品的方式，在与手工生产模式的对照下显出区别，并对它进行定义。

除了在现代西方，手工生产几乎主宰了人类社会的每一阶段。一种最典型的工匠种类就是鞋匠。他们制鞋所需的原材料是自己购买的，制鞋的工具是属于自己的，就连制鞋的场所也都是自家店铺。他们经济独立，并将自己的事业牢牢掌控在自己手里。而资本主义生产模式，却将工匠这一单一社会阶层分成了两种截然不同的社会团体：一种是企业家，或称为资本家，另一种是雇佣工人。资本家拥有并掌控投资于生意的资本、原材料、生产工具（工厂和设备），以及最终成品，并负责最后成品的销售。在经理的帮助下，资本家可以对生产的所有环节进行监督指导。而工人们则经济独立，他们拥有自身劳动力，并通过向资本家出卖劳动力来赚取工资。资本主义就是这样一种工业管理模式，它将资本所有者同劳动力所有者区分开来，而正是这种区分支配了整个生产过程。

1460 年到 1560 年间，工业的变化方向是由手工生产转向资本主义生产。但在 1500 年，资本主义生产单纯就其模式而言，仍然极为罕见。或许威尼斯的兵工厂在资本和劳动力的组织形式上与此有些相似。兵工厂为威尼斯海军建造、修理并配备战舰。1540 年，兵工厂占据的陆地和海洋面积总和约为 60 英亩，雇佣员工数量也超过了 1000 人，所做的投资在当时看来也是相当可观的。在公元 1560 年前的欧洲，这恐怕是最大规模的工业企业了。被兵工厂雇佣的木匠、船缝捻塞工、制帆工、滑轮制造工及铁匠，在工头的监督下计件或按天工作。所有的员工都是挣工资的工人，技术娴熟的工匠同学徒之间的差别也不过是工资上高个一块钱罢了。雇主拥有投在企业上的所有资本，控制生产流程，但他们仍是威尼斯商人模式，而非独立资本家。政府固定了工资和工作时间。员工们视在兵工厂工作为一种负担，能避开就避开，征用劳动力就像现在强制征兵一样。现代社会初期，大型工业企业的最典型代表就是国有军工厂，这是当时的一个鲜明特点，直到17世纪中后期才有所改变。这类生产战争装备的企业，与其说像今天的汽车制造厂，倒不如说更像罗马帝国晚期的国有军工厂。由此可见，当时只有政府拥有足够雄厚的资本来支持大型企业，也只有政府拥有足够大的强制力来征用和控制数目巨大的工人。因此，在大型工业中，国有资本主义要先于私有资本主义出现，国家对行业的规范也要先于政府对工商业的自由放任政策出现。

文艺复兴时期的诸多工业组织模式中，威尼斯兵工厂代表了一种极端，而独立工匠如法国北部教区小镇的一名鞋匠，则代表了另一种极端。手工生产这种模式，在1500年虽远不及在13世纪那么普遍，但仍然是欧洲遍布广泛，甚至可以说是遍布最广的一种工业模式。和鞋匠一样，裁缝、制手套匠、制帽匠、刀剪匠、箍桶匠、面点师和木雕艺人，在大部分地方都是独立手工业工人。他们的产品面向当地市场，身边的助手通常只有一到两个。他们往往是手工业协会的成员，协会负责设定质量标准、监督培训学徒，同时限制竞争。他们的视野被局限在自己生活和工作的小镇，以父权制家庭为生产单位。店铺、行会会馆和教区教堂塑造了他们的观念模式——传统、墨守成规、无足轻重。他们的骄傲源自自身的独立，挣钱不多，却不会向他人出卖劳动力。

在军工厂和独立手工业工人之间，还存在着形式多样的工业类型。其中三种格外有意思。第一种是独立手工业工人拥有的小型工业企业。伴随中世纪手工业联合会内部晋升机制的逐渐冻结，工匠们发展成为小型工业资本家。第二种是稍大规模的工业企业，他们通常是纺织品生产企业。由商人控制，并实行分包制管理。高级工匠的经济独立地位也由此被不同程度地削弱。这两种企业都坐落在城镇内部，需要服从地方规章制度；都综合了手工生产和资本主义生产两种要素，并以手工要素占主导地位。在中世纪晚期，这二者就已经是当时的重要生产形式，且直到16世纪，这两种形式依旧非常普遍。第三种综合了手工业和资本主义生产的过渡模式，就是乡村分包制。这些企业坐落在城镇之外，不受城市和法规的约束，并在生产过程中，资本主义要素占主导地位。这一模式是16世纪对工业资本主义发展所做出的杰出贡献。

中世纪鼎盛时期，手工业联合会曾经是一个灵活的机构。作为会员的高级工匠会在自家的作坊里培训学徒。他们也雇佣熟练工，这些人都是接受过培训的年轻工匠，但都还没有做好自己开店的准备。从学徒到出师的道路有着严格规定，但也还算平坦。一般的学徒都期望自己先成为熟练工人，最后成为独立的高级手工业工人。但是到了1300年之后，师傅们开始逐渐阻碍这种期望变成现实。他们使用各种手段，试图将手工业变成世袭制组织，而这一情况在需要昂贵设备的工艺领域尤其明显。在很多行当，师傅的儿子都会得到特殊照顾。手工业联合会提高了熟练工匠向高级工匠师傅晋升的工艺标准，他们的产品也变得更为复杂，做起来更耗时，成本也更高。想成为师傅，就要交高额的费用。随着高级工匠开始世代传承，熟练工人的日子也不好过了。大量完成培训的手工业工人没法像以前一样期待自己成为高级工匠师傅了。他们从潜在的独立工匠变成了师傅的雇佣工人，而师傅本人则开始变成小型工业资本家。

而这一切带来的结果就是，16 世纪上半叶，在许多城市出现了明显的阶级关系紧张。随着师傅与熟练工人之间家长制关系的瓦解，熟练工人开始抵抗伴随其新角色而来的剥削。他们为争取更高的工资、更好的食物、更短的工时和更长的假期而斗争，并开始罢工。在德意志，他们组织兄弟会、早期工会，并与其他地方同行业的工会保持联系。大约 1500 年时，纽伦堡的熟练锡匠发现联合会的工匠师傅们削减了他们的工资，便罢工并离开了这座城市，受工会影响，任何人都不准回去工作。1503 年时，熟练裁缝工人在莱茵河畔的韦瑟尔（Wesel）发起罢工，要求更高工资和更好的饮食，并坚持要求“多劳多得”。而另一边，工匠师傅们组织起了抵抗工人的行动。当熟练裁缝工人在美因茨罢工时，师傅们就将其开除。1505 年，美因茨的裁缝师傅组织了莱茵河畔 21 座城市的裁缝师傅，开会讨论其行业的利益以及对待工人的最佳方式。他们一致同意，凡是在一个师傅那里罢过工的工人，不会受到任何其他师傅的雇佣。并规定，师傅每晚只有义务为工人提供一份肉食，晚上不提供酒，其他时段也不应提供超过“小半杯”。这些条款不禁让人感到，小规模企业中老板和雇员的关系更像是维多利亚时期家庭主妇同她们的仆人之间的关系，倒不怎么像现代工业中资本和劳动力之间的关系。当然还有更激烈对抗的例子。里昂和巴黎的印刷工人，偶尔会在罢工中爆发暴力冲突。而这一时期赢的一方总是工匠师傅。1539年在威莱－克特（Villers-Cotterêts）颁布的皇家法令，禁止“所有手工业工人组成兄弟会或工会，无论规模大小，或出于何种目的”。皇室和市政当局认为罢工和工会扰乱治安，经常镇压他们。

中世纪晚期第二种常见的工业组织模式，同时也是结合了手工业和资本主义这两种要素的模式，就是城市分包制，它的活力一直保持到了早期现代。采用这种模式的主要是专供出口市场的纺织企业，尤其是在佛兰德斯和意大利中部及北部的企业。那时，有大约一半的雇佣工人都从事织布业，因此织布业所采用的组织方式就尤具重要意义。意大利的丝绸业就清晰地描绘了这一形式。

丝绸制作早在10世纪就由阿拉伯人引进了欧洲。14世纪中期前，托斯卡纳的城市卢卡（Lucca）都一直是欧洲重要的丝绸生产中心。14世纪后半期，丝绸行业开始在意大利各地发展，到了1450年，佛罗伦萨、米兰、威尼斯、博洛尼亚、热那亚和那不勒斯都成为丝绸生产的中心。1450年到1550年，丝绸业的发展跨越阿尔卑斯山，进入德意志、法国和西班牙。

尽管有来自国外的竞争，意大利仍然是一流丝绸最重要的制造者。当地人生产透明面纱、有大量图案的丝绸、两三层的锦缎天鹅

《水动力的捻线磨坊》。该雕塑作品由维托里奥·宗卡创作，并发表于1607年。这个机器于13世纪被引入，并在整个文艺复兴时期都被用来将生丝捻成强韧到能够纺织的长线。工匠级捻丝工拥有机器，雇用8到9个学徒，按件计费为丝绸厂商工作。

绒，有时是单色还带有精美花纹，有时有三种、四种或五种颜色，并锁着金边或银边。图案丰富多样，从阿拉伯和拜占庭主题，到中国丝绸里的荷花、祥云和吉光；从封建城堡和早期狩猎场景，到经典花环、绿藤叶和16世纪的奇异风格。唯一不变的是富裕华美、色彩斑斓以及富丽堂皇的风格。这正反映出该行业的第一个重要特点，即奢华，为富人提供布料、墙帷、横幅及祭坛罩。它还是一个出口行业，客户遍布欧洲。

同样，生丝也需要进口。13 世纪，卢卡的大部分生丝都是从里海地区进口的，有些甚至来自更远的波斯和土耳其。从 15 世纪开始，生丝开始在西欧生产，有些在西班牙，但大部分在意大利。桑蚕养殖迅速扩展至西西里、卡拉布里亚（Calabria）、托斯卡纳、伦巴第和萨伏依（Savoy），到了 1550 年，意大利的生丝已经能自给自足。但是即使到了 16 世纪，那不勒斯和博洛尼亚的生产者还是会从其他地方进口生丝。另外，生丝及其他原料，包括金银线、染料、明矾（一种固色原料），都价格昂贵，需要相当大的资本开销。

鉴于丝绸销往国际市场，生产所需原材料又不易在本地获得，就为商人–银行家控制该行业开辟了道路。典型的意大利丝绸公司都是家庭合伙制。公司的头儿是商人，他和合作伙伴一起提供资本，从其他商人那里购买进口来的生丝，来源地通常是黎凡特或意大利其他地区，并将最终成品通过其在伦敦、巴黎、奥格斯堡或安特卫普的代理商销售出去。这种商业活动决定了商人同布料的真正生产者即手工业工人之间的关系。比如，染色工在小作坊工作，他们拥有价格相对昂贵的染料制剂桶，同时也拥有自己的行业联合会。从这个角度看，他们还算是独立的高级工匠师傅。但从另一个角度来看，由他们负责染色的丝线并不属于他们，他们只负责复杂的工业流程中的一环，而整个流程并不由他们掌控。与之相似的是纺织工人，尽管也拥有自己的行业协会，但独立性也很有限。织出有复杂图案的奢华丝绸需要精湛的技艺、丰富的经验和复杂的机器，比如提花机。这种机器的价格和保养费都很昂贵。纺织工凭借其技艺和拥有织布机，巩固了自己讨价还价的地位。但是和染色工一样，他们也不是完整意义上的独立手工业工人。理由是他们并没有丝线的所有权，也不负责销售自己织出的布料。他们都依靠商人资本家，后者提供并拥有原材料，负责成品的销售，并较为松散地监督整个生产流程。高级手工业工人变成计件工人，商人开始成为工业资本家。

1460 年至 1560 年，就纺织业而言，工匠对资本家的依赖程度在加深，一种新型工业组织——农村分包制开始萌芽，并成为早期现代一种典型的工业组织模式。企业家将生产从城市转移到农村，由此对生产过程有了更严格的掌控。一种新型工业中心开始在全欧洲范围内兴起，它们没有围墙，并从中心市集杂乱地蔓延至乡村。英国人通过从西班牙进口羊毛并纺成布，对尼德兰南部雄心勃勃的资本家构成了激烈竞争。到 1536 年，英国人每年都从西班牙进口超过 3 万包羊毛到安特卫普，他们做出了更便宜、更轻薄的布料、哔叽和毛线，并将这个新产业带到了伊普尔和阿尔芒蒂耶尔（Armentières）。托斯卡纳的小镇也挑战着佛罗伦萨的传统垄断地位，乡村产业发展到伦巴第的村庄以及威尼斯内陆地区。法国鲁昂的商人放弃了城市，以低廉的价格雇佣农民、牧民和他们的妻儿的闲暇时间。相似的情形也出现在尼德兰、德意志和英格兰。

在英国，主要的布产区是约克郡、东安格利亚（East Anglia）、科茨沃尔德（Cotswolds）以及埃文河一带的区域。羊毛布料的生产者被称作制衣商，他们是一种新型的经济个体，将工厂总部设在乡下，由此可以免缴市政税，免于公职负担，同时不受旧式行业联合会和市政法规的妨碍，这二者曾经限制他们雇佣工人的人数，还会详细规定原材料的质量及其生产方式。而在乡下，他们想雇佣谁就雇佣谁，工资或每件货品的价钱也是想定多少就是多少，只要能招到工就好，至于做什么样式，也是由他们说了算。根据国际市场的不同需要，他们会相应地决定产品的数量、质量和价格，还能随意试用机器（比如起绒机，它能使部分收尾程序机械化），以求降低劳动力成本、增加产量。这类企业标志着资本主义工业发展开始进入了新阶段。

从本质上来说，16 世纪英国制衣商的工业组织形式仍然是分包制，但是就其地理位置在乡下这一点，该制度就有了深刻改变。由于风险低，自由度高，制衣商们进一步扩展了其对生产要素的占有，通过将工人们组织到同一工厂内，他能在一个屋檐下就完成对若干生产工序的监督，而过去这些工序都是分散完成的。他们拥有染坊，并在那里密切监督雇佣工人染制羊毛的过程。他们还拥有缩绒厂和小作坊，用来给布料拉抻和加压，使其变得密实。纺纱和编织工作通常都分包给大量乡下手工业者，他们在自己家中完成。纺纱工作更多地分包给乡下的广大妇女，通常是兼职。制衣商和纺纱工的关系和过去一样：女人在自己的家里，用自己的工具为拥有原毛和纺线成品的企业家工作。但与此同时，企业家同织布工之间的关系又发生了很重要的变化。由于乡下的手工业者通常承担不起购买织机的开销，因此制衣商拥有织机并将其租赁给织布工的做法开始流行起来。甚至有时，制衣商在一条乡村街道上拥有一排房子，他们也会将这些房子租赁给织布工，这样更便于他们密切监督织布工的工作。另有一种不太常见的做法是制衣商将织布工人们集中到一个屋檐下干活，这种做法会遭到织布工们激烈的抵抗，因为他们担心自己会彻底失去仅存的一点独立性，这种担心也不无道理。而不可否认的是，这一时期，挣工资的雇佣工人比在过去的纺织品城镇中变得更多更普遍了，资本和劳动力的分工也变得更加显著。说起来，城市分包制还是更接近手工生产，而非资本主义生产。但是16世纪的农村分包制则不同，资本主义生产模式开始成为其主导。

这一时期的另一个特征是，人们生产所需商品的方式依然五花八门、让人眼花缭乱。从手工生产到资本主义生产的复杂转变，从12世纪一直延续到工业革命及之后。变化的速度因行业、区域和时期而有所不同。16世纪，和以往任何时代一样，都存在多种工业模式。然而无论是传统模式还是新兴模式，对于身处其中的工人阶级而言，都有其独一无二的重要性。然而1460年到1560年，却是资本主义生产扩张极其重要的时期，因为传统和革新的平衡在发生变化，尽管并不激进，却是决定性的。它标志着从手工生产向资本主义生产的漫长过渡已经走到并超过了一半。独立手工业者仍然普遍存在。企业规模也依然很小，只有很少公司雇佣工人的人数能超过十人。大部分人仍然在家里用自己的工具工作。行业内流行着一种手工业者精神，这种精神也赋予产品以个性，因其制造者的工艺不同而各有特点。但是到了1560年，资本与劳动力之间的分裂在欧洲大部确立。这种分裂就像科学手段同感知艺术（西方文化里的一种特殊存在）一样。

不断攀升的物价加剧了这种分裂。工人的工资增长远跟不上物价涨幅。到了1560年，西班牙、法国、英格兰和德意志的实际工资，要比1450年至1500年间的平均工资水平低了20%到50%。对挣工资的工人来说，物价的上涨就意味着经济倒退，以及生活水平的严重下降。但对制造商而言，更高的物价意味着更多的利润，物价革命就是利润膨胀，从中他们一跃而起，拥有了巨大份额的社会财富，数量比以往任何时候都多。

新型社会和传统道德

在商业、银行业和工业领域获得财富后，16世纪的商人资本家，成为个性鲜明且拥有雄厚资源的一批人。理性地追求利润是他们生活的动力。然而他们身处的社会，最高理想却是追求宗教和贵族地位。他们可以证明自己生活方式的合理性，但面对的却是传统教会的不信任，以及传统贵族阶层的蔑视。任何精英阶层都会形成自己的价值观，借此反映自身生活模式，并证明自己的利益和抱负的合理性。教会关于经济伦理的价值标准逐渐世俗化，加上资产阶级道德观的产生，共同促成了商人阶级价值观的产生。这一过程始于1400年的意大利，标志是经院哲学家和人文主义者发表自由主义言论。随后在北欧继续延展，领军人物是资产阶级政论家、加尔文主义神学家和耶稣会会士。

中世纪的神学家普遍尊崇贫穷，强调财富的肮脏，对商人充满不信任。圣托马斯·阿奎纳（1225—1274，中世纪意大利神学家和经院哲学家）曾完美表达出农民、手工业者和贵族的这种偏见："商业，即是金钱与物品的交换，目的是盈利……我们有理由谴责他们，因为他们激发人们对金钱的欲望，这种欲望毫无节制，且永不满足。商业本身就是可耻的。"这种观点在当时很有市场，人们继而也认为，商业行为除了要遵守个人道德，也须遵守基督教规定。在这样的前提下，神学理论家建立起一套完整的经济伦理标准。其中最显眼的一项禁令就是禁止靠借贷赚取利润，理由是借钱给需要的人是一种慈善行为，但是要求借款人付利息就是贪婪且不合基督教教义的行为。

意大利的商人所生活的时代，传统伦理未能与时俱进，社会的流动性和危险性都极大。尽管靠分散经营以减小风险，商人们还是要赌上自己的财富，寄希望于成功穿越险象丛生的海洋，在亚洲和欧洲大陆上成功开展贸易。沉船、合作伙伴的欺骗（通常难以规避和发现）以及汇率下降，都能让他们在一夜间倾家荡产。

短短一天，从黎明到黄昏，

带给他们的，可能是繁荣，也可能是破产。

再没有哪一个行当，一种生活方式，

能将人的财产如此当成牺牲品。

这是佛罗伦萨商人高罗·达提在给商业学校学生们编写的航海指南中写到的。另一个比他更伟大的商人乔凡尼·卢瑟来，选择用一艘由裸女驾驶、在疾风中前进的船作为自己的标志。这反映了他自身处境的危险，需要根据命运不可预测的前进方向来随时调整自己的计划。

许多商业精英人士都为传统道德和商业存亡间的冲突而担忧。一些人希望通过自己的善心来弥补自己犯下的罪恶，比如，为穷苦人家的女儿提供嫁妆，或归还非法获得或收取的利润。1340 年爆发的黑死病及类似的大灾难，促使一些人公开忏悔自己的罪孽，并将个人全部财产赠予穷人。但还有一些人更顽固。如果不是在公共场合，而是在自家四面不透风的高墙内，他们依然坚称家族的存亡是最重要的。在贝尔托·布莱希特（Bertolt Brecht，1898—1956，德意志著名戏剧家与诗人）的《三便士歌剧》（*The Three penny Opera*）中，他描写的“伦敦最穷的人”，就表达出“人们必须先填饱肚子，然后才能考虑伦理道德”的观点。在只有自己的儿子有权阅读的私人日记中，商人告诫孩子们，不要依赖他人，不要炫富，低调处理甚至隐瞒自己的成功，同时避免被卷入官司。要记住，保卫财富要优先于捍卫宗教信仰。

到了 15 世纪初，新人文主义学者为精英阶层成员指明了一条介乎贪婪和苦行之间的中间道路。亚里士多德在其《伦理与政治》

一书中指出，财富在人们的生活中有至关重要且积极的作用。财富是幸福的源泉，没有财富，不仅生计难以维系，同时也难以在政治和法律上有所建树。即便是在购置住房和购买其他私人物品上花费大笔金钱，这也是合情合理且合乎道德的。因为这能彰显创造这些物品的人和社会的高贵。相反，贫穷却应被谴责为是有局限性的，因为穷人交不起税，也不参与对社会有贡献的工作。

莱昂·巴蒂斯塔·阿尔伯蒂（Leon Battista Alberti，1404—1472，意大利文艺复兴时期的建筑师和建筑理论家），在其《关于家庭》（*On the Family*）一书中，用四段言辞犀利的对话，深入讨论了其对财富和公共服务的主要看法。他展示了 1421 年阿尔伯蒂家族成员在其父亲临终时的一场家庭会议，会议中他们集中探讨了建设并延续一个繁荣家族的最佳方式。对话中着重强调了美德和经典教育的重要性，但同时，也包含了对商人生活的坚定辩护。

"有些人认为……那类被我们称作以追求金钱为目的的人，永远也不是特别干净的人，他们身上总是带有欺骗的污点。他们认为，这些人老要肮脏的阴谋诡计，签虚假的合同……并由此贬低并忽视所有追求金钱的行为，我认为这种人的观点是错的……财富，如果被用来帮助生活艰苦的人，我们就应该给予财富施予者尊敬和赞赏。如果将财富用到崇高伟大的事情上，并用来彰显宽宏大量和卓越的业绩，那么财富拥有者就应该赢得名望和尊严。在危急时刻或艰难困苦的年代，我们每天都能目睹市民的财富对整个国家而言多么的有价值。"

据记载，阿尔伯蒂家族在1387年被驱逐出佛罗伦萨之前，佛市公共财政总支出的约3%都来自他们。这些支出保证了城市的安全，也给家族带来了荣誉。

还有一些对话精彩而详尽地勾勒出成功商人应有的生活方式，从公共服务的得与失，到去城市外购置农场的必要性，可谓应有尽有。正如几个世纪前伟大的传教士为修道院定下准则和规矩一样。阿尔伯蒂将懒惰定义为美德最大的敌人、导致失败的最常见原因。他清楚地指出，好的商人是不会让自己、自己的儿子及员工懒惰、闲散的。他会极其周密地安排自己的一天，保证每一个小时都是满满当当的，每一项任务都能够完成。

莱昂·巴蒂斯塔·阿尔伯蒂像。这枚纪念章展现了阿尔伯蒂俊秀的侧脸。

每天早晨起床后，我想的第一件事就是："我今天要做哪些事？"我列出一些，浏览一番，给每一项都分配一定时间：这个早上做，这个晚一点，那个傍晚做……我会在早晨把一整天都规划好，然后一天都按计划执行，晚上入睡前，我会回想这一天都做了哪些事。如果发现完成中有些疏漏，并且能够及时弥补，我会马上起身修改；我宁愿少睡点觉，也不愿浪费时间，让本该做某件事的时间白白溜走。吃饭、睡觉及其他需求都可以第二天补回来，可是错过了该做某事的时间，就再也补不回来了。

阿尔伯蒂是绝对有资格获得财富并为财富辩护的。但以他的性格，只有到了一天忙碌完，夜幕降临时才会着手处理这些恼人的问题，无疑是要借着黑暗遮掩一下因羞涩而涨红的脸。他表示，无论商人们多么诚实，多善于经营，都会受到财富的威胁。他说，真正的美德会使财富下降到工具的高度，而不再是追求的最终目标。然而值得一提的是，商业伦理标准严密、严肃且协调一致，被来自商业城市的精英们接纳并践行，而其中的佼佼者就是来自商业之都威尼斯和纽伦堡的精英们。

20 世纪伊始，伟大的社会科学家们，如马克斯·韦伯，都试图理解如今的世界和中世纪时有何不同。他们发现现代职业的概念有着全新的内涵。一份非神职工作需要人们全心全意贡献出自己的时间、精力、持续的专注度，并放弃合理的金钱投资。他们认为这种改变同新教的兴起有关。新教强调人的工作都是上帝所赐予的，人们需要付出辛勤劳动，并服从中世纪保留下来的纪律，因此他们会这么认为，至少神职人员一定是这样认为。这种新观念的创始人包括 16 世纪的约翰 · 加尔文和 18 世纪的本杰明 · 富兰克林。后者在其《穷理查历书》(*Poor Richard's Almanack*) 一书中还特别描绘了全新的、世俗的职业道德规范。

韦伯和托尼强调资本主义行为准则的现代性本没错，但他们认为这一现象直到新教改革时才出现却是错的。实际上，15 世纪意大利的商人精英，在投资新型艺术和办学的过程中，就已经发展出了最早的现代社会行为准则。

道德标准和目标

商人们发现，比消除教会的不信任更加困难的，是让贵族们放下自我优越感。贵族的威望和地位无处不在。19 世纪前，制造业和商业从未得到过最高的社会地位。在一个高度不平等的社会，商人的地位受人尊敬却只居于社会中位，无技能的体力劳动者、农民、手工业者以及零售业者位居其下，绅士、庄园主、王公位居其上。他们认同西塞罗所说的开店铺是“贪婪的”，但他们并不认同西班牙贵族在 1513 年对佛罗伦萨大使所说的，贸易总而言之是“不道德”的评论。因此对商人的价值、美德和成就的新型理论辩护，从一开始就同他们社会地位的提升是分不开的。

文艺复兴时期，有一类人文道德文学非常流行，即有关贵族阶层的文集。其主要观点是，真正的贵族应由个人美德和功绩决定，而非出身。他们教导人们，美德是后天获得，而非继承获得的。应该说，这类作品的受欢迎主要是满足了资本家为自身正名的需求。更重要的是，美德的概念由此被赋予了一层积极的中产阶级的内涵。在15世纪的意大利以及16世纪的阿尔卑斯山北部地区，首次出现了一种“资本主义道德”，它同贵族的价值观形成了鲜明对比。16世纪，贵族被精确地定义为“生活得高尚的人”。而高尚地生活根本而言意味着斗争，而非工作。首先，人们通常认为一个贵族若从事商业活动，就会削弱他的高贵属性（这种观念在欧洲大陆北部普遍流行，但在意大利和英格兰要弱一些）。但资本主义道德观与此相反，认为人的价值来源于卓有成效的工作，认为人类最大的罪恶是懒惰，而非不诚实。另一方面，高贵的地位迫使贵族要保证一定的开销和消费水平。如果收入不够，他就需要借钱。而资产阶级却自愿过一种节俭的生活，开销一定不能高于收入，这样才能保障其公司的繁荣发展。新教强调精神世界丰富的人生活在现世，而非在修道院，借此激励人们合理规划人生以追求尘世的成功，而这也日益被看作精神健康的标志。贵族可能在购物享乐中将财富挥霍，而资产阶级的理想却截然不同：不断创造业绩，将收入进行再次投资。由此，资产阶级找到了自身的定位。

而资产阶级的定位和规则却不仅限于少花多赚。由于外部的商业环境瞬息万变、险象丛生，商人们开始建立一种特别的家庭模式：稳定，按等级划分，对其目标和需求有益。几乎所有的生活建议类书籍，从最私人的到文学性最强的，都强调建立理想家庭的重要性。年轻男人必须结婚，同时要娶最合适的年轻女子。她必须带足嫁妆，这样他们的婚姻才能创造财富（当然嫁妆的规模也不应使女方家庭倾家荡产或被直接拒绝）；她身体必须要好，这样才能生育很多孩子；她还要有好性情，这样才能将孩子培养成诚实有为的人；她还必须年轻且顺从，要自愿放弃原生家庭对其的控制，转而服从新的家庭和自己的丈夫。丈夫要扮演领导和老师的角色，且名义上是仁慈的。这类书籍详细列出了丈夫需要如何训练妻子，甚至讲述了行房的最佳时间和最佳方式。

无论是丈夫还是当权者都一再强调对中产阶级和上流社会的女人施以适当掌控的必要性。宗教布道指责女人将男人引向罪恶，痛斥其用漂亮雅致的服饰、妆容和其他诡计引诱男人走向毁灭。节约法令要求体面的妻子只能穿戴某种特定类型的鞋子、斗篷和首饰。佛罗伦萨的妇女会因为穿着有过大衣袖的衣服而被捕。这类观点不仅在吉洛拉谟·萨伏那罗拉（Girolamo Savonarola，15 世纪后期意大利宗教改革家，他斥责女人的美丽是陷阱）的信徒中很有市场，在欧洲传道士和政府中也很有共鸣。

布告、法令和专著（就像当今时代的自助类或婚姻指南类书籍）都描绘理想而非社会现实。而实际生活中却很难找出书籍中描绘的理想婚姻。18 岁的年轻女子会嫁给 25 至 35 岁的男子，在新家庭中，丈夫既扮演配偶的角色，又要扮演父亲的角色。妻子要生育很多孩子，且通常会在生产中死亡。尽管一些妻子和丈夫间存在真正的感情交流，但是从丈夫的日记中看，他们只会在记录妻子的葬礼时表现出对她们的爱意。资产阶级的家庭实际是父权制的。

即便丈夫去世后能留给妻子大房子，妻子们也不会反抗社会规范。亚历山大·马琴尼·斯特拉琪（Alessandra Macinghi Strozzi，1406—1471.3.2），是一名顽强、有智慧的佛罗伦萨女子，她在丈夫去世、政治逆转、资源有限的艰苦条件下保持了家族的财富和地位。但在为自己的儿子挑选伴侣时，她也更喜欢那些温顺、优雅、

《普埃拉·罗姆》。这是一位年轻罗马女性的雕塑，选自16世纪一本服饰书籍。

谦逊地低着头的年轻女子。

当然，并不是每一位商人或工匠的妻子或女儿都能在城市社会中有稳定的一席之地，有些人甚至在家庭范围之外也要履行相应职责。年轻小伙子需要等到适婚年龄才能结婚，在这之前就需要为自己的性欲找个出口。年长一点的男子，如果其婚姻仅以生孩子和搭伙过日子为目的，他们也会产生同样的性需求，即便婚姻生活能让他有合法方式满足这一需求，他们仍觉得不够。妓女们就为这些人服务。她们过分招摇的打扮和体面的妻子形成鲜明对比：穿着卖弄的衣裙，手摇铃铛，踩着让她们站不稳的高跟鞋在广场徘徊寻觅猎物，或聚集在文艺复兴城市的官方妓院。她们的身影似乎在时刻提醒人们，伴随资产阶级社会繁荣而来的，是被压抑的欲望。直到新教改革和反宗教改革，才出台严格措施清理街道上的妓女，并将所有女性都纳入一致的道德管理体制内。但这也并非永远奏效。教皇西克斯图斯五世（1520—1590）就未能将那一千来名妓女从罗马街道上清除。有观察家写道，贵族和牧师将他们的马车变成瞭望台，向上偷窥窗边的交际花们。很多法庭案件都显示，一些女性宁愿享受当妓女带来的那份不安且卑微的自由，也不愿意成为人妻，享用那份被囚禁起来的安全感。而威尼斯却又是个例外，在那里，服务于上层人士的高级妓女周旋在皇室和贵族中，并因其雅致的住所、艳丽的服饰、诙谐的谈吐和音乐才华而出名。其中一些人甚至会用妙趣横生的意大利诗歌招待客人，以此捍卫她们的人格和职业，而已婚女子却很少会这样做。

表面上，商人大都乐于接受“真正的高贵来源于个人美德”的观点，以及自愿勤俭的生活方式，但这只是因为他们还未能获得更高的社会地位。实际上，资产阶级几乎从来都拒绝不了贵族身份的吸引，大部分商人都渴望用商人这个暧昧的社会身份来交换更被普遍认可的贵族身份。也正因如此，16 世纪的商人阶层流动性极强，他们主要以贸易和工业为依托向更高的社会阶层攀登。

《人的等级》。这是一幅由汉斯·卫蒂茨创作于1530年的木版画。欧洲的社会等级被表现为一棵树。盘绕在根部的是两个农民；在其之上的是短工、工匠及商人；接下来是主教、贵族和王公；再往上是教皇、君主和国王；最上面又是两个农民，提醒人们是他们喂养了所有其他人。

中世纪时教会保证了社会流动性（那时农民的儿子也有希望成为主教），到了文艺复兴时期，商业企业成为了这种保障的来源。尽管贵族、工匠或农民很大程度上仍是世代相传的模式，但是只有少数资产阶级会在两代、三代人之后仍将财富投资到贸易或工业领域。通常情况下，一个成功商人的孙辈就会放弃令他们发家但风险极大的行业，而是将钱投到土地、城市地产和政府债券这类更安全的领域。他们会购买庄园、贵族头衔，并谋个政府差事。他们让子女接受人文主义教育。通过模仿贵族的行为举止、投资模式，并同贵族通婚、“像个贵族一样”生活，资产阶级家庭被传统贵族家庭取代或融合。

这种现象非常普遍。16 世纪的威尼斯，统治阶层逐渐从单纯的商业寡头过渡到拥有大量土地和政府债券的贵族。到了 17 世纪初，富格尔家族以皇室伯爵的身份定居到他们在斯瓦比亚（Swabian）的庄园。在英格兰，出身卑微但有才华的人通过成为衣商，或经营毛料大宗交易而发家致富。他们的子女担任政府管理职位，并开始在家乡买进土地。他们的孙辈就在这些土地上定居，并建立贵族家庭。这样的模式在法国也很常见。其中一个很有代表性的例子是，一个小镇的商人为他的儿子购得了一个在皇室做金融管理的职位，由此他的儿子在政府金融行业挣了一笔钱，并购买了土地和贵族头衔。他的儿子们成为出色的地方行政官和教会人员。1600 年，这个家族请了一名系谱学家，推算其家族起源是 12 世纪的封建男爵。可以说，贸易和工业的成功不过是帮助出身低微的企业家们晋升为贵族的助推器。这一过程也许要经历几代人，但是伟大的商人们总是能从草根做起，最终获得土地，并由此获得贵族的特权和地位。与此同时，成为了耕地土地主的他们也开始处理由此带来的经济问题，以及给他们带来的新机遇。

封建领主和佃农

文艺复兴时期，绝大部分人力都投入生产食物的过程中，生活在城镇的人口只占耕地人口的极小部分，这和中世纪没什么两样。尽管农村和城镇人口的相对规模因地区而异，但即便是在城镇化水平最高、经济模式最为复杂的区域——意大利中部和北部、德意志南部，以及佛兰德斯和布拉班特（Brabant）——超过四分之三的居民都是农民。工业资本主义的发展、贸易的扩张，以及资本市场的扩大对他们产生了深远的影响。

中世纪的耕地社会自 13 世纪初就在不断变化。庄园制度开始放宽。这种制度将农奴束缚在领地或家庭农场，通过为庄园主工作来交换部分土地世袭使用权和庄园主的保护。随着钱币使用的普及和交换经济的发展，地主需要从商人那儿购买比以前更多的商品。由此他们发现，将传统的权益和服务兑换成钱十分有利可图。为了进一步增加现金收入，许多地主都放弃对其领地的直接开发，而是将土地租赁出去，就像出租多余的房产一样。而在庄园农耕减少的地方，农奴制的经济重要性也就随之丧失。为了获取租金，地主们很乐意解除同农民那并不光彩的人身依附关系。土地租赁合同也开始取代庄园合同（保障农民通过付出劳动来获得人身保护并维持生计的协议）。慢慢地，经济利己主义开始悄悄潜入农村生活。

14 世纪时的瘟疫和战争强化了金钱经济对农村庄园制度的瓦解作用。1348 年到 1349 年的黑死病使欧洲农业人口减少了一半，在有些区域人口甚至只剩下从前的三分之一。工资飙升，地主们被迫互相争夺新的承租者。百年战争对法国也造成了相似的影响。结果是法国的村庄被掠夺，农民的地位被大大削弱，并陷入贫困。整个区域变得荒无人烟，几近被遗弃的边缘。一些有权势的贵族回收了这些农田，留下来的农民获得了比他们的前辈们更有利的谈判地位。劳动力短缺加速了庄园农耕的衰败和劳动服务的代偿交换，促使传统土地使用权被租赁合同所取代。解放奴隶行动迅速扩张，西欧许多地区的农奴制都消失了。

但是解放运动并不一定能改善农民的经济状况。地主应对金钱经济的到来及劳动力短缺的方式，也不只限于出租他的所有地产。在能大量种植和生产粮食和羊毛且很容易拿到国际市场上卖钱的地区，地主们更愿意驱逐租户，雇用劳动力来耕种整片土地。

1460 年至 1560 年间的贸易扩张加剧了这种倾向，也增加了地主的回旋余地。一个世纪的大繁荣也使农业获得了发展。随着通讯设备的改善和农产品交易网在整个欧洲大陆铺展，许多地区的农产品产量都显著提升，从农业活动中获利的机会也大大增加。粮食从西西里被运往那不勒斯、罗马和威尼斯；从德意志东部和波兰运往斯堪的纳维亚、尼德兰和莱茵兰（Rhineland）；从欧洲北部运往地中海。土地和农产品开始成为日益扩大的交换经济的中流砥柱，过去收成仅够自身口粮的自给农业也逐渐开始为周边和远距离市场提供产品。地主和农民之间的经济关系开始严格取决于市场是本地市场还是国际市场。如果某一地区是单一的本地市场，农业只能成为不具备其他属性的必需品，地主也更倾向于将所有土地出租给农民，以最简单的方式保证资金收入。在这种情况下，庄园地主就是靠收租生活的人。而在生产羊毛和粮食用以出口的地方，地主就会坚持对土地的绝对拥有权，从事资本主义农业生产，通过对土地的合理开垦，生产能获得商业利润的经济作物。在这种情形下，庄园土地主就是农民资本家。

英国中部和易北河以东的德意志历史，能最好地诠释从庄园地主到农民资本家的转变。在英国，促成这种转变的决定性因素是羊毛纺织品生产的扩大，以及对羊毛需求的增长。这种需求强烈地促使地主们扩大收益，并通过养羊来抵御社会和经济的下行趋势。养羊就需要地主有大块土地在自己的直接控制下。他们获得土地需要通过一系列的程序，这些程序被称之为“圈地”：强行接管村庄的公共土地，把分散的条状土地合并成集中的地产，用山楂树篱将土地围起来，将小块土地合并成大农场，同时将耕地转化成牧场。之后他们会驱逐租户，然后自己耕种土地。正如伟大的社会学家马克斯·韦伯所言：“农民从土地上被解放，土地也从农民手里被解放。”土地主得以发家致富，成为最大赢家，而许多农民则丧失了土地，成为了农业劳动力。

在易北河东部，三种主要因素促成了地主独立控制大量地产这一现实，即粮食价格的上涨（1600年时的价格已是16世纪初的三到四倍）、西欧对东欧粮食需求的增加，以及便宜又方便的粮食运输方式——通过德意志东北部的河流和湖泊系统将粮食从生产地运输到市场上。但是，由于养羊需要的人力很少，因此在圈地内就产生了一小拨自由农业无产阶级（他们有时间也很乐于帮衣商进行纺织活动）。另一方面，种粮食需要大量劳动力，加上波美拉尼亚、勃兰登堡和普鲁士（其实也包括波兰及东欧大部）领地农业的

《农民》。这幅画由希罗尼穆斯·博斯（Hieronymus Bosch）创作于1558年间。存放于德意志柏林的印刷品和画作博物馆。

复苏，就造成了大量征用农民。通过买断或驱逐农民，以及挪用修道院和教区的土地（此举是在宗教改革运动之后），贵族地主变得富裕起来，并扩大庄园的规模。尽管比中世纪鼎盛时期的西欧农民要更自由，但当时的农民又一次沦为农奴，被束缚在土地上，承受着更加繁重的劳动。16 世纪的易北河成了一条坚不可摧的分割线。直到 19 世纪中期，它依旧分隔了西欧小规模的独立农民业主（英国是个例外，圈地运动在 18 世纪达到顶峰，由此产生了个人土地，且面积通常比普鲁士贵族地主的土地还大）及东欧的农奴和土地大亨。如今（本书第二版成书年代），易北河仍然是苏联的卫星国同西欧的分隔线，尽管政治和经济的变化正迅速将它们融合。

而在 1500 年后的欧洲文化中心，包括法国、德意志西部大部分、瑞士、低地国家、意大利北部和英格兰南部，大部分地主都通过租赁土地保证了现金收入，农民在小块土地上耕种成为了主要的农业生产方式。地主和租户共享土地所有权。依附身份的负担也从人身上转移到了土地上，总体而言，农民变成了自由人。作为使用土地的报偿，农民会付租金或者支付和传统庄园服务等值的实物或现金。而地主和租客的富裕程度则由价格和租金的变化趋势决定。

有些地主发现他们可以随心所欲地提高租金（租客将之称为折磨人的租金），这样他们就能将租客的大部分收益转到自己手里。许多法国地主推行一种称作“土地收益分成制”（métayage）的短期租赁契约（由土地所有人提供土地、种子和农具而收益与佃农均分的一种办法），这同意大利和托斯卡纳盛行的 mezzadria 模式颇为相似（农夫与地主会平均地各自收取一半收成）。农民不必再支付年租金，而是支付固定比例的年收益，一般为年收益的一半。这种制度也增加了地主对土地的所有权，也让他们从农产品价格上涨带来的收益中分得了很大一杯羹。另一方面，租户从长期租约中得到的好处比地主得到的还多，这一点在英国观察家 1549 年的记录中可见一斑。“大部分土地都维持原来的租金”，未到期的租约不能提价，尽管地主很希望如此。即便租约到期后提价，地主有生之年或在他儿子的有生之年也无法得到三分之一的土地支配权。[1] 从这个例子看来，租金涨幅要远落后于快速上涨的物价，特别是从短期来看。最终，在特定的区域，尤其是法国和德意志西部，农民的土地保有权可被其子孙继承。租户能够按自己的意愿耕种、售卖他的土地，还可为其继承人们分割土地。他们能够自由地在市场上出售过剩的农产品。代偿支付模式通常由惯例法决定。在这种情形下，真实的租金是下降的，地主被套牢在通货膨胀的深渊，而租客则是物价上涨的受益者。

16 世纪贵族阶层的不稳定性表明，物价上涨和实际租金下降给许多小地主带来了巨大经济压力。贵族们借助到海外发动王室战争以转化压力，希望从赎金、战利品和去被征服之地强征土地来弥补他们的损失。法国贵族的压力在很大程度上促成了 1494 年对意大利的侵略战争。西班牙贵族几个世纪内都一直跟摩尔人（西班牙的穆斯林）抢夺半岛的控制权。1492 年格拉纳达（Granada）的陷落才最终结束了战争和十字军的掠夺。拥有少量土地的傲慢的西班牙贵族（仅次于最高贵族），一跃成为新大陆（美洲大陆）殖民扩张的领导者和掠夺者。科尔特斯（Cortes），一个听着骑士传奇长大的贫穷绅士，通过向西远征，获得了爵士身份和墨西哥的大片土地。在一本言辞辛辣尖锐的自传中，德意志骑士古兹·冯·伯利辛根（Gotz von Berlichingen，1480—1562，16 世纪德意志著名的雇佣兵统帅之一）描述了他是如何掠夺农民和绑架商人索要赎金的。贵族向教会施压，通过给其亲属安排利润丰厚的教会工作来发掘教会资源。他们也对租户施压。和国王一样，贵族们也开始借钱。但是和国王不同的是，他们不能免于拒绝还债的惩处。随着债务累计，他们要被迫抵押、出卖土地。而商人们买下土地，把握住机会，用商业和工业收益来获取社会威望和地产。在法国和英国，一种最明显的现象是，新兴贵族在老一代靠商业起家的贵族以及高效的农业管理者身边成长起来，并随时应对变化的经济环境。传统贵族的愤恨在 16 世纪后半叶的内战和宗教战争中爆发。皮埃尔·德·布兰托姆（Pierre de Brandtome, 1540—1614）是意大利王室凯瑟琳·德·美第奇（Catherine de Medici）宫廷的一位编年史学家。在法国宗教战争的最后几年，他的记录充满才思："有钱的商人、放高利贷者、银行家以及其他金钱占有者窃取了所有东西。绅士在抵押或出售了房产后，几乎找不到木头来生火取暖。但是这场漂亮的内战（这是绅士们的说法）使绅士得以脱离困境。法国的贵族也拜这场漂亮的内战所赐（实际是拜这场战争中得到的巨大利益所赐）重新恢复了元气。”

农民的经济状况像镜子一样反映了拥有土地的贵族的经济状况。在地主挣大钱的地方——西班牙、葡萄牙、意大利南部、西西里 、英格兰部分区域和易北河东部——农民就在受苦。但从易北河到英吉利海峡，从亚平宁山脉到北海（the North Sea），16 世纪的农民比 13 世纪时要更自由，也更富裕。可是农民依然不满意，对此我们也不必大惊小怪。真正的穷困往往会削弱不满，而非使其变得尖锐。而经济情况在改善的阶层才会感受到负担的存在，尽管在

《乡间婚礼》。这幅油画由皮特・布鲁格尔创作于1565年。从中能瞥见农民生活。这场婚礼宴会在一个谷仓内举办，设有农村条状桌椅以及未经装饰的黏土质碗罐。桌上的食物有面包、稀粥和啤酒，没有肉。该作品存放于维也纳的艺术史博物馆。

逐渐减少，但大部分是压制性的。

这就是16世纪时处在欧洲中心的农民阶级：收入增加，可以将农产品卖到快速扩张的市场上，向地主上缴的钱实际上也在减少。而使他们愤怒的是农民解放运动，该运动始于13世纪，止于16世纪。初期，解放运动给地主和农民带来的好处差不多。16世纪时，在物价上涨和“体面”生活成本上涨的压力下，地主们强行要回了属于他们的所有土地，并且在任何条件允许的情况下侵犯农民的权利。在法国，农民们被迫支付因使用磨坊、炉灶和葡萄榨汁装置而产生的费用，而这些物品都在地主的完全控制下。地主们侵占了传统的公用地，包括荒地、森林、溪流和牧场，原本这些地方都是对农民开放使用的。16世纪时，德意志的农民们抱怨“我们的地主侵吞了所有树林，当穷人需要木头时，只能以双倍价格从地主那里购买”，“他们还垄断了捕鱼权、狩猎权和放牧权”。[2]地主们成功地榨取租金或推行更优惠的租约的同时，农民们实际上却在丧失土地。最终，农民们都感到了政治统治者对他们的财政剥削。在德意志，尤其是德意志西南部，许多大地主都成为了自己地盘上的小国王。在法国大部，房地产的保有权是继承制的，而且租金都是固定的。新继任的小国王们会重新构建对自己有利的新经济平衡，以征税者而非地主的身份向租客征税来压榨他们。那时的一条普遍真理就是“越交不起税的人，就要交越多的税”，这一箴言在19世纪以前的大国是广泛存在的现实。农民的收益就是国王的财富源泉。

而由此带来的结果就是，整个16世纪都陷入了持久的土地危机。农奴制还保留的地方，就是一个专制的奴役世界，在那儿农民缺乏人身自由，也得不到任何经济上的好处。自由的租客憎恶一切被施加的义务和责任，并努力挣脱地主强加给他们的费用和劳务。地主和农民之间的紧张关系无法根除，并且时而会升级为暴力冲突。在英格兰会爆发小型运动，法国会有零星的起义。在德意志，从 15 世纪初到 1525 年至 1526 年间的农民大起义这段时间，总共爆发了十一次大型的农民叛乱。农民们一厢情愿地要求回到美好的旧时光，重拾"美好的旧法律"。他们的心态是保守的、严格宗教化且乌托邦式的。他们梦想获得自由，并过上如《福音书》中的戒律所规定的那种社会生活。他们的这种态度清晰地反映在 1476 年的一次起义中。起义的领导者汉斯·博伊姆（Hans Böhm，约 1450—1476）是尼克拉斯豪森（Niklashausen）的一名风笛手，被誉为"神圣少年"（holy youngster）。他对广大民众布告，上帝所宣称的完美世纪近在眼前，在那里，没有主教也没有国王，阶级差异不复存在，众生自由平等，只有手足之情将人们联结。"王公、伯爵和骑士是如此富有，如果他们能将财富与大众分享，那我们每个人就都有足够的钱生活；而这一切必须到来。"森林、水、草地以及荒地的使用权必须对所有人开放。他们甚至主张王公和地主也必须靠劳动来挣每日的工资。

15 世纪末到 16 世纪，欧洲经济的繁荣和活力，同地主与租户以及老板和工人之间尖锐的矛盾是密不可分的。这种矛盾的根源，即由农业和资本主义工业发展所带来的劳动力生产管理的结构性变化。这种变化让资本与劳动力、富人与穷人之间的差距更大，并迫使社会等级制度中的每一个群体都去适应或忍受由此带来的经济上的不利结果。物价革命也加剧了这场危机。危机带来的结果尽管表明了一定的趋势，但由于在各地有很大差异，因此很难做一个概括。商人银行家开始享有比过去更大的财富份额和经济实力。体力劳动者、熟练工和工匠的状况则不如从前。在通货膨胀时期、工业化以前的不发达社会，土地仍然是最好也最安全的长期投资模式。因此欧洲的贵族在逐渐抛弃了能力差、不称职的成员并不断从下层吸纳新成员之后，发展得还不错。1560 年，同一个世纪以前相比，欧洲社会依然是贵族社会。当然贵族也付出了一定代价。他们逐渐丧失了政治和军事的独立性，换来了免税的待遇和令人尊敬的荣光与优待。他们也在为国君服务的过程中表达自己的主要观点，将贵族的举止态度、生活方式以及教育模式融入对君王的服务中。这些发展带来了重要的政治和文化影响。他们成了主权领土国家崛起的复杂棋盘中的一股力量。与此同时，随着人们重燃对经典文学的热情，世俗文化也以一种同样强大但不那么显而易见的方式悄然崛起，而贵族也是这种崛起中的一股重要力量。

第三章

文艺复兴与人文主义

1513年12月10日，尼可罗·马基雅维利（Niccolò Machiavelli, 1469—1527，文艺复兴时期意大利著名的政治思想家、政治活动家）写了一封信，这封信在日后变得非常著名。在被迫离开佛罗伦萨后，马基雅维利被流放到托斯卡纳的一个农场，日子穷困潦倒。他告诉朋友，他每天早晨都会去打猎或设陷阱捕捉画眉鸟，偶尔也会重读但丁、彼得拉克、提布卢斯（Tibullus）或奥维德的一些诗作。午饭后，他会走进当地的小酒馆，和乡巴佬们玩玩掷骰子的游戏，只是为了在这种粗鄙的陪伴中，重新体会自己命运里那“少许邪恶的成分”。

“但当夜幕降临（他接着写道），回到家，我会走进自己的图书馆。在门口，我脱掉白天穿的沾满泥土的衣裳，再换上一身新行头，就像我要以佛罗伦萨特使身份去拜见王室一样。装扮妥当后，我就走进古代伟人们的古董陈列厅。他们友好地接待我，而我则从他们那儿汲取到滋养生命的养分。没有虚伪的羞赧，我同他们交谈，并询问他们行动背后的原因，而他们是如此富有人文精神，会一一为我解答。在四个小时里，我幸福地沉浸在他们的陪伴中，忘记所有的烦恼，也不再害怕贫穷甚至死亡。在这段时间里，我感到自己都完全变成了他们。”[1]

很少有文字能如此动情地描绘出文艺复兴时期人们对经典文学的仰慕，以及16世纪的人们为了效仿希腊和拉丁经典中所描绘的生活所做的努力。

这就是人文主义者（humanist）的态度。名词humanitas是一个文艺复兴词汇，产生于15世纪末的意大利，被用来特指一群从事特定专业的人员，即教师，并且教授的学科通常被形容为文学（litterarum, 或“literature”）；好的艺术（bonae artes，或“good arts”）、人的艺术（humanae artes，或“human arts”）和自由的艺术（artes liberales，或“liberal arts”），这些学科更常被简单地形容为人文主义（studia humanitatis，或“humanities”）。Humanitas一词——人文主义者“humanist”一词的来源——是一个古典词汇，有经典含义。西塞罗（Cicero，古罗马政治家）曾经用该词翻译希腊语中的paideia（“教育”或“文化”）一词。2世纪的语法学家奥鲁斯·格利亚斯（Aulus Gellius）将其定义为“好的艺术中的知识”（eruditio in stitutioque in bonas artes）。14到15世纪的意大利古典文化研究者恢复了该词的生机。曾有人写道：“每一种生物都被赐予了某种特殊的天赋：马能奔驰、鸟会飞翔，而人被赐予的天赋即是对学习的渴望。希腊语将人类的这种天赋称为paideia（‘教育’或‘文化’），我们称其为studia humanitatis（‘人文主义’）。由于学习和培养美德是人类所特有的能力，因此我们的祖先将这种人独有的学习能力称为humanitas，即探寻适合人类的活动。”[2]“在人文主义学者眼中，‘文学’特指古希腊和古罗马的文学；‘学习’特指学习经典著作；而‘美德’指的是古代道德戒律中所规范的行为。”因此“humanism”一词（该词是由德意志人在19世纪初创造的，但这并不影响该词的重要性和合理性）的含义指向便非常明确具体，即建立在对经典作品学习基础上的教育和文化科目，同时也带有humanitas一词中隐含的“人的尊严”的含义。

经典文学后来已不再要求人们拥有像马基雅维利及其同辈们那样强烈的热情了。我们很难去相信一位年轻法国学者会在其婚礼当天花三小时研读希腊经典，或是当一位意大利客座讲师在1488年来到西班牙萨拉曼卡大学（University of Salamanca）分析尤文纳里斯（Juvenal，古罗马讽刺诗人）的第二部讽刺作品时，在座的学生和教授会入迷到听了两个半小时也不愿离开，最终讲师不得不踩着听众们的头才能离开现场回家。而以前这样的例子还有很多很多。人文主义（humanism）是文艺复兴时期最重要的纯粹精神思想运动。其最早的杰出代表包括弗朗西斯克·彼得拉克（Francesco Petrarca，1304—1374，意大利学者、诗人）和乔万尼·薄伽丘（Giovanni Boccaccio，1313—1375）。15世纪时，一大批著名的意大利学者让文艺复兴运动得到了丰富和推广。到了16世纪初，人文主义价值开始成为北欧精神生活的主流价值观。约翰·科雷特（1467—1519）和托马斯·莫尔（1478—1535）在英格兰宣传新理想；雅各·勒菲弗·戴塔普勒(Jacques Lefevre d’Etaples，1460—

1536）同法国外交家和教育家纪尧姆·比代（Guillaume Budé，1468—1519）负责在法国宣传；康拉德·策尔蒂斯（Conrad Celtis，1459—1508）和约翰内斯·罗伊希林（Johann Reuchlin）负责德意志的宣传。而排在他们所有人之上的是来自鹿特丹的德西德里乌斯·伊拉斯谟（Desiderius Erasmus，1469—1536）。他深刻地影响了和他同时代的学者们，并将他们最重要、最有代表性的理想描绘并表达出来，其表达的流畅度和理解的深刻程度，在伏尔泰之前无人能及。在这些人热情的感召下，王公们开始雇用人文主义者做秘书，贵族和家道殷实的市民也委派人文主义者做他们孩子的老师。人文主义使文学、艺术和学术研究得到改观，同时影响了医学、法律、神学和道德观，成为当时的文化潮流。其鲜明的特征、深刻的洞见及精妙传神的风格，不逊于当时的任何一位画家或音乐家。

我们要怎样去了解这样一场古老的思想精神和文化的饕餮盛宴呢？毕竟它距离生活在20世纪的我们是那么遥远，而且需要迥然不同于现在的理解力。

历史研究

文艺复兴时期对经典的热情源自人们历史观的转变。人文主义者之所以推崇经典，是因为他们已经学会从历史的角度来阅读经典。这种历史角度的形成依托于人文主义者做出的三点努力：第一是创造文艺复兴这个概念，第二是创建新式历史写作的原则和工具，第三是构想一种新式的历史划分方式。

一个人划分历史时期的方式，往往能透露出其最基本及其潜意识中的想法。中世纪的学者将历史划分为黑暗谬误时期和光明真理时期，而在这两个时期之间是基督十字架时期（Cross of Christ）。中世纪历史学家们从《圣经 · 旧约》中得到启示，将黑暗世纪中的一个次要时期单独划分出来。一些人采用《圣经 · 旧约》中的但以理书（The Book of Daniel）所勾勒的四个连续王朝的划分模式；另一些人则采用圣奥古斯丁（St.Augustine，354—430）在《上帝之城》（*The City of God*）一书中所勾画的六个世纪的划分法。当时大部分人都同意世俗历史展现的就是一种上帝的安排：从建立到道成肉身（the Incarnation，指上帝化身为耶稣来到人间），再到末日审判（the Last Judgment）；罗马帝国的建立以及耶稣的降生即标志着世界历史的最终阶段的开始；而这些中世纪学者本身就生活在这最后阶段的末期。

人文主义历史学家则划分了两道清晰的时间线。第一条线将中古历史同"黑暗时代"做了分隔——而黑暗时代一词正是由他们首次命名的。其中重要的时间分割点包括君士坦丁大帝皈依基督教（312 年）以及西哥特人（the Visigoths）对罗马的洗劫（410 年）。第二条时间线——开始时间说法不一，但都距离他们当时的时代不远——将黑暗的中世纪之后属于人文主义学者自己的历史时期独立划分出来。这种将欧洲历史三分为中古世纪、中世纪和现代的方式也是一种价值判断。人文主义者凭借两点颠覆了传统的关于光明与黑暗的比喻，其一是将 4 世纪初或 5 世纪初之后的阶段称为黑暗世纪，其二是用君士坦丁皈依基督教以及蛮族入侵取代道成肉身，作为历史发展过程中重要的时间分割点。中古时代（古希腊和古罗马时期）由于异教徒的错误通常被认为是黑暗时期，但在这种看待历史的新角度下它就成为了光明时期；而罗马帝国衰亡的时期则被定义为文化衰落和蛮荒主义盛行的时代。与之相对的，人文主义学者将自己的时代定义为一个特别的、崭新的历史阶段：一种复兴时代——黑暗之后的光明、沉睡之后的苏醒、死亡后的重生时代。

他们坚持认为，经典诗歌已经在修道会的蔑视以及蛮族入侵下开始凋零。几个世纪的时间内，没有诗人吟唱，直到彼得拉克重新召回被放逐的缪斯女神。古代艺术在君士坦丁时期走向衰落，在哥特人的阴影下产生出的作品无不是些拙劣粗鄙的玩意儿，直到乔托（Giotto，1267—1337，意大利文艺复兴初期画家、雕塑家和建筑师）的出现，才让绘画重现光明。伊拉斯谟在宗教的历史中也发现了相同的模式。古希腊、古罗马时期伟大的基督教神父们将智慧和雄辩和谐地统一，让人叹服。但可惜的是，荒蛮势力的洪流不仅淹没了文学，同时也玷污了人们对基督教的虔诚。伊拉斯谟将这种损失归咎于僧人和经院哲学家。在他看来，中世纪的神学语言粗俗、缺乏说服力、逻辑惹人争议、毫无生气、自负，且有伤风化。他感到，只有在他自己所处的时代，在经典文学的陪伴下，神圣的真理才开始从辛梅里安人（Cimmerian）的永恒黑暗中涌现。一边是古

《征服无知》。这个雕刻作品源自罗素·菲伦蒂诺（Rosso Fiorentino）创作于枫丹白露宫的一幅壁画。国王弗朗索瓦一世由于眼盲和无知打开了朱庇特神庙的门，象征着艺术和文学的复兴，以及美德和真知的重生。

代成就的伟大，另一边是虔诚、艺术和文学在现代的重获新生，而二者之间横亘的是文化和智力都衰落腐朽的中世纪。

人文主义学者们坚信自己生活在一个崭新辉煌的人类历史时期的开端，这令他们对生活充满了热切的希望和乐观精神。尽管这种希望在宗教改革时期痛苦的思想观念挣扎后逐渐幻灭，但在此之前欧洲的学者们都在齐声欢呼一个黄金时代的到来。尽管许多东西还都有待改革与重建，但是语法、流利的口才、绘画、建筑、雕刻和音乐都在开始重新焕发生机。就像盗取天火的普罗米修斯一样，拥有天赋的人们都在“触摸来自天堂的智慧之光”。一切看起来都有可能，所有期待似乎都能够实现，人们都期待着一个崭新的未来马上到来：到那时，所有知识领域都能重现其原本的美丽；古罗马人的雄辩、古希腊的知识都将牢固地重建；人文学科以及重获新生的更纯粹的基督教教义，将会成为有教养的社会精英的共同珍宝。生活在 16 世纪早期的人们充满信心与希望地面对未来。

人文主义学者对历史的划分方法改变了人们的历史观。尽管中世纪的历史学家们认为自己身处的历史时期重新回到了奥古斯都（Augustus，公元前 27 年至公元 14 年在位）的统治之下，他们却没有意识到要理解远古世界需要跨越哪些知识上和想象力上的鸿沟。除了认为那时的社会是属于异教徒的，他们并没发现什么特别之处。他们将古罗马人视为与自己生活在同一时期的人。神学家划分历史的方式将这种相似性强加在了他们身上，这种相似性也削弱了他们的判断力，让他们看不到古罗马在文化上是一个完整的个体，和他们身处的时代完全不同且相互独立。而文艺复兴时期的人文主义者将中世纪同中古历史、自己所处的时代，以及稍早以前的时代清晰地划分开来，由此逐渐在欧洲激起被尼采称为“历史距离的感染力”的理念发展，而这种感染力正是现代历史观的基础所在。他们开始意识到自己所处的时代同经典的古罗马时期之间隔着一千年。人们同时意识到过去就是过去，那是一个独一无二的历史时期，遥远的、完整的且已经终结的历史时期。这种历史总有一死的观点是对过去的惋惜，也是理解过去的代价。倘若有人幻想古罗马人在本质上就是自己的同代人，那么他便永远不能脱离褊狭的观念，总会显得不合时宜。

文件、钱币或画作等的伪造者，需要拥有不同寻常的历史敏感度才能避免弄错年代。而证明文艺复兴时期的人们拥有超强历史敏感度的最好例证就是，一位年轻的人文主义建筑师能够制作出古罗马喜剧的绝妙模仿品，米开朗琪罗能够雕刻出丘比特塑像，并使其作为古董流传。而这种作品风格与历史时代的同一性，使人们找到了一种方式来辨别那些技艺略显拙劣的仿古作品，当然，这种方式本身也体现了当时人们兴起的历史敏感度。运用此法，洛伦佐·瓦拉（Lorenzo Valla，1406—1457）证明了《君士坦丁的捐赠》（*Donation of Constantine*）这一文件是伪造品。这份文件实际写于8世纪，却宣称是君士坦丁承认罗马主教的至高地位，并授予其大量意大利境内领地的法令文件。瓦拉指出文件中出现的“fief”一词（意为封地、领地），无论是词本身，还是这种制度，在4世纪的罗马都是闻所未闻的。伊拉斯谟也运用类似的方式来辨别《圣经》的真伪。在他所译著的《圣经·新约》的拉丁文译本中——该书同他著名的希腊文译本于1516年同时出版），他略去了《约翰书》（the First Epistle of John）中的一节（the Comma Johanneum），这部分正是三位一体教义的文本基础。而在拉丁文《圣经》——公元4世纪由圣杰罗姆（St. Jerome, 340—420）根据希腊、希伯来等原文翻译，为中世纪和罗马教堂所钦定的唯一文本，以及钦定英文《圣经》（1611 年出版的英王詹姆斯一世钦定的《圣经》英译本）中，《约翰书》5:7—8 内容如下：“作记录的原来有三，就是圣父、圣言与圣灵，这三样也都归于一。作见证的原来有三：就是圣灵、水和血，这三样也都归于一。”伊拉斯谟证明了该段前半句为杜撰。他没有在任何希腊语手稿中发现过这一句，在最老的几本拉丁语译本中也找不到这一句。他还发现 4 世纪以前任何一位基督教作家也都不知道这句话。他以很强的说服力论证，如果这部分内容真的存在过，那么在三位一体教义成为神学争议的核心内容时期，它一定会被信奉三位一体论的作家们所引述。他总结道，这一内容一定是在尼西亚会议（the Council of Nicaea，基督教世界性会议，325 年召开）后被加入了新约中，以赋予在此地被采纳的三位一体说以《圣经》的许可。而这一结论也得到了现代学者的认可。

诸如此类的文字批评是当时的历史观的具体表现，也标志着现代“科学”历史的开端。而催生出这种历史观的文明也同样促成了现代历史早期经典的诞生：莱昂纳多·布鲁尼（Leonardo Bruni）的《佛罗伦萨的历史》（*History of Florence*，1420），马基雅维利的《论李维》（*Discourses on Livy*，1516—1517）和《佛罗伦萨史》（*Florentine History*，1525），弗朗切斯科·圭恰迪尼（Francesco Guicciardini）的《意大利》（*History of Italy*，1535），以及让·博丹（Jean Bodin）的《历史学习简介》（*Study of History*，1566）。人文主义历史学家也犯了一些明显的错误：包括一些未经深思的道德说教、对政治和军事故事的狭隘专注、对自己发明的批判技巧应用的不连贯性以及用西塞罗似的雄辩掩盖引文来源的倾向，还有为流畅而对文字准确性的牺牲。但人们如果对人文主义史学家关于历史是文学分支的看法有异议的话，那么对于中世纪历史学家认为历史是神学分支的观点就该存在更大的争议了。文艺复兴历史学家的积极贡献是使历史写作世俗化了。

历史重新获得了决定自身命运的自主权。依靠上帝的安排或直接干涉来解释历史事件的情况变得越来越少。由布鲁尼、马基雅维利、圭恰迪尼所做出的对历史事件的解释，通常都是基于自然而非神灵魔怪，通常会涉及人性的欲望或是特定社会或政治团体的抱负。文艺复兴历史学家还用另一种方法使历史作品变得世俗化了：引入一种新颖的选择法，对什么是重要的，什么应该被写进、什么不该被写进历史作品，有了新的标准。中世纪历史作品最有代表性的题材就是世界通史，讲述人类从被创造到最后审判的全过程，而这类作品中最重要的是一个事件的宗教意义，以及从中得到的宗教方面的教诲。而最优秀的文艺复兴历史学家们都是非神职信徒，他们在法律、政府和外交方面都有丰富的经验。他们更希望自己的作品产生政治而非神学的影响力。因此他们通常会将叙述的内容限定在一国的历史，作为重点选择的历史事件，也通常是能帮助同代人理解自己身处的政治、外交和军事环境的事件。

最后，文艺复兴历史学家对于历史的运用有着更世俗的观点，这种世俗历史观在人文主义教育中扮演着重要的角色。在他们眼中，历史并非用上帝的方式来描述或证明人类的存在，而是一种对生活的指引。学习历史能够鼓励美德，抵制堕落，还能培养未来的政治家和军事家。历史是经验之母和智慧之祖。年长的人通常被认为睿智，这是因为他们做出的判断都是基于一生所积累的经验；正确地研读历史能增加人的间接经验，也能使人变得充满智慧。因此新型历史是对过去政治生活的世俗化描述，或是对古代和当代制度的比较研究。这类作品文字考究、编排有序、实用性强，且根源动机都用通俗的语言来解释。像布鲁尼和圭恰迪尼这类历史学家的作品，在若干代人中都是典范之作。

重新发现经典

人文主义学者的世俗历史观，以及主动将自己同古希腊和古罗马划分开来的距离史观，改变了欧洲人阅读经典的方式。文艺复兴学者称自己重新发现了被尘封并遗忘了上千年的古代文学作品。事实上，人文主义学者主要普及了个别被他们先辈较少问津的拉丁语作者和作品，比如，柏拉图、西塞罗的《信件集》(*Letters*)，以及李维（Livy）和塔西佗（Tacitus）的历史著作。中世纪的人们阅读这些作品时一般会读拉丁语的选段、摘要或是翻译，而文艺复兴学者阅读的是希腊语原著。充分完成了欧洲对希腊遗产的继承，这正是文艺复兴学者所做的最大贡献。柏拉图的大部分对话、希罗多德和修昔底德的全部作品，以及希腊剧作家、诗人和主教们最重要的作品成为了欧洲文化中最重要的部分，这一现象存在且只存在于文艺复兴时期。人文主义学者对希腊语作品的翻译和解读极大地扩充了知识，激发了人们精神文化生活的发展，这种推动作用一点不亚于航海大发现对经济生活的改变。不过，我们必须要承认的一点是，大量的古代文学作品其实存在了上百年，且并不难获得；拉丁语经典作品能够得以留存的最重要原因，其实是中世纪修道院和出版作坊将其不断再版地复制下来。古罗马诗人维吉尔和奥维德（Ovid）在中世纪时家喻户晓，西塞罗和塞内卡（Seneca）在当时也是为人尊敬的道德学老师。10 世纪的德意志修女也会模仿拉丁诗人特伦斯写一些小剧（尽管内容稍有不同）。从 12 世纪起，博洛尼亚大学的学生开始系统地学习罗马法律；中世纪的医学和物理学也都是以古希腊名医伽林的医学著作和亚里士多德的作品为蓝本。这样看来，文艺复兴人文主义者的成就并不是因为阅读那些或熟悉或重新被发现的经典，而是因为他们是用一种全新获得的历史观来阅读经典的方式。

这一点在文艺复兴艺术作品处理古代经典主题的方式上可以很好体现。中世纪全盛时期的艺术家们由于缺乏历史观，并且在思想和情感上都无法充分抓住古代主题的世俗内涵，因此在描绘经典主题时，如维吉尔著名史诗《埃涅阿斯纪》中的狄多（Dido) 和埃涅阿斯（Aeneas），以及希腊、罗马诸神，他们会赋予这些形象以基督教和中世纪的内涵，在表达异教徒主题时又往往会采用基督教和中世纪的图案来描绘。比如，他们会根据一段明显在描述希腊神话中俄耳甫斯（Orpheus）形象的文字，去描绘大卫；或是用大力神赫拉克勒斯（Hercules）的形象来代表基督。此外，他们还经常用明显年代错误的形象来描绘经典主题。狄多和埃涅阿斯在他们的笔下化身为一对 14 世纪的夫妇在下棋，维纳斯则被描绘成一位穿戴严实、弹着鲁特琴的贵族女士。而文艺复兴艺术家的一大创新就是填补了经典主题和形象之间的鸿沟。在远古时代之后，罗马神墨丘利（Mercurius）第一次恢复了他的年轻和美丽，维纳斯也重获了她的裸体美。经典英雄、仙女、神灵的形象重新走入王公贵族和银行家们的家中。大量描绘圣母、圣人的作品都重现了经典的写实主义、复原了人物的身体美，这一点在拉斐尔的作品《伽拉忒亚》（*Galatea*）中可以窥见一斑。

除了将经典主题和经典图案重新结合到一起，文艺复兴学者也将经典文学同其经典含义再次结合。中世纪时，不仅经典图案被宗教化，经典的文学也被当时的学者冠以宗教的名义来解读。维吉尔著名的史诗《埃涅阿斯纪》被他们视作人类灵魂前往乐土的旅行游记，以及从人类之爱（狄多）到上帝之爱的升华。他们将自然法则同《旧约》中的十诫视作等同。古人云，哲学家是热爱智慧的人。而基督教神学家则用三位一体中的第二位（圣子）来定义智慧，并称哲学家为热爱基督的人。在他们眼中，亚里士多德的克己美德开始包含贞操的内涵，僧人们则将斯多葛学派（the Stoics）视世俗之物为虚空、对苦难泰然处之的观点理解为基督教的禁欲主义。人们普遍认为古代的哲学家是受到上帝点拨之人，要代替上帝传递真理。因此中世纪的学者难以摆脱宗教束缚，只能在经典中读出宗教意味。

类似的解读在16世纪依然存在，但是人们也开始从历史角度出发，将这部伟大的史诗解读为对奥古斯都时期的古罗马的赞颂。一些文艺复兴学者继续发掘古代典籍，期望能从粪堆里发现珍珠。而也有一些人无视圣奥古斯都的警告——经典应加以利用，而非用来享受的——在阅读卡图卢斯（Catullus，罗马抒情诗人）的抒情诗及塔西佗警句式的论据中得到很多乐趣，就像从古代演说和古代神庙的平衡感与和谐美中得到乐趣一样。

一些文艺复兴哲学家辩称古人是受到上帝开化的，努力将柏拉图基督教化，并把柏拉图的理念视为上帝的智慧。他们为实现这一目的所付出的聪明才智，丝毫不逊于让基督教同亚里士多德主义和谐共处的圣托马斯·阿奎纳（St. Thomas Aquinas）。他们主张，正如建筑师的头脑中会有一幅待建房屋的图形一样，上帝的绝妙头脑中也有万物的理念和图形，比如，太阳和月亮、人，所有的动物、植物、石头，构成万物的各大要素（土、风、水、火），以及所有需要的一切其他事物。这个绝妙头脑就是一个仅能用智力了解的、纯概念性的世界，在这个世界一切事物都不以可感知到的实体形式存在，而是以一种更真实、更高贵且更美丽的理念存在。而人们对这种理念之美的沉思就是一种上天之爱，对完美的一种求知欲。[3]一旦人们投入上帝永恒不变的光芒与美丽的怀抱中，他的灵魂就会闪耀着理念的光芒，就像神秘主义者散发出的那种狂热一样。

与此同时，马尔西利奥·费奇诺（Marsilio Ficino，1433—1499），文艺复兴时期最杰出的新柏拉图主义者，也发现了这种基督教柏拉图主义。而其他学者则正在建立经典心理学、经典考古学、钱币学和铭文学等学科，并逐渐对机构、古代法律和政治理论，以及柏拉图主义、亚里士多德主义、斯多葛学派和伊壁鸠鲁学说（Epicureanism）的价值和道德标准，都有了更批判性的认识。带着“古代艺术和文学都是对特定阶段和社会的历史表达”这样的洞见，他们逐渐描绘出古代思想和机构的模样，并且比以往任何时代都描绘得更贴近古代的真实情况。

打个比方来说，更客观地认知古希腊和古罗马文明，就像航海大发现一样，对欧洲人的思想带来了重大影响。人们重新建立起与古典文化的联系，就如同人们首次与阿兹特克人、印加人、印第安人和中国人正式接触一样，都在16世纪的欧洲人中激起了一股摆脱狭隘主义的新自由观，以及对自身社会更强烈的自我感知。蒙田（Montaigne）曾这样描述一个价值观不容受到挑战的社会所表现出的排外和狭隘：“我们将一切不适用于本国习俗的事物视为野蛮和未开化。而实际上，我们似乎拿不出其他的真理和逻辑标准来证明这点，有的只是我们所身处国家的观点、习俗的例子和模型。我们总在自己的国家发现完美：完美的宗教、完美的政府及完美的做事方式。”[4]蒙田表达的这一观点，最好地证明了接触外国文化能拓宽人们的思维视野、消除愚昧，这对每一个视自己的价值观为绝对权威的社会都适用。

不出人们所料，英国的人文主义学者托马斯·莫尔（Thomas More）在1516年创建了自古代以来的首个乌托邦理念，这部分是受到亚美利哥·韦斯普奇航行到新大陆的影响，部分是受到柏拉图《理想国》一书的影响。罗伯特·伯顿（Robert Burton, 1577—1640）在其《忧郁的剖析》（Anatomy of Melancholy）一书中曾写道，乌托邦是“一种巧妙的虚构”，描绘了一种设想中的社会制度的假定模样。在玩乌托邦游戏的过程中，莫尔清晰直白地描绘了制度和信仰可能存在的不同模式，将航海家和历史学家的发现表述得更加明了。正如哥白尼向世人展示地球并非是宇宙中心，正如哥伦布和达伽马告诉世人欧洲并不一定是世界中心，以及马丁·路德即将证明罗马未必是基督教欧洲的中心一样，莫尔的《乌托邦》则表达出欧洲的价值观和标准也未必想当然就是一个完美的典范。这个观点并不意味着外国社会或他虚构的乌托邦社会就比他所身处的社会更好。相反，他确信前者很多信念和行为甚至还比不上后者。莫尔的目的同马基雅维利和博丹所做的制度比较研究的目的一样，是要探索出真实存在或有可能存在的各种社会形态，以此促使读者用一种意想不到的视角去重新检验自己的信念，然后对之或接纳，或拒绝，或做出修正。这样来自国外或过去的知识会使人们对当今的价值观或堕落行为有更公正客观的理解；通过比较欧洲和外国的法律和风俗，人们能更清醒地在多元体制、道德观和宗教中做出选择，这或许会产生革命性的选择。

人的尊严

人文主义学者之所以对经典的解读更有洞察力，一方面是距离史观让他们清醒地意识到自己同古代文化之间的跨度和隔离，另一方面是欧洲社会的转型也让人们更客观地看到了当代欧洲人和古人所面临的问题的对比，让很多古代的解决方式变得具有现实意义。而这恐怕也是15—16世纪的人们对经典有那么高阅读热情的一个原因。他们重新掌握了古罗马的主权（sovereignty）含义，因为他们已不再生活在公共机构和公共权力都是私人特权的封建社会，也因为主权已成为他们日常生活的一部分。英国上流社会人士并不难理解古罗马对土地的绝对所有权的概念，因为他们自己就已经开始圈占土地并对自己的领地拥有独享的所有权。意大利人更能准确理解柏拉图的《律法》（*The Laws*）和亚里士多德的《政治学》（*Politics*），是因为他们的公共生活多集中在城邦。有钱有势的人们被人文主义理想以及能代表这种理想的教育科目所吸引，是因为他们似乎从中看到了自己对自己的定位，这种定位比过去神学统治下的封建社会所构建的理想个人的类型更符合他们的自我定位。

人文主义者关于人的哲学是对传统理念的复杂编织。他们的创新之处在于重新挑选、安排和强调。中世纪大学里的神学教师常常会用人们所缺乏的特质及区分人和上帝的鸿沟来定义一个人。而人文主义者则更注重上帝造人时赋予人们的优点，并以此来褒扬和定义一个人。一位德意志人文主义者在1512年写道："上帝在造人时明确而突出地表现了他的智慧。他使人成为（感官世界和智力世界的）桥梁。他赋予了人们理性和自由意志，而这正是上帝创造万物所依赖的最重要特质。"但是，并非所有人文主义者都相信理性。他们怀疑中世纪经院哲学中的形而上学，以及神学理性主义。他们都会仔细谨慎地审视神圣思想，对于玄学家和逻辑学家的主张也都抱着怀疑态度。15世纪早期一名意大利人文主义学者将这种普遍的怀疑精神总结成一句简练精辟的话："我们掌握的所有知识都不过是理性的怀疑。"[5] 比起为理性设限的人文主义者，为自由意愿设限的人就要少很多了。实际上，他们特意削弱了思辨能力，来强调自由意志的重要性。"只有意愿是属于我们的，且在我们掌握之中。所有其他能力，如理解力、记忆力和想象力，都可能在各种意外下被剥夺、改变和削弱，唯有意愿不会。"[6]

人本向善，在这一点上人文主义学者的认识高度统一。他们重述了亚里士多德在《伦理学》第三本中的雄辩词句，鉴于人有能力从善或作恶，"选择做一个善良的人还是邪恶的人就在自己的掌控之中"。人是"自身行动的策划者和发动者，就像人是自己孩子的创造者一样"。他们让中世纪无人问津的"大力神站在分岔路口”的故事重新流行，并使其成为文艺复兴画作中最受欢迎的主题。站在岔路口的大力神，既可以走上邪恶之路，也可以走上美德之路。因此人在生命中每一个关键时刻都有选择的自由。受到古典文学和古希腊教堂神父对人的赞颂的启发，佛罗伦萨哲学家皮科·德拉·米兰多拉（Pico della Mirandola, 1463—1494）撰写了《论人的尊严》（*Oration on the Dignity of Man*）一书（1498）。书中他指出人的尊严都在自己的自由掌握中，可以向上与上帝和天使相连，也可以向下与动物和植物相连。人有独立自主的道德意志，具备向任何方向发展，向任何事物靠近的可能性。如果他走向邪恶之路，就会变得像石头、植物，或是野兽；而若选择善良，他就会变得像天使或者永生的神。人的天性是会最大化地实现自我完善。人的能力无限，一切皆有可能。法国人文主义学者夏尔·德·波维尔（Charles de Bovelles，1480—1533）曾于1509年这样描述人的这种自由天性。有三种动因或原则驱使我们的行动：智力、意愿和能力。智力指导人们应该做什么；意愿推动着我们去做该做的事；能力会根据智力和意愿的指引去完成行动。这三种动因对高效而自由的行动而言都必不可少。光有对行动的理解力和完成行动的能力，却没有实现目标的意愿，一切都将是徒劳。同样，光有对目标的理解和实现的意愿，却没有实现的能力也无用。如果有对目标的渴望也有能力去实现，但就是对目标没有清楚的认识，也将一无所获。自由是知识、能力和意愿的和谐统一，而这种自由要靠人们努力争取、不断进步，并通过教育，做出一系列合理的选择及养成从善的习惯才能实现。

将人的尊严同道德自由相联系，表达了一种不同于中世纪的理想的人的形象。中世纪主要推崇三种类型的人：圣人、僧侣和骑士。而人文主义对理想的人的概念就没有这么具体了。理想的人应该是高贵的，但这种高贵与出身无关，而与美德有关。这种美德也不同于僧侣单单推崇的禁欲主义和敛心默观。人文主义认为的完美既包含精神也包含身体，包括沉思也包括行动，包括灵魂的善良也包括现在所说的物质财富——富裕、身体美和健康。"人是终有一死但幸福快乐的上帝，"人文主义建筑学家莱昂·巴蒂斯塔·阿尔伯蒂（Leon Battista Alberti，1404—1472）这样写道，"因为人兼具做善事和理性思考这两种能力。"这段话恰与西塞罗的一个著名篇章产生共鸣，他说："正如马注定要奔驰，牛要耕种，狗能闻辨陷阱，人则如亚里士多德所言，注定要做两件事：了解和行动。从这点来说，人几乎就是终有一死的神。"专注沉思、不顾其他是天使的特权，人类沉思的目的只是让灵魂与上帝相连。但作为一个人，一个活在世上的灵魂与身体的合成体，他要有高尚的美德，要对他的家庭、朋友、市民以及国王有价值。人文主义者引用西塞罗的另一句名言："对道德的真正褒奖是行动。"阿尔伯蒂将这一论断总结成一句同样让人印象深刻的话："人注定是要对人有价值的。"

人文主义与艺术

列奥纳多·达·芬奇曾写道："好的画家主要描绘两个主题：人和人的思想。"而这二者正是与他同代的画家们经常选取的主题，从这一点来看，文艺复兴时期的艺术作品就成为了展现人文主义哲学的最好载体。相比之下，即便是最优秀的人文主义学者所写的诗歌、演讲、道德随笔、历史和教育专著，由于通常是用拉丁文撰写，只有专家能读懂，如今都已鲜有人问津。而文艺复兴艺术家们所创作的画作、雕塑以及建筑作品则更平易近人。对现代人而言，来自非洲的面具可能比阿芙洛狄忒（Cnidian Aphrodite，司爱与美之女神）更容易打动他们。

无论从题材、内容还是风格来看，文艺复兴时期的艺术都是一种人文主义艺术。就拿阿尔布雷特·丢勒（Albrecht Dürer，1471—1528）创作的木版画《哲学的寓言》（*Allegory of Philosophy*）来说，画作中包含了大量由德意志人文主义者康拉德·策尔蒂斯创作于1502年的爱情诗，其教育意义胜过艺术魅力。策尔蒂斯本人设计了这个复杂的作品，创作了画中的诗歌，还为丢勒勾画了人物整体布局的草图。中世纪鼎盛时期的艺术活动通常都是被牧师控制，由教会领导，为了正统宗教目的所进行的匿名创作活动。到了16世纪，人文主义者取代牧师成为了艺术作品的真正"创作者"。

丢勒的木版画描绘了人文主义者关于知识的理想境界。画作的中心人物是一个女人，她身披华丽长袍，佩戴昂贵首饰，头戴皇冠，端坐在宝座上。丢勒和策尔蒂斯作品的文学源泉来自罗马伦理学家、学者波爱修（Boethius，约 480—524）所创作的广受欢迎的《哲学的安慰》（*Consolation of Philosophy*）。开篇段落中，波爱修描述其在梦中看到了一位高贵威严的女士，“她的右手托着几本书，左手握着一根权杖”，在她裙子的底端是“希腊数字 I，顶端是字符 Θ，两个字母中间像阶梯一样排列着一溜字母，从下到上代表着某种高低等级顺序”。策尔蒂斯做了一点改动。他将波爱修的数字 II

《哲学的寓言》。一幅由阿尔布雷特·丢勒创作的木版画，画作描绘了康拉德·策尔蒂斯创作的爱情诗《阿摩瑞斯》。该木版画发表于1502年。

替换成了字符 Φ，可能是想用它代表谨慎的含义（西塞罗将它定义为追求或放弃某事物的实践知识）。两个希腊字母代表了哲学的两个重要分支，即伦理道德和形而上学（Θ 代表沉思哲学）。两个字母之间的“阶梯”代表了七个文科科目：语法、逻辑、修辞学、算术、几何学、天文学和音乐。

策尔蒂斯用位于画面上方和底部的诗作来阐述画作的含义。“天地万物，空中海洋，全体人类，以及太阳为自然界创造的一切，都在我哲学的怀抱之中。”“希腊人叫我 sophia（智慧），拉丁人叫我 sapientia（智慧），埃及人和迦勒底人发现了我，希腊人记录我，拉丁人翻译我，德意志人丰富了我。”围绕中心人物的花环上坠有几枚圆形徽章，里面是人物画像，包括“古埃及”天文学家托勒密、古希腊的柏拉图、拉丁人西塞罗和维吉尔，以及圣托马斯·阿奎纳的老师德意志人艾尔伯图斯·麦格努斯（Albertus Magnus），以此来代表德意志人的智慧。加入这位德意志人除了表现出一丝德意志的民族主义精神外，同时也提醒人们中世纪时期伟大的经院哲学家的作品在整个 16 世纪依然受到人们的广泛研读与推崇。画作的四角是四股风，并用不同的装饰物来代表四种元素（火、风、水、土）、四种体液（胆汁质、多血质、黏液质、忧郁质）、四种季节及人生的四个阶段。最后，在宝座的两侧扶手上刻有希腊文字，左侧为“首先尊敬上帝”，右侧为“对万物公正”。策尔蒂斯是从一首鲜为人知的教诲诗中摘取了这两段文字。这首诗的实际作者是 1 世纪时的一位希腊化的犹太教徒，但是文艺复兴的人文主义者却将作者错认为是希腊诗人甫西里第斯·米勒图斯（Phocylides Miletus）。而同样被他们搞错的是，他们认为这首诗闪耀着基督教教义的光芒，于是这首诗成为了异教徒诗人在基督教诞生几世纪前就灌输一神论和基督教道德的又一例证。

有智慧的人对任何事情都有所了解，无论是关于宗教还是人生。他必须是一名人文主义者，同时又是一个百科全书式的人。不止一位16世纪的学者曾指出，"encyclopedia"（百科全书）一词是由"kyklos"（圆形、球形）和"peideia"（人性）两部分构成，表明人性的包罗万象。丢勒就将其画作的中心人物塑造成了这样一种理想形象的化身。

人性的概念包含道德和知识，而又以道德为重。就在丢勒的作品《哲学的寓言》发表的1502年，安德烈亚·曼特尼亚（Andrea Montegna，1431—1506）完成了他的画作《密涅瓦将邪恶驱逐出道德园》（*Minerva Expelling the Vices from the Grove of Virtue*），据说这幅画是为曼图亚的伯爵夫人伊莎贝拉所作。作者在画中描绘了道德和意愿的王国，如同丢勒所雕刻的智力王国一样奇特，又充满学究气。

邪恶闯入了道德的树林，扰乱了这个充满艺术感的园子的秩序。水池成了传染病的沼泽。维纳斯在画作中代表邪恶之母，她将道德之母囚禁在一块岩石上。曼特尼亚将其呼喊求救记录在了画面右侧的丝带上："哦，上帝！快来救救我吧！我是道德之母！"维纳斯站在半人半马兽（代表兽性大于人性的人）的后背上，审视着她征服的成果。在感染了性病的水池中翻滚着懒惰、背信弃义、无知、贪婪、仇恨、怀疑、欺骗、恶意。一个半人半羊的女人和她半人半羊的孩子们代表着淫欲色情行为。一个矮小的猴子女人带着几包种子，袋子上分别写着“坏的”、“更坏的”和“最坏的”。园子背后的山似乎在爆炸，用这样一场自然灾害来表达邪恶破坏了道德社会和人类灵魂的秩序、美丽与和谐。树林里的精灵——画面左侧的一棵幽灵似的橄榄树，也开始为被囚禁的道德之母祈祷，它抬起祈求的手臂，用拉丁语、希腊语和希伯来语三种语言向上帝呼唤，

《密涅瓦将邪恶驱逐出道德园》。由安德烈亚·曼特尼亚创作的这幅油画作品，现收藏于巴黎卢浮宫。

祈求他能将邪恶驱逐，让神圣的道德重回人间。(拉丁语的题词是正确的；希腊语实际也是拉丁语文本，只是伪装成希腊语的样子而已；而希伯来语就是一串随意排列的字母。即便在16世纪，学习希腊语和希伯来语也更多地停留在说教而非实践的层面，文艺复兴根本上依然是拉丁语文化主导)。

收到了这些祈祷，谨慎女神装扮成密涅瓦的样子从左边冲了出来，走在她之前的是狩猎女神黛安娜（手举着弓）和贞洁女神（高举一只熄灭的火炬）。在天空里的一块云上，另外三种重要美德——公平（位于左侧，手拿一把剑和天平）、刚毅（将狮皮围在头上做头盔）和节欲（手握两个罐子）正等待着姐妹们帮她们打开通往人间的大门。而云朵间的对抗则凸显了战斗的激烈程度。稍仔细看就会发现它们是两张相对的人脸轮廓，有明有暗，拟人化地展现了邪恶和美德的战争，同时也是这场战争在宇宙的共鸣。

尽管邪恶与美德的战争这一主题并不新鲜，但是曼特尼亚处理这一主题的方法却折射出典型的人文主义情感。在作者笔下，战争是世俗化的，且无特别的基督教关联，反映了人们在用理性克制欲望、约束灵魂时所进行的反复的思想斗争。同时也呈现了人在很大程度上的道德自主权和自由选择权。正如皮科·米兰多拉所教导的那样，人能发展成为任何事物。美德和邪恶一样都是本能，人内心的这种战斗是火热且持续的，而这很大程度上也是因为选择的结果与自身密切相关，且选择权实实在在地存在自己手中。

人们一直在争论，人文主义者强调人的尊严和道德自由，削弱了宗教的感情色彩。尽管如曼特尼亚的画作一样的作品里没有直接提及基督教，但是这种说法依然是不正确的。没有任何确凿的证据能证明任何 15 或 16 世纪的人是无神论者，文艺复兴的人文主义者也更不可能是异教徒。人文主义者甚至同 13 世纪时的神学教授一样，都是虔诚的基督徒。但是二者在形式上未必相同。宗教和艺术一样也是有风格的，而最能展现人文主义者虔诚风格的就是文艺复兴的教堂建筑了，特别是他们做出的创新——圆形教堂。

教堂是上帝的居所。为了衬得上上帝的完美，教堂必须按照上帝的形象来修建，也必须能体现当时的时代和文化对上帝的特定解读。文艺复兴时期的人文主义建筑师认为，完美的教堂应该设立在城市中心，在宽敞的露天广场的基座上，独自矗立，且美轮美奂。要怎么实现这种摄人心魄的美呢？答案是通过对称，因为只有对称能表现出美丽本身的完美和谐比例。而最高贵美丽的对称图形是圆形（这个论断在建筑师、哲学家、诗人和宇航员那里都得到完全认同），加上它那种神圣的简洁性、同一性和均一性，因此各种圆形造型最能反映上帝的形象，教堂必须是圆形的。伟大的建筑家安德烈亚·帕拉第奥（Andrea Palladio，1518—1580）曾写道："圆形神殿的外围结构，必须让人感到找不到头，也分不出尾，每一部分都和其他部分难以区分，但又相互辉映形成一个整体；另外，各部分到中心的距离必须等长，这样的结构才能完美地诠释上帝的和谐、无穷、均匀性和公正。"[7] 为了形象地解释自己的表述，帕拉第奥选取了世界上最小也最漂亮的教堂之一——多纳托·伯拉

坦比哀多(Tempietto)礼拜堂。由多纳托·伯拉孟特于1502年设计修建。位于罗马的蒙托丽欧（Montorio）。

孟特（Donato Bramante，1444—1514）在罗马修建的“坦比哀多”(Tempietto) 礼拜堂。这一作品事实上满足了人文主义教堂的所有要求：规则漂亮的圆形和穹顶设计，极简无装饰，比例协调；独自建立在一座高台上，却几乎填满了整座庭院，又并非建在理论家认为经典庙宇应该建在的非常显眼的公共区域。

伯拉孟特的“坦比哀多”同时表现了人文主义虔诚的特点：简单、节制、宁静、均衡。它的外形和比例完美地表达了上帝、人和自然的关系。教堂的和谐和对称表现了世界的和谐与对称。上帝根据不变的数学定律创造了世界并制定了世间的规则，宇宙的结构因此就是像数学一样精确及和谐的。

建筑师和理论家从不吝啬地表达自己对教堂对称性和平衡的兴趣。有时他们甚至会雄心勃勃地辩称，所有社区的基本建筑风格都应该遵循相同的标准要求。安东尼奥·阿韦利诺（Antonio Averlino，常被叫作菲拉雷特，Filarete）和列奥纳多·达·芬奇所设计的城市，都没有传统社区那种肮脏、无序和混乱。他们的设计有时是圆形和对称的，有时又是充满艺术性的不规则形状，宽阔的马路交叉其间，空地星星点点。这样的城市能将精英们的上流社会生活同卑微低贱的商业群体生活划分开。而达·芬奇认为城市应该分为上下层，精英们应该在城市中的上层生活，而只有这种两层街道系统的底层才应该被用作商业活动。他们喜欢采用宏伟的广场和笔直且在一点交汇的道路设计来突出公共建筑的神圣，不仅注重形式表达，同时也兼顾实用功能。而使意大利北部和低地国家中的发达城市形象遭到破坏的生活和工业垃圾，在这儿也是找不到的。

尽管教皇庇护二世曾成功在皮恩扎（Pienza）修建过这样一座理想的社区，但是类似的城市实际上却并没有建多少。不过人们对于将拥挤的街道变得对称、清晰的追求却也促成了欧洲城市建筑风格的兴起。许多教皇和建筑师都设计了笔直的街道来穿越罗马的混乱，同时也重新修建了罗马的两个象征性的中心，即梵蒂冈和非基督教神殿（pagan Capitol）。尽管障碍重重，两个项目到 16 世纪晚期时都取得了不凡的效果，虽然并未完全完成。人们普遍认同，理想社会既应该拥有完美、清晰的城市外观，同时也要有完美的政治和社会秩序。这个理念激励了城市设计师们若干个世纪，将现代的建筑师和企业家，如乔治－欧仁·奥斯曼男爵（Baron Haussmann）、弗兰克·劳埃德·赖特（Frank Lloyd Wright）和勒·柯布西耶（Le Corbusier），同他们的文艺复兴前辈们联系在了一起。

如果说重建整个城市对贵族和设计师来说太过复杂、困难的话，那么城市中很小却又很重要的一部分，即贵族的居所，却还是一块有待开发的处女地。在整个15世纪，建筑师们说服了佛罗伦萨有钱的商人和罗马的高级教士去投资扩充居所。一方面，他们放弃了自己在城市中朴素的住宅，在那里盖起了一个街区长且对公众封闭的宫殿豪宅。城市精英们在宫殿中创造了一个完全私密又奢华的世界，且私密和奢华的程度在西方各大城市中都是前所未有的，而宫殿本身就表达了将上层人士同城市贫苦阶级和中产阶级严格区分的隔离观。从前的商人们也关闭了临街的底层房屋，对生意和生活进行了新的分隔。从这一点来看，对宫殿的迷恋和追求也伴随了精英阶层（甚至是在之前那些共和政体的城市中的精英）实力的增长，以及其他许多城市的世袭贵族及其追随者的势力崛起。

这些经过多年修建、耗费大量人力物力的豪华房屋本身也是一件件艺术品。他们表达了上流人士渴望在私密社会生活中获得和谐和秩序的强烈愿望，这同文艺复兴的教堂所追求的如出一辙。从阿尔伯蒂开始，建筑师们都试图让自己设计的建筑外观符合经典又简洁的长高比例，并且都选用豪华、经典的饰物来进行装饰。一座又一座城市，从教皇所在地罗马到贵族和商人聚集的威尼斯，再到共和人士与暴君依旧激烈争夺的佛罗伦萨，城中狭小而混乱的建筑，都一一被推倒，取而代之的是一座座巨大而又简朴的建筑。

与此同时，这些投资者又开始准备在乡村修建自己新的住所。这些建筑也同样要遵循经典的布局和装饰原则。曾经星星点点地散布在意大利乡村中的那些农场，现在人们准备在那修建新的别墅了，别墅周围通常都被精心设计和修剪的花园所环绕。这样的环境能让主人们远离城市的暑热和聒噪，享受一段宁静、超然的时光。同时也让他们至少是在一年里的一段日子里，真正过上经典里所描述的生活，一种像小普林尼（the younger Pliny）和其他经典权威作家所描述的那种古罗马别墅生活。

抛开公共层面不谈，单从个人层面而言，赞助人和艺术家是可以合作来共同建立一个和谐的小世界的。它华丽、有序，让人能从高高在上的政治和经济生活的压力中抽身，得到喘息和休养。其中一些，特别是帕拉第奥于 16 世纪在维琴察修建的那些建筑，都是以伟大的经典建筑（如万神殿）为模板来修建的一些宏伟的大建筑，且这类小社区配备的果园和牛棚能使生活在其中的人自给自足。

这些新式宫殿开始成为建筑典范：宏伟到能担起城市一景，又不会像中世纪的建筑那样让人生畏（在建筑风格上也不会让人感到过时）。这种建筑模式在北欧被反复模仿，最后成为了 19 世纪和 20 世纪欧美城市大型公共建筑（包括火车站、公共图书馆和剧院）的建筑模板。而文艺复兴时期的别墅，到了 18 世纪演变成了英国乡村房屋。杰斐逊建造的蒙蒂塞洛庄园（Monticello），凭借其细致的

位于维琴察的瓦尔马拉纳庄园。这是帕拉第奥位于威尼斯附城维琴察的庄园，它表现了阿尔伯蒂理想的乡村建筑模样：宏伟，对称，造型经典。这座建筑到两个多世纪之后依然保留着其魅力。

卫生设施安排、农业辅助系统以及一缕田园耕种风，依然是文艺复兴时期贵族和建筑师极力打造的贵族农村生活的典范。

在人文主义者眼中，这类建筑的和谐是自然的，而非人为的。“因为从人的身体中，”一位曾写过一篇有关复式记账法重要论文的意大利数学家曾这样写道：“能找到所有的尺寸大小以及单位，从中我们能发现上帝创造万物的神秘的比例。”[8]实际上，人能够以上帝的形象来修建教堂，就是因为上帝是按照自己的形象来造人的，同时也让人成为了理性和谐世界的中心。人们欣赏自己身体的和谐及世界的和谐，并由此产生对上帝的爱与赞美。透过自然的和谐，人又更加了解了上帝的本质——它无穷无尽、完美、慷慨，并创造了几何学上和谐的宇宙。文艺复兴时期最伟大的艺术创新就是透视法技巧得到了系统性的发展，而这一成就的取得与两点密切相关：一是裸体画被用来确定和谐的比例，二是几何学被用来对自然加以科学理性的表现。透视法的运用使得艺术家们能够在一个平面上表现三维空间。画作的平面成为了一扇窗子，让我们能从中领略真实世界中各个事物的真实存在关系。从同一角度看去，画中的物体看上去和实物的大小、形状以及和其他物体的相对位置都一模一样。

“一点透视法”（one-point perspective）的完善在1420年的佛罗伦萨是一个重大的突破。一些之前不相关的技法和学科产生碰撞，并最终形成了新的东西，这在文艺复兴时期常有发生。14世纪时几个托斯卡纳的画家设计了一些实用的方法，能让二维画作看起来像发生在三维空间。比如，很多画家都能让有图案的地面看上去向远延伸，乔托能使用光和影的对比来表现人体的圆润和纵深。然而总体来看，即便是佛罗伦萨的画家也多采用传统绘画方式，着力表现华丽装饰的表面、丰富的材料及各种细节，而非探寻画作主体之外立体空间的表现方法。15世纪最受欢迎的画家之一的金泰尔·达·法布里亚诺（Gentile da Fabriano，1370—1427）就是采用这种绘画方式而广受赞誉的。

当时的画家常用中世纪而非现代的眼光来理解自己的作品，即将之看作和木工或丝绸纺织一样的手工艺，需要通过当学徒向师傅学习技术才能获得。毕竟，画家通常也归属于行业协会，由协会来检测他们的技艺，并给他们颁发工作许可证。文艺复兴时第一本绘画手册并不是介绍绘画理论的指南，而是介绍合理使用材料的一系列实用规则。在讲到如何表现自然景观时，手册的作者赛尼诺·赛尼尼（Cennino Cennini）远不如在讲解颜料和装订时表现得有鉴赏力。比如，他在给画家讲解如何画一座逼真的山峰时，只是简单地让作者走进自己的园子，找一块轮廓分明、长得有意思的石头，然后照着画就好了。而买画的客户也和画家们看待自己作品的观点一样，都将看画的重点放在高质量材料的大量运用上，而非放在精巧创造的纵深幻觉上，这也是许多15世纪画展的契约所关注的点。契约很可能明确要求使用某种昂贵的颜料或特定质量的金箔。佛罗伦萨，一个全城居民都致力于生产羊毛布料、丝绸和皮具的地方，很了解面料的质量及色彩，并对此有很高要求。

然而在15世纪，艺术家对其作品本质的观点开始发生变化。雕塑家多纳泰罗（Donatello）和布鲁内莱斯基（Brunelleschi，1377—1446）做出了最早的突破。他们来到罗马，将钱和时间几乎都花在了找寻和研究古代雕塑和建筑，而非练习技艺上。这种行为在当时看来非常奇怪，以致人们都叫他们“寻宝者”（treasure-man），但是恰恰是这种当时看来怪异的行为标志着现代艺术理念的诞生，即艺术家必须克服任何困难，日复一日、毕其一生去追寻有表现可能的场景、材料和技艺。也正是这样的理念，在后来的几个世纪内，让普桑（Poussin，1594—1665）来到了罗马，凡·高到达了法国南部，高更来到了塔希提岛。另一位才华横溢的雕塑家吉贝尔蒂（Lorenzo Ghiberti，1378—1455）通过阅读人文主义学者最爱的一部古籍即老普林尼的《自然史》（*Natural History*），建立了关

雕塑家多纳泰罗创作的加塔梅拉塔骑马像（Gattamelata）。尽管艺术家和学者们都认为这座宏伟的骑马者雕塑是古罗马皇帝马可·奥勒留（Marcus Aurelius），但是自古时起就没有人尝试过建造该形象的雕塑。多纳泰罗的创作之经典体现在两方面：一是他赋予了这位世俗英雄以宏伟的形象；二是他系统地重新应用了经典的造型。

于艺术的新理想，一种发展的理念。普林尼在讲述有关古代绘画的故事时，并不将其写成一篇内容一成不变的工艺秘方，而是关注艺术家们互相竞争、不断试验以找到描画自然世界更好方法的过程。艺术典籍表达了相似的观点：艺术就像哲学一样，并不是固定不变的技术的载体，它会变化，也会发展。

再回到佛罗伦萨，在那儿布鲁内莱斯基提供了新的技术手段。在设计佛罗伦萨大教堂的台阶上，布鲁内莱斯基进行了巧妙细致的探索实验。借此，他在 15 世纪 20 年代早期证明，画家必须假定画作能够呈现出这样一种效果，即线条和阴影能展现在一个假想的透明平面上。这个平面切割连接画家的眼睛和物体各点连接线组成的锥体。为了达到这种效果，画家须假设垂直于画作平面（他想象的平面）的所有线条都交汇在同一点，这个点即所谓的灭点（vanishing point）。灭点通常会与观赏者的视线位于同一水平高度。他同时要计算出一个严格的公式，以准确表现出与画作平面平行的透明平面逐渐变窄的趋势。鉴于这一系列技术，画家能创作出他所看到的物体的透视图，它不是非写实的描绘，而是合乎逻辑的完整假象，能让观赏者获得满足但具有欺骗性的视觉体验。

到了15世纪20年代末，才华横溢的年轻艺术家马萨乔（Masaccio）把这些新规则在实践中运用到湿壁画的创作中。最有名的一幅是《圣三位一体像》。画中圣子被钉在十字架上，在十字架的左下方站立着圣母马利亚，与圣母正对的是施洗圣约翰，他们见证着圣子的苦难，仿佛在为耶稣祈祷。在他们的外面，左右各跪着一个捐助人，他们都双手合十，举在胸前，满脸虔诚和肃穆的神色。画面的最下端是一个墓穴，墓室里躺着一具骷髅。画家精确地运用了透视法原理，打造出明显的三维立体效果。比如，画中的柱廊和拱圆，外面的比较粗大，距离我们也近，里面的逐渐缩小，很自然地就将空间引向纵深，给人感觉就像在一个礼拜堂一样。画中的人物在透视法的运用下，也表现出很强的立体感，比如，耶稣在十字架和后面建筑物的衬托下，就像悬在空中一样真实。在这幅画诞生后不久，佛罗伦萨教堂的墙壁上都开始涌现出类似的三维画作。

马萨乔（Masaccio）的《圣三位一体像》。画中马萨乔表现了当时最突出的绘画技巧透视法。通过对画中建筑的精妙安排以及对空间装饰的巧妙布置，使得一面平面的墙看上去有很强的纵深效果。

1433年以后还发生了一件重要的事情。势力渐起的美第奇家族同意让被放逐的阿尔伯蒂回到佛罗伦萨。因为阿尔伯蒂本身就是一位出色的建筑师，同时也是研习古罗马经典的学生，因此当他看到这种崭新类型的画作时感到既吃惊又欣喜。

他迫不及待地将这些艺术家的新发现以文字记录的方式公之于众。他的专著《论绘画》（*On Painting*）分拉丁文和意大利文两个版本；前者供学者用，后者供画家用。书中整理了布鲁内莱斯基的直线透视原理，告诫艺术家和赞助者们，绘画不是手艺，而是科学。画家必须了解几何学，掌握人体的比例和骨骼结构及大量知识，为此他还写了另一本书《论雕塑》。艺术家尽管不是专业学者，但是必须进行大量阅读来学习历史和其他学科。画家绝不能再像以前一样画一些装饰性的画，而是要准确地表现经典主题，主人公也应该是动态的，且画作要讲述一个故事，并能让观众有情感上的共鸣。阿尔伯蒂条分缕析，明确地阐述了艺术的本质。

这种看待绘画艺术的新视角在15世纪的佛罗伦萨及其周围地区获得了更广泛的认可。一些有良好学识教养的主顾不再过多关注金饰和昂贵颜料的大量运用，只是让更专业的绘画大师而非学徒来完成全部的壁画创作。这一时期的艺术家们进行了广泛的探索尝试，其贡献对未来几百年的西方现实主义艺术都有着深远影响。一些受过良好教育的艺术家通过解剖人体来学习人体骨骼结构；通过学习数学来提高对比例的把握。佛兰德的画家范·艾克（Van Eyck）等人，研究出油画创作的新技法，使得画家能栩栩如生地表现出各种不同质地的微小细节。意大利人迅速掌握了这种新方法，并将之同他们自己的新发现加以整合，创造出让画作看起来惟妙惟肖的简易原则，比如，一个站立人体喉咙的凹陷处必须要垂直于承担全部身体重量的脚部。更重要的一点是，画家们对自己的身份地位有了新的认知：他们认为自己是有知识、有想象力的人，他们在生活中的地位建立在其独特的视角和精湛的技术之上，而非在学徒身份上。15世纪时，一些画家拒绝加入行业联合会，标志着对旧的社会和经济秩序的一次强有力的回绝。

另一些画家更为大胆。达·芬奇宣称，自己准确描绘现实世界的本领让他成为自然哲学家，且比大学里那些依赖漏洞百出的教科书的人更优秀。米开朗琪罗则宣称自己画作里的世界比现实世界更加美好。这一论断开始让人们相信伟大的艺术家高于人类，并在某种很重要的程度上拥有神性。所有人都认为艺术家既要决定客观世界的模样，又要不断去改善提升，通过他们个人的天赋异禀让绘画的传统保持持续的改革。

拉斐尔（1483—1520）的传奇画作《伽拉忒亚》将具体展示这些新的绘画潮流是如何付诸实践的，以及艺术家和艺术赞助人是如何在新环境下互动的。这幅画展现了一个合理空间最完美和谐的模样。裸体的人类同建筑中的神殿的功能一样，都代表了宇宙的和谐。罗马兴盛的经济孕育出一些托斯卡纳银行家，包括拉斐尔的朋友与艺术赞助人阿戈斯蒂诺·齐吉（Agostino Chigi，1460—1520）。1514 年时，他委托拉斐尔为其位于台伯河（Tiber River）上的别墅创作壁画。在花园吃完晚饭后，他喜欢邀请他的客人将刚刚用过的盘子扔进河中，由于事前偷偷在河底放了网，到了晚上的时候再从河里将盘子捡回来。

在壁画中，拉斐尔选择表现海洋女神伽拉忒亚。她是河神阿西斯（Acis）的爱人。在古代，她被古希腊诗人忒奥克里托斯（Theocritus）和古罗马诗人奥维德所歌颂；在现代，她被意大利诗人安杰洛·波利齐亚诺（1454—1494）和皮埃特罗·本博（Pietro Bembo，1470—1547）所吟诵。画中，伽拉忒亚骑在由两只海豚牵引的海螺壳上。在天空与海洋的背景下，海仙女和海神仙、马头鱼尾海怪和丘比特在庆祝她的胜利，而画面背景的质地看起来如古老的大理石一般。拉斐尔成功地将伽拉忒亚描绘成美的典范，这一做法正与古代艺术的类似尝试相一致。“画一个漂亮的女人，”拉斐尔在对他的朋友和艺术赞助人巴尔达萨雷·卡斯蒂利奥奈（Baldassare Castiglione）描述《伽拉忒亚》时写道，“我需要观察很多美女……但由于缺乏对什么是美和美女究竟美在何处的准确判断，我就只能依靠我心目中对美的理解来作为指导。”[9] 而他的理解是在对经典

拉斐尔的传奇壁画《伽拉忒亚》。现存于罗马的法尔内西纳山庄内。

艺术教义的实践以及古代雕塑的观察学习中得来的。同文艺复兴时期每一位艺术家一样，拉斐尔也致力于临摹自然，但他认为自然在几何学上是和谐规则的，就像哥白尼和后来的开普勒（1571—1630）一样，他们能从极其混乱的观察结果中发现背后完美的几何模型。因此伽拉忒亚的头部位于三角形的顶端。视平线将画面平均分为两部分，而这两部分又被三个圆和谐地联系在一起。三只飞舞的爱神丘比特勾勒了上面的圆形；伽拉忒亚周围的人物代表了下部的两个圆。而在正中间是一个漂亮的人形。

在佛罗伦萨新城的新型艺术表现方式，不仅是艺术上的进步，也在思想上体现了人文主义的革命性，一直定义着西方的高雅艺术。直到 19 世纪时，后期印象派和立体派画家开始拒绝探索新的表现方式，这种放弃是伴随着“一战”前几十年人文主义理念在其他领域内的衰落而来的。即便是那些通过改革开创了当代艺术的画家，即教会了西方人观察的新方法的激进分子，也依然是文艺复兴的继承者。他们的野心报复、艺术史观和做出改变的使命感，都只是持续不断的艺术改革（起源于布鲁内莱斯基的佛罗伦萨）鸿篇巨制中的新的一章。

教育理论与实践

人文主义学者认为人能通过训练和学习而获得美德、虔诚这些他们格外推崇的素质，并成为思想活跃的城市人，这样教育就自然成为了人文主义项目的核心内容。这类课程的受众是非神职人员，要塑造的是公民而非僧侣或学者，最终目标是培养自由的文明人，而不是培养专业的医生、律师、商人、哲学家或神学家。为了最好地实现这些教学目标，人文主义学者将课程着重放在三个学科：拉丁语和希腊语（包括经典文学以及经典中体现的雄辩术）、历史和伦理学。这些课程就组成了人文学科，并被认为是行为的准则，以及培养有文化的公民的有效良方。道德哲学教授学生获得真正自由的秘密，并规定他们对上帝、家庭、国家和对自己的义务。它将学生从抽象的物理学和形而上学中抽离，让他们投身更为丰富的活动。历史学又为道德哲学的训诫提供了具体的事例阐述，通过具体的实例来教授伦理道德。一个告诉人们应该做什么；一个讲述古人说过些什么，以及我们能从中得到什么经验教训而为今日所用。而修辞学也是必不可少的，这并不只是因为美妙的形式本身就是令人愉悦的，同时也因为它能帮助我们说服朋友，在个人生活和公共生活中遵循历史的教训，履行伦理学规定的义务。文学、历史和伦理学直到19世纪末都一直是自由主义教育的核心。一位人文主义教育家和政治家曾写道，之所以称这些学科为自由主义学科，“是因为它们能给人自由”，它们被称为人道教育“是因为它们让人变得完美”。他还重申道：“这些被称为自由主义的学科对自由人来说是有裨益的；这些学科能让我们获得并践行道德和智慧；这种教育能够最大程度地开发训练人的身体和头脑，使人变得高尚。”[10]

人文主义者对身体锻炼的重视也反映出相似的以人为本的观

点。中世纪的教育者对身体抱怀疑态度，不愿在他们管辖的学校内划出地方供学生进行体育锻炼。文艺复兴的教育家复兴了“强壮的身体，健全的心智”这一古代理念，希望能够完全挖掘个人的潜力，使人身体强壮健美、头脑聪明、道德高尚。他们重新定义了幸福，内容包括财富、美丽、健康和美德；还重新定义了智慧，包含人和神的知识；还自古代以来首次重新建立起了肖像画这种流派，用裸体来表达最高层次的美的形象。随着 15 世纪的校长让体操和有组织的体育活动成为自由主义教育重要的一部分，训练贵族家的男孩骑术和搏斗就获得了一种崭新且更广泛的意义，而这在中世纪时完全出于功利目的。1458 年到 1464 年的教皇庇护二世写道：“谈到对孩子的体育训练，我们必须牢记我们的目的是培养使人终生受益的习惯……每一位教师都应该鼓励这类强健体魄的游戏和体育锻炼。”[11] 比如，意大利学校中有一类足球运动很受欢迎。佛罗伦萨一户名门望族的一员曾写过一本书描述它的好处：它使身体灵巧强壮，让敏捷的大脑渴求成功。这种对运动的重视在 16 世纪中期前的北欧并不常见。即便体育运动在日后的英国变成绅士的一种很重要的品质，但当时足球在英国依然被认为是基础或是卑微的运动。一位英国人文主义者于 1531 年写道，任何道德高尚的人都应该彻底抵制足球，因为它“彻头彻尾的野蛮并极端暴力，充满恶意”。[12] 但无论是在意大利还是在北欧，人的理想形象都是：既身体强健又文采飞扬，既能独善其身又能兼济天下。

人文主义者认为，古典文学能最好地表现这种完美人格。因此

《鹿特丹的伊拉斯谟》。由小汉斯·霍尔拜因（Hans Holbein the Younger）创作于1535年的木版画。这位上了年纪的人文主义学者将右手放在特尔米努斯（Terminus）的头上。特尔米努斯是一位罗马神，伊拉斯谟认为它是死亡的象征。

人文主义教育必须包含经典和文学。尽管拉丁语是教堂、外交、学术、法律和医学必不可少的语言，文学学习意味着学习拉丁语文学。拉丁语文学和后来的希腊语文学一同构成了教育的核心内容，伊拉斯谟很直言不讳地指出这背后的原因是“这两种文学包含了对人类有巨大价值的全部知识”。古代文学传递的就是人性的声音，它是一种文明力量，使人变得自由和完善，提升人的鉴赏力，塑造其道德品质。通过准确理解古代文学作品，人们能增进自我了解，丰富想象力，古希腊和拉丁语经典人性的原型能帮助人们塑造自己的生活。经典教育让粗鲁和未受教育的人变得有教养，让人更趋近完善。文艺复兴时期的自由主义教育无一例外是经典教育。

到了16世纪早期，人文主义学校开始吸引来自整个欧洲的学生。而招生范围主要是两个群体：贵族和雄心勃勃的商人。从中可以瞥见文艺复兴时期热衷经典的终极原因：人文主义教育被用来塑造早期现代国家的统治阶级。

随着部分贵族掌握的经济资源日益减少，以及在军事和政治上的独立性不断降低，贵族们不得不开始适应变化中的新环境。他们需要阅读、写作和计算来管理自己的地产。他们需要新的行为标准和更务实的价值观，而非日落黄昏的骑士精神，来帮助他们熟练掌握新的礼节，轻松拿捏各种行为态度。更重要的一点是，他们若想在皇室权力机构中脱颖而出，成为王公在国外的代表或国内的贴身大臣，就必须接受正规系统的教育。人文主义不遗余力地宣传贵族不能仅因其出身而获得皇室职位。只有教育，即人文主义教育，才能让人有资格成为律师、议员、地方长官或军队司令。教育实际上成为了人们通往权力和财富的康庄大道，而许多贵族也都意识到了这种新情况的存在。善于应变的贵族们为满足国王和王公对受教育人士的需求，将自己的孩子送往人文主义学校，或请人文主义家庭教师进行教育。到了1500年时，这种现象在意大利已经非常普遍。1500年至1560年，越来越多位于阿尔卑斯山北部的贵族开始重新接受教育，这一势头发展得很快。佛兰德斯一位重要的贵族让·德·兰农（Jean de Lannoy）对他儿子说，没有接受拉丁语教育对他而言是一个多么严重的劣势。“每一天我都在为此懊悔，特别是当我在国王或勃艮第公爵顾问团面前时，面对那些才高八斗、能言善辩的法律专家和学者，我就茫然无措，什么意见也不敢表达了。”[13]这令他立场坚定，绝不让儿子走自己的老路。他的许多同侪都将孩子送进了位于比利时鲁汶的人文主义大学，贵族开始大量出现在各地的大学中，如西班牙萨拉曼卡、英国牛津、法国巴黎，以及德意志和意大利等地的大学。1500 年时，接受人文主义教育的年轻贵族还屈指可数，而到了 1560 年，接受一点教育对贵族，特别是对政治环境较为复杂的国家的贵族而言，已经司空见惯了，对绅士的新定义被写进了 16 世纪最重要、最流行的一本书《廷臣书》（*The Book of the Courtier*）中。该书由卡斯蒂利奥奈写于 1507 年到 1510 年间，用对话体描述文艺复兴时期理想的贵族和侍臣的礼仪，并被译成意大利文、法文、德文和英文，成为 16 世纪那些推崇贵族礼仪者的守则。人文主义教育也成为封建贵族成员向外交家、省长甚至海关官员转型的正式工具。卡斯蒂利奥奈写道：“得到王子青睐的最好方法就是做出功绩，实至名归。”而怎样做才能实至名归呢？作者接着写道：“要无条件地热爱甚至崇拜你所侍奉的王公，满足他所有的欲望、爱好和习惯来取悦他。”[14]

卡斯蒂利奥奈的书同时也清晰地指出了人文主义教育的其他内容，也包括其局限性。在他所描绘的宫廷内，贵族的地位非同小可，远不是一个摆设。他们会出现在所有正式的场合，并为侍臣晚间进行的辩论活动制定规则和题目。他们充满活力，谈吐风趣，当有人发火失态时要对大伙强调纪律和要求，当有人演讲冗长乏味时会拿他们开个玩笑。而这些演讲成为了《廷臣书》一书辩论、逸事和经典引语的素材库。尽管女性也多有出席，有时如伊丽莎白一世或卡特琳娜·斯福扎（Caterina Sforza）这样的女性统治者还会成为现场的主导人，但是朝廷仍然是一个男性主导的世界。人文主义教育并不能满足所有人——无论男女——在公共生活中获得成功的愿望。人们还是要依靠高贵的出身、殷实的家产以及军事和政治训练，才能在这种新的朝廷社会中走到高处。而满足所有上述条件的几乎都是男性。

跟随人文主义学者学习的第二类重要生源来自城市中产阶级。在法国，人文主义学者和教授来自中产阶级中最活跃且最重要的那部分人：包括国王的代理官员，国家统治层中的核心人员（国王之下的人），将财富和才华投身于基督教会、法律界以及政府管理最高职位的人。通过购买地产和爵位，和贵族通婚及继承宫廷职位，形成了第一批资产阶级贵族。英格兰和德意志的人文主义学校的招生模式也与之相似。比如，在1497年，纽伦堡的镇议会建立了一所人文主义学校，它同镇上其他学校有很大不同（后者是由当地的教堂建立，要符合教堂的教规）。人文主义学校的学生都是当地贵族的孩子。他们学习人文主义课程，并希望这种教育能将他们培养为更好的公民、统治者，或是律师、顾问、秘书及驻邻国的大使。人文主义者约翰·科利特（John Colet）也是出于同样的目的于1509年建立了圣保罗学校（St. Paul's School）。校长和老师都是已婚的平民阶级，学生都是来自伦敦中产阶级家庭的孩子。他并未将学校交给教堂来管理，而是交给了伦敦最重要的行业联合会之一的伦敦呢绒布商联合会中“最诚实、最值得信赖的会员”来管理。新式教育将贵族培养为侍臣，同时将商人培养为绅士。传统的贵族和财富新贵有了共同的归宿：都成为主权独立国家的皇家侍臣。

第四章

早期现代国家的形成

从1453年百年战争末期到1559年《卡托—康布雷西和约》（Peace of Cateau-Cambrésis）签订的这段时间，哈布斯堡—瓦卢瓦战争画上了句号，这一百年间，欧洲国家的政治机构的效率达到了前所未有的新高度。事实上，行政集权早在1453年前就开始了，中世纪的统治者们做出了最早的尝试。他们在自己的领地内建立新制度，并建立被广泛接纳的管辖权。他们的这些努力在12、13、14世纪封建君主体制内取得了一定的成绩。且这一进程一直延续到1559年之后的很长一段时间，以法国大革命的行政改革、1850年后德意志和意大利的统一为最高潮。但是15世纪后期和16世纪确实是国家形成最集中、最迅速也最轰轰烈烈的时期。1453年前，欧洲的国家更像封建国家，而非主权国家；1559年后，它们更像主权国家，而非封建国家。1453年前，我们称它们为封建国家或封建君主国；而1559年后，我们称它们为主权国家。

主权国家仍是当今世界政治体制的主要形式。我们对此非常熟悉，而要理解封建制则需要我们拥有清晰的历史构想能力。我们要暂时放下褊狭的地方主义，设想一个完全不同于现代观念中的社会。我们要勾勒出一个政府制度，在这个制度中，现代国家的常规权力，如发动战争、征税、制定和执行法律，都由军事贵族和土地贵族成员合法、独自并世代享有。这种制度建立在混淆公共权力和私人财产的基础上。在封建时代，国王的权力很有限，一些人则仰仗着拥有财产获得并行使国家权力。

到了 13 世纪伊始，君主权力重新成为一种重要的政治力量。国王转守为攻，巩固了自己的权力和所持财产。但是欧洲仍然是一个封建社会，国王身边重要的封臣们继续掌握重要的公共权力以及世代相传并被法律认可的财产权。国王同富豪、皇室贵族及大臣之间这种权力的分割是封建君主制的核心特点，也是介于去中心化的封建政府和主权国家间的一种中间模式。封建君主同其王国内的富豪们分享了很多权力，而这些权力在古罗马时代是为国王所专属的。封建君主同国内所有其他人的关系并非是国王同下属，或是共和国的长官同国民的关系，而是由封建君臣契约所形成的个人忠诚和义务让国王同其他人产生的联系。他是封建等级统治制度下的最高君主，但并未获得与最高地位相匹配的无上的权力或资源。尽管相比于这一体系内的其他人，他所享有的权利、优待和承担义务要更多，但是他的侍臣也同样享有权利和优待。到了中世纪的鼎盛时期和后期，封建去集权化同君主集权这两种势力之间的平衡面临被打破的危险。

在 1453 年至 1559 年间，天平开始向头戴皇冠的君主一侧倾斜。

西欧主权国家的出现

16 世纪时法国、西班牙和英国的国王都自我标榜为专制主义者和最高统治者。1527 年，法国最高法院的主席给当时统治者弗朗索瓦一世吃了一颗定心丸，他说："我们不希望反对或削减您的权力，这是对您的大不敬，我们深知您的地位是在法律之上的。""国王不受法律约束"（Princeps legibus solutus），[1] 这一条文出自古罗马的法律。法学家又引述了另外一则古典条文，即"国王的意愿是具有法律效力的"（Quicquid principi placuit legis habet vigorem），这也成为了对专制主义的定义。他们还定义了君主的本质特征，即制定法律的权力。根据定义，最高统治阶层不被法律所约束，并且凌驾于法律之上，由此最高统治者能命令、更改或取消一切。"这是君主最显著的标志，"政治理论家让·博丹（Jean Bodin，1530—1596）直言不讳地写道，"不会受到任何其他人的命令，因为他是法律的制定者，同时也可以废除法律，以及修订过时的法律。"[2] 具有最高统治权的君主是不受法律约束，只受上帝意志和自然法律约束的统治者。他独享国家的所有权力和司法权，并重新夺回了在封建时代被富商们享有的公共权力。理论上讲，他可以不经任何人允许而定期征税；可以永久地享有对军队的绝对统治权来治理手无寸铁的子民；可以要求官僚体制提高效率；有权审理其统治领域内的每一个案子，并且不与任何人共享其审判特权；还可以支配议会、教会和各政治阶层中的敌对势力。

大部分文艺复兴时期的君主都通过煞费苦心的宣传说教来不断强化这些理论上的主张，使朝廷中的贵族和城市中的居民都相信，君主的确代表着法国和英国皇室的最高权威。为此他们会举办各种节日，以及创作艺术作品来表现他们至高无上的权力和荣光。

各类公共庆祝活动也会轮番上演，它们通常混合着中世纪晚期的哥特风格和创新的经典形象。君主进入城市时都会有盛大的欢迎仪式和文艺表演。他们会举行马上长矛比武和巡回锦标赛。但这类旧式活动的军事特征并非总是那么鲜明，其目的只是想通过这类庆祝活动来展现权力和财富。由于意大利城市的独裁者和一些新君主

《国王马克西米利安一世》（1493年至1519年在位）。该雕刻作品由卢卡斯·冯·雷登于1510年所作。国王的脖子上所戴的是金羊毛骑士团的项链。

国的统治者长久以来缺乏同土地和人民的紧密联系，他们就借助纹章学来假装自己和古代贵族政权沾亲带故。那些假想中的家谱将欧洲统治家族的历史追溯到中世纪的君主和古希腊的贵族，接着又追溯到特洛伊王子——据称在与希腊的战争中家园沦陷后，他们建立了欧洲国家。不仅是特洛伊战争英雄埃涅阿斯，他据称是罗马城的创建者，还包括传说创建了英国的布鲁特斯（Brutus），以及法兰克人（Franks）的先驱弗兰克斯（Francus），都出现在历史记录、挂毯和家谱名册中。历史地位变得格外重要，因此意大利和北欧的人文主义者都竞相争取皇室历史记录者的职位，负责用漂亮的经典拉丁文来赞颂历代王朝的祖先和美德。同时，新的骑士勋章，如勃艮第的金羊毛勋章（Golden Fleece）或英国的嘉德勋章（Order of the Garter）用来赞颂君主同他/她的主要侍臣间牢固的个人纽带。

文艺复兴时期的新艺术和建筑的兴起为朝廷生活提供了完美的实体环境，同时也赞颂了皇室成员的美丽。宫殿和庄园的修建，让国王和贵族们能够享受到古罗马的别墅生活。花园也为人们提供了逃离压力、甜美小憩的愉悦环境；大量的艺术作品和自然珍品能让人感到主人的睿智博学和名门出身。理论上的宣称和华丽的庆典是一回事，实际做法又是另一回事。“新君主”——这是文艺复兴时期法国、西班牙和英国的国王的传统称谓——在多大程度上行使最高统治者的权力？权力的天平究竟从侍臣向君主这头移动了多少？要回答这些问题，我们必须首先要了解新君主国的行政机构，特别是要了解国王的代理人这一职位。

国王的代理人

位居政府统治集团的最高等级，国王无论在理论上还是在实际上都拥有至高无上的地位和权力。他通过国家的政务委员会和代理人来进行统治；到 16 世纪中期，政务委员会成了专门为国王服务的政府机构。委员会的构成也完全由国王来定。成员没有任期的保障。他们的职责就是执行国王的意愿和政策。他们给国王提建议，但是国王并不受他们约束。他们能帮助国王实现他想做的任何事，但是不能决定国王应该做什么。皇家“大臣”可以掌握极大的权力，但他们的权威反映的全部是国王的意愿和权力。他们只是工具而已。

而在地方层面，尽管国王在理论上有至高无上的权力，但是事实上却常常并非如此。卡斯蒂利亚的行政长官是地方政府官员中最接近官僚政治类型的一类。国王授予他们职位并给他们提供薪俸。为了防止他们与地方利益产生关联，他们在一个地方的任期被限制为最高五年；他们也不会被派往自己的家乡或居住地；同时他们被严格禁止同地方政治派系相勾连，也不被允许在任职地购买地产或修建房屋。皇家政务委员会会给他们下达许多命令。到其任期结束时，一名特别法官会被派遣到他们的任职地去接受反馈意见，同时会撰写一份详尽的任职报告递交给委员会。

英格兰都铎王朝（Tudors of England）的治安官员同卡斯蒂利亚的行政长官（corregidor）的职能差不多。他们由国王任命，同时被政务委员会严格监管。但是不同于行政长官的是，治安官员是从当地的有钱人中选出来的，他们的工作繁重且责任重大，又没有报酬。英国地方政府依靠的就是这些有钱的业余人士不计报酬的志愿工作。这一方式在亨利八世（1509—1547 年在位）和伊丽莎白一世（1558—1603 年在位）时期运转得相当好，并形成了一种有钱人积极参与公共服务和政治活动的可贵传统。只要地方长官执行的规定对地方有利，且能扩展本阶级利益，他们就会很乐意地去执行。但是，当皇家命令同他们自身的利益或信仰相冲突时，他们经常选择无视这些要求。

在法国，国王的权力在理论和实际上的差别更加明显。地方政府的主要官员叫作 *baillis* 和 *sénéchaux*。他们几乎没有什么官僚的特征。他们中大部分人是从最高等级的贵族中招募的。他们经常不出现在自己管辖的区域，而是在宫廷中或是随皇家军队驻在国外，而他们的行政工作实际上是由属下（the lieutenant du roi es bailliage）来完成的。同行政长官一样，属下通常是专家、民法或教会法专业的大学毕业生，或常常是资产阶级（还未被称为土地贵族）。但是在任命这个关键问题上，官僚原则，即由最高统治阶层任命官员，常常会被违反。有时是地方政府官员（the *baillis*）直接任命其属下。有时是地方官员根据地区贵族的意见来选择。而在其他地方，他们会选出三名候选人，再由国王选择任命其中的一位。1531 年的一部皇家法令试图将任命海军上尉（*lieutenant*）的权力仅赋予国王一人，但是没有成功。地方最重要的皇室官员依然是由地方来任命——他们是地方权贵和地方利益的代表。

正是由于国王同其代理人之间这种模棱两可的关系，才让出售皇室官职这种当时最重要的行政创新有了更大的市场。“卖官鬻爵”最初是在16世纪早期的法国和西班牙开始流行起来的。为了拿钱，国王牺牲了一部分自己对财政和司法官员的任命权。这种非法交易最初的表现为皇室收入的增多，然而次生和永久的影响则是催生了对公共职责和私人财产的混淆，这也是封建制度的一种新模式。“卖官鬻爵”在法国导致了公职可以被继承，只要交够了一定数额的钱，皇室官职就能从父亲传给儿子，就像在封建领地上一样。国王发现，在下属靠买官当选并希望将职位传给他的儿子的情况下，想要解雇这名下属是很困难的。对官职的占有还导致了官员对皇室政策的无视，国王因此变得越来越没有能力去要求下属执行他的命令，这一点从统治者反复宣读16世纪的法令便可窥见一斑。

尽管官僚行政的不充分导致了国王的指令不能充分有效地执行，但是这并没有掩盖一个同样重要的事实，那就是随着国王代理人数量的增多和势力变大，国王也变得越来越强大了。国王的代理人不再被排除在势力强大的侍臣的领地以外。皇家司法对每一位国王的臣民都适用。头一次，有效的政治实权主要掌握在了国王及其代理人手中，而不再被一众宗教或世俗地主们所瓜分。卖官鬻爵本质上是一种皇室的腐败行为，但它的积极贡献是通过财政纽带将成千上万的地方法官同国王连接在了一起，并建立起了一个事实上的“第四等级”，他们对权力和财富的欲望与渴求放大了皇室的权力，代价是放弃了对神职人员、贵族和城镇的管辖权。从这个角度来看，皇室代理人规模的激增是行政集权的可靠证据，表明了权力从封建权贵转移到最高统治者。

军队

新王朝的第二个特点是永久雇佣军的存在。在封建制度下，暴力工具为私人所有，大资本家们拥有发动个人战争的合法权利。在现代的主权国家，暴力工具的所有权被最高统治政权独占，且发动战争的权利也独属于国家。1460 年至 1560 年，欧洲快速增长的财富以及与火药有关的技术创新，使得一些欧洲统治者有能力创建一种新型军队。

弗朗索瓦一世统治时的法国军队就是这类军队的典型实例。它最初是由查理七世（1422—1461 年在位）在百年战争的最后几年创建的。根据一部 1439 年的法令，他建立了一支由马上弓箭手组成的大型骑兵部队。部队的士兵都是自愿参加的贵族，他们成为为国王服务的常备永久军队的一员，带薪服役。搬离自己的庄园，加入皇家军队，他们的实际影响力由其在抽象军队等级制度中的位置所决定。这些贵族最终被皇家纪律所驯服，他们当不了爵士，而是成为了骑马的雇佣兵。

15 世纪时，步兵通常是通过征兵来招募的。1448 年，查理七世要求每个教区都要武装训练一名弓箭手给皇家军队。这些乡下预备队并不怎么成功，到了弗朗索瓦一世时，步兵不再通过征兵招募，而是成为了永久雇佣兵。步兵首领由法国国王任命或雇佣，他们负责带领步兵。步兵配备有尖矛、火绳枪和步枪，每三百到五百人结为一个联队。雇佣兵招募是以皇室而非国家名义进行的。一些步兵士兵是法国人，是在皮卡第（Picardy）和加斯科尼（Gascony）这样以勇武有力著称的省份招募的。但是大部分士兵都来自国外。国王私人保镖中的弓箭手是苏格兰人。由于同弗朗索瓦一世有一个永久协定，瑞士盟军在每场战役中会提供一万六千名长矛兵。德意志人位居瑞士人之后，是当时欧洲最精良最易征调的军队，数千名德意志士兵会定期在法国军队中服役。除此之外还有来自英国、意大利、波兰、希腊和阿尔巴尼亚的将士。

在法国和西班牙，这类军队也成了皇室建立统一主权国家的军事支持。但是这种由皇室控制的机构也有自己的弊端，一旦拿不到军饷，这群士兵就会变成暴徒，在城市和乡村抢掠豪夺。即便是拿到了工钱，他们也绝不会只听从皇室的命令。尽管重装甲师不再是封建制的，但仍然效忠贵族，因此在涉及贵族利益的内部争斗时，他们就是一股未知的危险力量。外国的步兵在政治上会更安全一些，但他们更多的是听从队长的命令，而不是听从雇佣他们的国家。一些士兵经常会在祖国最需要他们之时叛变而效忠他国。

欧洲国王的子民们也并非卸下了全部武装。修建单独的城堡已经过时了，但是城市防御工事上的创新，使得任何一座不屈不挠的城镇都能成功抵御各种进攻，除非是代价高昂的围攻。大多数城镇都保留了自己的民兵组织。在16世纪中期，即便是像特鲁瓦和亚眠这样的小地方，也能派出超过三千士兵上战场。大贵族仍然是连接赞助人、家族、小贵族之间复杂关系的纽带。通过这样的纽带，蒙莫朗西（Montmorency），法国大贵族中的一员，在1560年带着八百人马来到宫廷。这种关系持久的政治和军事影响力，清晰地表现在吉斯公爵（dukes of Guise）、拿骚公爵威廉（William of Nassau）和奥兰治亲王（prince of Orange）能够轻松地在16世纪法国和尼德兰的内战中召集到反抗军队这件事上。16世纪君主征召军队的能力要强过他们的中世纪先辈，但是瓦卢瓦王朝和哈布斯堡王朝在战事上依然更多地依靠他们强大的代理人支持。

金融

国君与统治阶层之间特殊的权力制衡关系在文艺复兴君主国的财政机构上表现得尤为明显。

文艺复兴时期的国君对金钱极度渴求。他们最大的开销就是战争花费。尽管按照现在的标准来看，当时的军队规模是很小的，在意大利同哈布斯堡—瓦卢瓦王朝的战争中，法国和西班牙军队的平均规模都在两万到两万五千人，但是烧的钱却一点也不比现在少。“没钱就和瑞士人做不成朋友”是16世纪的一句格言。当路易十二（1498—1515年在位）准备在1499年入侵米兰公国时，他询问一位意大利指挥官：什么是取得战争胜利所必需的？指挥官的回答直截了当：“钱，更多的钱，更多更多的钱。”战争几乎从没间断过，短暂的和平也完全无法缓解长期缺钱的压力。从1494年意大利战争开始到16世纪末战争结束这段时间，意大利四年里有三年都在强国发动的战争中度过。除军队支出外，还有外交开销，比如，法国在1525—1546年间为了维护同瑞士、德意志新教诸侯及英格兰的亨利八世之间的交情所花费的开销；同时还有给贵族的津贴，这也是封建贵族朝着为国王服务的贵族转变过程中，在财政方面的一个表现。在一个物价飞涨的时代，皇室家庭花在艺术投资、体育运动的钱（国王马克西米利安一世养了两千只猎犬），以及为了建筑的恢宏、摆设的奢华所花的钱也在持续攀升。

为了应对这些激增的开销，统治者从多种渠道来获得收入。一种是皇家领土产生的租金和税金（在过去是最重要的一种方式，但在16世纪其重要性在逐渐降低）。这也使国王成长为大的土地所有者以及封建统治集团中的首领。第二种收入来源是非直接税收。对于所有政府而言，非直接税收的主要来源是关税和包括酒类、肉类、服装在内的商品消费税。除此之外，个别国家还会再添加其他税收项目。如著名的法国盐税，它强制要求每家每户每年从政府仓库中最少要购买一定量的盐，且定价能保证国王获得丰厚的利润。西班牙皇室财政也依赖一种叫作阿卡巴拉（alcabala）的税，它规定每笔商业交易都要缴纳交易金额的百分之十作为税金，这对商人而言是一个沉重的负担，恐怕也是西班牙经济在16世纪后期开始衰落的一个诱因。

国王还通过第三种方式借钱来应对其开销。其中一些贷款是被强征的，就产生了一种隐蔽且在法律管辖外的税收。大城市的中产阶级是最大的受害者，图卢兹案就是一起典型案例。路易十二要求国民送给他价值一万里弗的“礼物”。弗朗索瓦一世于1537年、1542年和1544年从人民那里收取了两万里弗。亨利二世于1553和1555年先后征收了17000里弗。从大型商人银行家那里借钱是正统却极为烦琐的筹钱方式。法国1494年对那不勒斯的远征主要是由流亡里昂（Lyons）的意大利银行家资助的。查理五世在位的最后几年所发动的战争，费用都是向安特卫普的商人借来的。从1551年到1555年，他的债务从50万里弗增加至600万里弗。当皇室的信用低到向商人银行家借钱变得困难的时候，君主们开始将手伸向公众的钱包，并创立了两项16世纪政府财政最有意思的发明创造：售卖政府债券和发行公共贷款。西班牙政府出售公债，年金定价通常为年收益的10到15倍。法国从1522年开始发行债券（叫作rentes sur l'hotel de Ville），百分之十二的利息由国王支付，并由土地和巴黎的财政收入作为担保，且后者的信用程度要高于国王的信用度。这一时期最惊人的一类信贷操作是1555年由里昂的银行家为亨利二世（1547—1559年在位）所放出的贷款。这也是最早出现在意大利境外的大额借贷案例之一。受到高额利息的诱惑，来自各个阶层、拥有不同收入的人，从瑞士和德意志的贵族到男仆和女佣，都争相购买。为些，寡妇们卖掉了嫁妆，淑女们卖掉了首饰。在遥远的土耳其，大官们通过代理人买入50万埃居（écus，当时的货币）的债券。投机的泡沫在1557年的金融危机中破灭，法国和西班牙政府都推迟偿还其债务。最后，购买了债券的民众只拿回了投入资金的百分之三十，而这已经算幸运了。

征税和代表制

欧洲的君主们还有一项重要的终极收入来源：直接征税。从皇家领地上得到的收入是远远不够的。间接征税固然赚钱，但是收入却远不够支付战争的开销。借钱只是暂时缓和财政紧张的手段，每一位文艺复兴统治者面临的最紧要问题就是收入和开销的严重失衡。保证政府财政良好运行的唯一可行基础就是依靠定期的直接征税体系。而为了定期征税，君主必须要克服臣民们对征税长期存有的厌恶情绪，同时还要放弃一项他们最为珍视且固有的权利。传统观念普遍认为国王应该"依靠自己"生存——依靠皇家领地的收入和间接征税。这些是国王的常规收入。如果紧急战事发生造成更多且数额庞大的开销，国王的下一步措施必定是向其忠实的臣民开口。人们对此都深信不疑。简而言之，征税并不是政府财政中必不可少的一部分。所有的直接征税都是非常规的，所有的征税都必须得到臣民的认可。中世纪的理论家用另一种方式对这一观点进行了表述：国王拥有政治权威，臣民拥有私人财产。臣民干预外交或战争一类的政事是不合理的，因为这些是皇室特权的一部分。但是反过来，国王若不经允许就擅自染指臣民的财产也是不合理的。

在欧洲各地，臣民们同意（或反对）征税都是通过代表议会来表达的，包括英国议会，西班牙和葡萄牙议会，以及法国的三级议会和省议会。征税是国王同牧师、贵族和百姓代表们定期讨论的话题：国王要钱，代表们不情愿地批准。他们之间的对话通常因军事需要、财政需要及保护财产这三者而充满复杂的拉扯争夺，最终会决定君权在国家的位置。君权本身并不存在争议。比起行政和军事机构，最能代表主权国家特点的是这些新王朝的金融特征。没有人否认君主可以征税，只有那些冥顽不化的老顽固会期待国王真的“依靠自己”生存，个人不能对其合法拥有的土地征税。征税是政府享有的垄断权，是不可共享的国家特权。而往往各国的代表机构会为是否批准征税争论不休。在适当的时候，政治集团的强或弱能够决定主权国家采取何种特定的宪法模式：一种是绝对君主制，即国王独享最高统治权；另一种是限制君主制，即统治权由国王和政治集团共享，也就是英国日后所说的君权为议会中的国王所享。

法国和西班牙的国王在实际操作中废除了一致同意的原则，并大大削弱了代表机构在国家中的地位。法国的宪法历史格外具有启发性。最重要的一项直接税收是平民税（taille），理论上是由国家和地方行政机构授权征收的。三级会议是整个国家的代表，保证了国王的财政需求获得初步的认可。选民并不会让三级会议中的代表投票赞成额外拨款，只是让他们同意必要的拨款。只有省级或地方的政治阶层才会真正同意征税。查理七世（1422—1461 在位）的成就在于，他成功地说服了三级议会认可国王对高额收入的不断需求。当时的环境也非同寻常，那时正处于军事危机时刻，是百年战争中对抗英国的最后战役。获得这种认可有着不同寻常的现实意义，即有钱武装一支皇家炮兵部队和皇室直属骑士团（compagnies d’ordonnance）。自此以后，国王就只和省级议会打交道，他们更听话也更畏惧国王。整个16世纪，皇室大臣们都在与省级议会谈判。人们保留着这种虚构的来自议会的赞同，但实际上它已经只是一个形式了。每一年都是国王单方面决定平民税的多少，再通过皇室代理人收税。征税的理由依然是军事所需，最早是要击退入侵的外国军队，到1494—1559年间是来自意大利战争和查理五世战争的持续资金需求。在1484—1560年，三级会议都不曾召开。三级会议的衰落加上平民税的激增，特别是在弗朗索瓦一世和亨利二世统治时期，衡量着国王实权的大小、皇家军队面临的潜在威胁，以及金融官僚机构的效率，也标志着人民被迫放弃了曾经拥有的权利，即表态促成一致同意的权利。

由于法国国王的直接征税对象都是政治上最弱势的人群，因此让他们屈服是很容易的。平民税的一个根本特征是征收的不均衡性。最早被免收直接税的，一是对社会有贡献价值的群体，二是从事军事活动的人群，二者的社会价值被认为同直接税相同。平民税是面向那些未以有价值、被认可的方式参与对敌作战的人群征收的。贵族积极作战服务国家、神职人员祈祷胜利、平民阶层（包含所有其他人）通过交钱来服务国家，这种社会职能的分割使得神职人员和贵族能免于缴纳直接税。这样一来，直接税的负担就完全落在了第三阶层的平民身上了。然而实际操作中情况可要比这复杂得多。神职人员实际上交了很多税，这从一个侧面反映了该阶层的势力和独立性的降低。而与之相反的是，很多第三阶层的平民却免于缴纳直接税，免税的手段包括选择其他服务国家的替代方式，比如，当兵或成为皇室官僚，或直接从国王那里获得或购买免税权，而后者是更为常见的手段。城镇中的政治寡头通过支付大量的钱财而获得财政豁免权。而贵族无论是在理论上还是实践中都是免税群体，这也使得免缴平民税成为贵族身份的一个有力标志。在法国和大部分欧洲大陆国家，贵族免税变成了作为早期现代国家基础的一种政治交易条款，为了换得金融豁免权，贵族放弃了独立的政治权力。这也是为什么“绝对”君主政体主要依赖于对农民征税而存活。

而英国的宪政发展模式就非常不同了。英国处于强权政治的边缘区域。我们可以看到，法国被查理五世的地盘所包围，而英国则

《法兰西国王弗朗索瓦一世》。该画作作者不详，现存放在巴黎的法兰西图书馆（Biblioth è que）内。

处在海峡的保护下，且在15世纪中叶之后几乎就没受过战事侵扰。英国没有常备军，只有少量雇佣兵。理论上所有自由的成年男子都有义务服兵役，但他们并不接受专业训练，而是由当地的显要人物负责招募和训练。就像其地方政府一样，英国的军队都是由业余人士组成，在战略战术和装备上落后于欧洲大陆的整体水平。直到伊丽莎白一世统治时期，军队的主要训练内容还是在村庄的绿地上射长弓。另外，在英国无论是贵族还是平民，人人都要缴税，这种无人免税的制度加上地方政府的一些其他政策，在很大程度上激发了人们参与政治、参与法律和政策制定的信念。因此国王不会迫于军事压力而不经人民同意就强行征税。另外，由于国王没有军队武装支撑，所以尽管那些最富裕、最有权力的人有缴税的义务，但国王也没有能力去强迫他们缴税。

但是16世纪英国宪政历史上发生了一个决定性事件，就是在宗教上同罗马教皇的分裂。英国议会在亨利八世在位时得以巩固其影响力，原因在于国王那时正处于同教皇争夺权力的政治危机中，急切需要动员舆论获得支持。宗教改革议会在1529年11月至1536年4月间共举行了七次会议。在亨利卓越的领导下，议会立法通过了英国教会独立于罗马教皇的控制，建立了一个由国王领导的国家教会。议会从宗教危机中脱身，并获得了更高的声誉。下议院由此巩固并扩大了其特权，保证其享有免于被捕的权利和有约束的言论自由权。下议院议员也在重大事件中有了自己的发言权。长时间的议会会议也塑造了一种协调一致和团队协作的优良传统。议员身份首次带给人们社会威望、政治上的有利条件，并让人能获得赞助。人们开始争相获取议员身份。实际上，议会的首要义务仍然是通过国王的立法项目并提供资金支持。在亨利八世甚至是伊丽莎白一世在位期间，议会顶多就是国王无限权力的一个有用的附属品，是政府的一个工具，而不是像在 17 世纪开始那样成为政府的制衡机构。尽管如此，它却实实在在地存在着，经常开会，并与财力雄厚的人的需求、利益和抱负深深交织在一起。最重要的一点是，借议会之手，都铎王朝赋予许多政治法令完全合法地位，这样一来，继任者同议会的合作就变得必不可少。16 世纪时，一些议员开始尝试提出自己的议案，隐晦地要求在制定政策的过程中从自己所缴的税中分一杯羹。这种“互利互惠”的关系就这么开始了，议会出金换取皇室对他们的“特殊照顾”，皇室按照议会的意愿制定政策以获得议会的钱财。最终，这种交易会导致人们对议会权力的本质产生不同的解读，与在颇受欢迎但专制的都铎王朝的个人统治之下产生的解读有所不同。

我们不应忽视法国和英国的宪政发展之间的不同。二者在 17 世纪时出现了明显的分化：英国走向了君主立宪政体，法国则走向了专制制度。16 世纪时，无论是英国还是法国，都是绝对的皇室权力至上。坎特伯雷的大主教一遍一遍地建议英国的牧师们在国王面前弯下腰、放下原则，并将自己一生的经验浓缩成一句话：“国王生气你就得死。”反过来，法国人和英国人都承认的另一个事实是皇室权力建立在重要大臣间有效合作的基础上。法国国王给统治阶层免税的待遇以实现他们之间的合作，而英国国王赐予他们加入议会的权利。一方面，亨利八世同弗朗索瓦一世一样专制；另一方面，二人的权力都因依赖大臣的行政服务和政治支持而变得很有限。

就像16世纪其他的机构一样，文艺复兴时期的王朝是一种过渡形式，是传统和创新的复杂结合体。到1560年，西欧的主要王朝都朝着领土统一、行政集权和扩大皇室权力的方向迈出了很大的步伐。法国、西班牙和英国的中央政府在迅速累积特权，包括立法、征税、造币、宣战、议和、行使终极审判权，以及通过法律、金融和行政官员进行统治等诸多权力。这种特权的快速集中标志着这些王朝从封建王朝向主权和领土完整国家的转型。因此，并不是因为这些王朝突然与过去断裂，或是所有封建残余都消失了（很多细节证明它们依然存在）我们才称它们为新王朝，而是由于它们的组织架构新奇到足以成为欧洲政体历史中的一个新阶段的标志。17世纪和18世纪的伟大的主权王朝就是在这些基础上建立起来的。

查理五世王朝

利奥波德·兰克（Leopold Ranke），19世纪早期历史学家，现代系统历史学最著名的创始人，认为历史研究最大的乐趣和魅力就在于人类这个研究对象的极大多样性。而这种多样性最好的例子莫过于16世纪欧洲的政治体制了。新王朝的结构模式差异之大之多，使得这类研究很难穷尽其特点。要了解国王、诸侯、城市和国家行使、共享或竞争政治权利的复杂方式，研究顺序必须从法国到英国，再到由一块块疆土拼接成的查理五世帝国。

哈布斯堡王朝继任图（1493—1564）

（备注：以下图表所注时间均为君主在位时间）

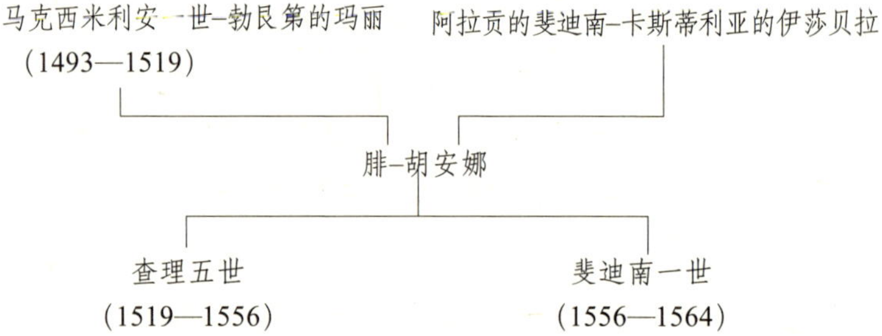

哈布斯堡王朝的查理（1519—1556 年在位）是一位出类拔萃的继承人，他的王朝是在皇室联姻、出生和死亡等一系列事件作用下形成的经典范例。他的祖父是国王马克西米利安一世（1493—1519 年在位），祖母是最后一任勃艮第公爵唯一的女儿，同时也是尼德兰和弗朗什—孔泰（Franche-Comté）地区 17 个省份的女继承人。他的外祖父母是天主教国王，阿拉贡的斐迪南国王（Ferdinand of Aragon）和卡斯蒂利亚的伊莎贝拉女王（Isabella of Castile）；斐迪南和伊莎贝拉的女儿胡安娜（Juana），嫁给了美男子腓力（Philip the Handsome），即马克西米利安一世和勃艮第的玛丽（Mary of

国王查理五世。该画像由提齐安诺·维伽略（Titian）创作于1548年，现存放在慕尼黑的老绘画陈列馆（Alte Pinakothek, Munich）。

Burgundy）之子。到1500年，即查理出生那年，由于西班牙几位皇室成员突如其来、令人措手不及的离世，使得胡安娜成了西班牙王国的女继承人，同时也使得她的婚姻成为哈布斯堡王朝的一次重大政治胜利。这一事件的结果就是让广阔的土地史无前例地集中到了一位王子的手中。1506年他的父亲去世时，查理成为了勃艮第公爵。1516年斐迪南（胡安娜的继承人）去世时，查理成为了卡斯蒂利亚和阿拉贡，以及那不勒斯、西西里、萨丁尼亚岛（Sardinia）

和新大陆中西班牙领地的国王。1519 年 1 月，马克西米利安去世，查理继承了奥地利哈布斯堡大公的领土。1519 年 6 月，德意志的诸位选帝侯为查理秉承传统及对王朝情感深厚所打动，加上又收受了他的贿赂，共同选择查理成为罗马人的国王和未来的皇帝*。查理五世王朝的疆土从维也纳一直绵延到秘鲁。

除了继承了土地和头衔，查理还继承了政治传统。勃艮第公爵的宫廷是日益衰落的骑士精神在欧洲的中心。查理最喜欢的读物包括讲述勃艮第祖先的编年史，他的政治信函中总会提到他对“荣誉”、“声望”、“赞颂”及“永久的名望”的渴望。在西班牙，他了解到为驱逐摩尔人（the Moors）而进行的十字军东征是皇权的核心义务和荣耀。他的皇帝头衔是中世纪“基督教集合体”（universitas Christiana）这个理念的具体表现，即一个理论上包含了整个基督教欧洲的国家，皇帝只是一个临时首领。在这位年轻的皇帝于 1519 年当选后，他的大臣在给他的信中写道：“陛下，上帝赐予了您最大的恩惠与慈悲，让您位居所有基督教国家的国王和诸侯之上，您所拥有的权力只有您的祖先查理曼大帝（Charlemagne）能够媲美。上帝让您未来建立一个世界王朝，将所有基督教国家都统一在您的麾下。”[3] 但这不过是一些阿谀奉承的华丽辞藻，事实并非完全如此。没有哪个欧洲的皇帝承认查理是在他们之上的最高统治者。原先将基督教国家定义为由国王领导的不同等级国家的时代已经过

* 七大选帝侯选举出来的人只能称“德意志国王”，与七大选帝侯的级别相等。只有经过教皇加冕后的“德意志国王”，才能使用“神圣罗马帝国皇帝”头衔。——编者注

去；现在的欧洲是由一系列独立、平等而又互相竞争的国家所组成的。查理本人实际上也没有成为世界君主的野心，他也不想去征服那些并不属于他的欧洲国家。但是他却深深感到，自己有责任完成基督教国家在思想上的统一，在这一点上他可能将其与王朝的政治繁荣混淆了；在他自己及许多当代人眼中，他是整个西方的皇帝，是欧洲的改良者，是土耳其人的惩罚者，是基督教信仰的捍卫者。他的理念，同他的脾气秉性和家族传承一样，是希望促进世界基督教（不同教派）大联合的。

事实上，即便是在查理实际统治的领土内，帝国的概念也不过是没有事实根据的虚构理念。查理的君主国是在偶然因素下产生的。他所统治的不是一个单独的帝国，而是一群各自为政的邦国的组合体，这些小邦国只在最高统治者的名义下是一个统一体；在每一个小邦国中，查理的头衔和政治权力都不同。一位卡斯蒂利亚的法官这样描述这种情形："要统治和管理这些邦国，皇帝必须既是将他们统一的首领，也是他们各自的首领。"[4]查理是个保守的人。他并没有创立适用于整个帝国的行政机构，也没有统一的国库和预算安排。尽管他所拥有的人力和财力要大于欧洲任何一位国王，但他实际调动资源的能力却由他在各个邦国中统治实力的强弱来决定。这些邦国相互独立，各自有各自的法律、习俗、传统、机构，以及各不相同的政治和经济利益，因此每个邦国都不愿意为了哈布斯堡王朝的利益和野心去做任何牺牲。查理王朝的整体实力要小于各部分相加的总和。

哈布斯堡王朝时期的德意志

德意志是查理五世疆域中面积最大、人口最多、最为富裕的领地。从查理在德意志的宪政地位就能看出他当时的窘境。神圣罗马帝国（The Holly Roman Empire）就是一系列自治城市和公国的集合体。早在13世纪上半叶，德意志国王的势力由于几件事情的叠加遭到了很大的削弱：一是同罗马教皇间的激烈争夺，二是德意志本土的内战，三是他试图用强权控制意大利的中部和北部。实力被削弱的德意志国王被迫从教会和世俗公国内撤回了皇室政府官员，并给予德意志诸侯们在其地盘内大发其财和行政司法的特权。诸侯独立于皇权这一点于1356年被写进了《金玺诏书》（*Golden Bull*），这部法典是中世纪后期和16世纪德意志宪法的基石。诏书规定国王要由七位选帝侯选举产生，它确定选帝侯享有王权并拥有完全免于国王管辖的豁免权。在之后的数十年，同样的豁免权和其他权利也被其他的诸侯享有或夺取，还普及到了更大的城市，这些大城市的贵族政府很快将所有这些权利垄断于自己的城墙内。到了1500年，诸侯和自由帝国城市（free and imperial cities）成为了和当选国王一起统治帝国的坚实伙伴。

在宗教改革（Reformation）前夕，德意志境内有300多个政治实体。位于最高阶层的是选帝侯公国，包括3个教会选帝侯公国，即美因茨、特里尔（Trier）和科隆，以及3个*世俗选帝侯公

* 神圣罗马帝国共有七大选帝侯，但四大世俗选帝侯只有三个在德意志境内，此外还有不在德意志境内的波希米亚国王担任选帝侯。——编者注

国，即莱茵—普法尔茨、萨克森和勃兰登堡（Brandenburg）。尊贵程度在选帝侯公国之下，但实力通常与其相当的是大教会诸侯国和世俗诸侯国，包括巴伐利亚的维特尔斯巴赫公爵（Wittelsbach dukes of Bavaria）、符腾堡公爵（dukes of Württemberg）、黑森伯爵（landgraves of Hesse）和萨克森公爵*（dukes of Saxony）治下的领地。在这些主要的公国和诸侯国内部及周围，还散乱分布着数十个小的诸侯国和一百多个伯爵领地、几十个主教辖区和修道院、66 个自由帝国城市，以及超过 2000 个皇家骑士领地，其中每一个政治头领都拥有一座年久失修的城堡和几十个农民。

换句话说，德意志的离心势力虽被强大的中央政府限制在西部王朝内，但是仍然来势汹汹。政治发展的模式并不是逐渐趋于统一，而是巩固各政体的独立自主。在法国，一些大的封地被归入皇家的领地；在德意志，这些封地变成独立的公国，而根深蒂固的独立自主政策也防止了一个单独的德意志国家的形成。皇帝、选帝侯及城市居民都意识到国家作为一个整体在抵御外敌、保持帝国内部秩序和安全上的优势。但是他们无法在手段上达成一致。选帝侯、诸侯和城市居民的利益代表是国会（Reichstag，或 imperial Diet），这是 15 世纪末期唯一独立于皇家政府机构且有一定影响力的国家机构。他们希望拥有一个由自己控制的范围更大的联邦机构。皇帝希望拥有一支军队，并拥有足够的钱财武装军队和支付

* 萨克森选帝侯与萨克森公爵分别是两个头衔，萨克森公爵与萨克森选帝侯在不同时期往往由两个人或者两个家族分别继承。——编者注

军队日常开销；如果要成立什么联邦机构的话，皇帝希望它能在自己的掌控之中。沃尔姆斯（1495）和奥格斯堡（1500）的议会（Diets of Worms and Augsburg the estates），强制推行了一项针对一穷二白的马克西米利安国王的改革法案：他们宣告社会安定（the Landfriede），以制止个人战争和控制骚乱；他们制定联邦税（the Gemeinpfennig）并设立法院（the Reichskammergericht）和永久的帝国行政委员会（the Reichsregiment），委员会代表由选帝侯、公国国君和城市代表担任。没有委员会的同意，国王的任何行动都是不合法且无效的，国王也只有一张选票。简而言之，他们就是要让皇权屈尊于地方统治者的权力之下。但是这一新的机构并没有真正运行起来。国王自然拒绝承认委员会的权力，并拒绝参加会议。在议会投票支持联邦税的公国国君们，也拒绝在自己的领土内收税。大一点的公国也不同意公民从自己的法院上诉到新设立的最高法院。社会安定是一个福利，但也是依靠公国国君的权力执行，而非依靠联邦的权力。联邦体制的框架在马克西米利安的孙子在位期间得以幸存，但是19世纪前德意志的真正权力仍然集中在地方诸侯的手中。

在德意志，尽管封建制度从国家层面上获得了胜利，但在一些公国内，也开始同西部王朝一样出现了政治变化。德意志的公国国君们面临许多阻碍。15世纪末，他们仍然是封建贵族，其权力和资源仍属于封建所有制，而非主权所有制。他们从国王那夺来的公共权力，经常被其领土内的贵族和市民夺去。诸侯们几乎不能施行有效的官僚行政。他们财力匮乏，没有调用军队的垄断权，也没有在领土内执法的权力。习惯法（Customary Law）约束每一位公国国君，而地方议会同国君的权力相抗衡，并对其进行限制。比如，1508年巴伐利亚的新公爵宣誓就职的誓言，与查理五世1520年于亚琛（Aachen）加冕时的誓言几乎完全一样：保证高级教士阶层、贵族阶层和所有城市居民享有“自由、传统习俗和受人尊重的权利”，绝不对他们进行任何干涉。一位现代观察家将这种情形总结为：“公国国君让国王陷入依附的状态，并只给他若干特权，因此公国国君反过来就要取悦第三等级（the Estates）了。”[5]

16世纪时，一些强有力的公国国君开始试图冲破这些阻碍，并在自己的从帝国控制下夺来的封建公国内建立单一民族的主权国家。他们要保证土地按照长嗣继承权（primogeniture）被一代代继承下去。《金玺诏书》已经确立了在选举公国内实行长嗣继承权；到了16世纪中叶，由长子继承完整的不被分割的土地在许多大国都已是很普遍的做法。公国国君们还通过武力或联姻合并、完善并扩大疆域。16世纪在德意志发生的战争中，大部分都是公国国君为了完善其边界形态、消灭领土内隶属另一公国的飞地而产生的。当然，他们面临的真正问题是让自己的权力在一个统一又无形的国家内更加有效地行使。为此，他们开始建立有序的中央行政机构。他们将原来由贵族和牧师组成的委员会改造成永久且更专门化的机构，成员主要是受过法律训练的专业人士。同西部的君主国一样，这个委员会既是最高行政机关，同时也是公国内最高的司法机关，因此自然成为了高效中央政府的一个关键机构。其成员都是由公国国君以及国君的亲信们全权指派的。国君对自己国内的金融机构进行合理化改革并规范征税系统。16 世纪的一位编年史家写道，臣民们都觉得“国君比以前的强盗骑士还可怕。骑士们只是抢去物质资产，而国君却扼杀了祖先的智慧，改变了我们认为公平合理的体系，就像瘟疫一样摧毁了整个国民的传统权利。”[6]这样的表述尽管准确地反映出了国君的野心，却也夸大了国君的胜利。尽管德意志公国的国君们和弗朗索瓦一世、亨利八世是朝着同一个方向前进，但他们的步伐要慢得多。他们的领地限制了其调动部队的自由，且他们在财政上也并不独立。他们既没能像法国国王一样，使征税成为一项公民义务，也分不到西班牙国王在殖民地的收入，因此只能受制于法律，而不能凌驾于法律之上。贫穷限制了他们的军事能力。国君手下官员的数量很少，因此也不能完全打破庄园主和地方的司法豁免权。这一百年间贵族的反抗有增无减。德意志的公国国君们直到 18 世纪才能行使法国、英国、西班牙国王们在两个世纪前就已经享受到的统治权力。

查理在德意志的统治只是其帝国内诸多政治形态中的一种。如果说在城市独立、公国国君拥有并巩固了王权（这王权也是其前辈从查理手中夺来的）的德意志查理，只是个有名无实的最高统治者，那么在西班牙的卡斯蒂利亚却是不折不扣的统治者：管理着一个完整的主权国家，享受着这个盛产金银的殖民帝国的财政收入，墨西哥和秘鲁的金银财宝使得他不必依赖议会，还像弗朗索瓦一世和亨利二世一样拥有高效的代表机构。而西西里这个地方则是个充满骚乱的封建君主国。在这里，西班牙总督同当地权贵共享统治权；大贵族们在自己广阔的私有土地上垄断了民事和刑事司法权，选派地方行政和司法长官，随心所欲地征收封建税，还保有私人军队。尼德兰是一些半自治省的联盟。老贵族们控制了中央和地方层面的行政管理，贵族垄断了国家议会。各省的地方政府首席长官也都是大贵族，享有全部权利且不可被免职。查理在政治上给予他们绝对的独立自主权。

这种多样性是有益的。它提醒人们法国、西班牙和英国的政治发展模式只是许多可能中的一种，并强调了一个事实，即传统的政治机构顽强地存活了下来，就像一些早期的经济机构在新兴资本模式诞生后依然能保持繁荣一样。查理帝国这种单纯的王朝结合体模式及其松散的结构提醒人们，不要高估任何一个16世纪欧洲帝国的联合程度。那时，通信缓慢而困难，城镇和人口众多的肥沃区域被大片人烟稀少的森林和草原所分割开，这是当时欧洲的普遍居住模式，这些因素让几乎每一个大一点的国家都实行了联邦体制。西班牙本身就是一个由各王国组成的王朝统一体，均在国王一人的统治之下。在腓力二世（1556—1598年在位）继位之前，人们对于在卡斯蒂利亚和阿拉贡建立一个统一行政体系这件事上，几乎没有取得过任何进展。许多法国的省份，特别是那些新近被国王吞并的省份，都保留着他们各自的法律、习俗、地产及宫廷。“法国”对他们而言，仅仅意味着“巴黎及其周边地区”（Île-de-France），人们会说从布列塔尼（Britanny）到法国去这样的话。每一个区域都有各自的重量和长度度量系统，而内部的海关拦截又阻碍了物资在省与省之间的运输。

然而主权国家还是成了一个共同的纽带，各地的不同情况变得清晰易懂。欧洲每个地方的政治改革都是朝着形成一个教会会议（conciliar）和官僚政府的方向前进。不同的只是改变的速度和中央行政机构统治下的疆域的大小。在新型君主政体中，各个州高度自治，几乎达到了形成国家的程度。在查理五世统治的非西班牙语区域，小的州也最终形成了主权公国或城邦国家。查理王朝内部这种主权国家的不断增多壮大，可以解释为何他的王朝统一体没有能够存活下去。早在1521年和1522年时，他就已经将奥地利的领土和德意志的控制权交给了他的弟弟斐迪南大公（1503—1564），到退位时（1555—1556），他已经正式将自己手中的领土分给了他的儿子和兄弟。西班牙（连同其殖民帝国及其意大利附属地）和尼德兰归属腓力二世；奥地利、波希米亚、匈牙利以及国王称号归属奥地利哈布斯堡家族成员——斐迪南和他的继承者们。

但是直到他最后退隐于葡萄牙埃斯特雷马杜拉省（Estremadura）的雅斯特修道院（Gerelamite monastery of Yuste），查理一直都是欧洲政治的统治者，他的帝国在争取权力的过程中，几乎触及了每一个欧洲国家。

文艺复兴时期意大利的国家制度

在1450年至1560年间，欧洲大部分领土主权国家开始形成，哈布斯堡王朝处于支配地位，法国奉行好战扩张主义，土耳其军队沿着多瑙河插入维也纳的大门，这些局面导致了全球竞争新模式的产生，以及欧洲国家体制的诞生。

意大利是这种新体制的典范，同时也是侵略战争的牺牲者。在中世纪鼎盛时期，意大利这个半岛被分割为三个主要势力范围：北部和中部的大部分形成了意大利王国（Regnum Italicum），它是德意志国王统治下的神圣罗马帝国的一部分；罗马和中部的其他部分被罗马教皇控制；意大利南部和西西里是独立王国，处于诺曼人（Normans）、德意志人、法国人和阿拉贡人的统治下。13 世纪后半叶，皇权开始在意大利王国衰落。在中部，罗马教皇于 14 世纪撤退至阿维尼翁（Avignon），这加速了传统政治秩序的瓦解。总的结果就是整个半岛的分裂，意大利的城市都从中获利。伴随着德意志神圣罗马帝国昔日辉煌不再，伴随着罗马教皇霸权在全境甚至在罗马的崩塌，城邦国家文明开始从废墟中拔地而起。从古代起，意大利的中部和北部就一直是城镇最为密集区域；在法国、英国和德意志盛行的封建男爵模式并没有在这里发展起来。商业给意大利人带来了财富，他们获得的资源比大部分封建公国获得的都多，借此意大利的城市攫取了皇帝和教皇的统治权，像佛罗伦萨这样的城市还拒绝在所谓的最高统治者面前服软。他们成立了独立的国家，用武力保卫自由。到 14 世纪早期，罗马北部的意大利都是由一些独立的城邦国家组成的联合体。

15 世纪，侵略战争简化了意大利的政治版图。许多小型城市丧失了独立性，强大一些的城市都扩张形成了颇具规模的国家。到

1450 年，五个国家共同分享权力：南部的那不勒斯王国、教皇国、佛罗伦萨共和国、威尼斯共和国及米兰公国。那不勒斯是一个封建君主国；教皇国是一个教会公国，其中大部分区域都独立于教皇的实际控制；佛罗伦萨采用共和制，但实际上却被美第奇商业家族所控制；米兰实行独裁统治，实际政治权力都被公国的国君所垄断；威尼斯是贵族政治，实权被掌控政治经济权利的几个联系紧密的家族所掌握。所有这五个国家都有效地独立于任何更高的权威。米兰、佛罗伦萨和威尼斯是主权国家。其领土内的行政和司法权由各自的政府所行使，无论其是什么样的宪法形式。但是尽管它们是领土主权国家，但又与北部王国和公国的形式有所不同。它们的特殊性在于除了母城市以外，国家内的所有区域都被看作殖民地——主要在西班牙和葡萄牙统治下的穷乡僻壤。比如，隶属于威尼斯的城市被禁止与外国的商人发生独立的商业往来。威尼斯商人垄断了外贸，成为所有交易的中间商。之前自治的城邦国家现在也需要服从由威尼斯议会选派的地方长官的统治，这相当于是叠加行政权。代议制机构都没有取得发展，“殖民地”的利益也很难影响政策。在佛罗伦萨，即使是生活在城市中的人也只有一小部分被看作市民，只有他们能参与政治生活。15 世纪美第奇家族权力的崛起，以及 16 世纪其对托斯卡纳（Tuscany）大公国的扩张，并没有产生对公民自由的压迫，却对寡头政治的特权地位形成了限制。而在城市的围墙外是托斯卡纳疆域的政治外围区域，由佛罗伦萨的公民及其国君统治。

1450 年到 1494 年，与欧洲其他地区相对隔离的意大利的城邦国家玩起了复杂的外交和军事游戏。这场游戏的规则迅速丰富，主要内容包括驻外公使的地位、进攻与防御联盟、干涉或不干涉协议、保证书或中立声明、划分势力范围、不侵略协定，包含对破坏和平和商业条约的国家采取行动的条款，等等。意大利人成功地创立了国际关系的现代技法，其成就不亚于当初他们发明的商业和艺术技巧。这一系统的调整原则就是国际间权力平衡的最初样本。意大利历史学家弗朗切斯科·圭恰迪尼（Francesco Guicciardini，1483—1540），在 16 世纪创作的《意大利史》（*History of Italy*）和《佛罗伦萨史》（*Histories of Florence*）堪称有修昔底德（Thucydides）的洞察力和睿智，他曾给这种原则一个最初的表述："（五个强国）中的每一个都致力于保卫各自的领土和利益，为此要千方百计保证五国中没有任何一国发展壮大到足以征服他国的地步；为了达到这一目的，每个国家都无比仔细地关注着任何一个微小的政治事件或是变化。"[7] 鉴于威尼斯是意大利城邦国家中最强大且最具侵略性的一个，佛罗伦萨、米兰、那不勒斯都联合起来抵御威尼斯。圭恰迪尼说，这样做的结果是一种良性的平衡，一种相对和平的状态下的力量均衡。这是对力量均衡论控制下的封闭国家体制的最早描述。一个国家的行动总是会引来他国的反应。力量均衡保证了所有国家的独立和安全。

意大利每一个邦国的统治阶层都为了保住这份独立而进行坚持不懈的抗争。民族情感，就是彼特拉克所称的"温柔的拉丁血液”和“地球上最可爱国家”的感情，也不曾缺席过。每个人都认为意大利的土地是神圣的，它那由海洋和山川构成的边界是由大自然划定的。意大利人有共同的语言，印刷术又帮助他们实现了语言的规范化。15 世纪时，意大利又诞生了一种共同的文化，学者们都认为这种文化比其他“荒蛮未开化”的欧洲地区的文化更胜一筹。我们将这样的情感叫作文化国家主义。与之相似的是在 16 世纪德意志重新涌现的日耳曼主义，它最初在古罗马历史学家塔西佗（Tacitus）的《日耳曼尼亚志》（*Germania*）中有所体现，将德意志人的勇敢和善良同罗马人的堕落放纵相对比；还有法国人，坚信自己在语言、虔诚、道德、勇气以及所有其他“传统又少见”的美德方面，比任何民族的人都要高出一筹，这都是在同一个时代发生的。这种民族主义没有什么政治或军事影响力，也并没有哪个有如此主张的欧洲国家以此来塑造自己的国家传统。尽管政治家醉心于“意大利的全面影响力”并力劝其对手也乖乖做一个“善良的意大利人”，但在他们看来，一个独立的意大利首先意味着其作为国家的独立。就像被马其顿（Macedonia）征服前的希腊城邦国家一样，意大利的城市不愿意也不能够建立一个联合体——一个靠摧毁其各自的独立和自治而建起的统一而独立的意大利。15 世纪末，意大利的各国依然是分散的，与之相对的是法国和西班牙的新王朝。

国际竞争的格局

1494年，法国的查理八世国王（King Charles Ⅷ，1483—1498年在位）入侵了意大利并摧毁了文艺复兴时期意大利邦联体制下的自治权，以一种欧洲的制度取而代之。1519年至1559年间，享受着更充沛资源的查理五世、弗朗索瓦一世和土耳其苏丹苏莱曼一世（Suleiman the Magnificent），在更大的国际舞台上操练起了外交和军事游戏，也就是15世纪意大利的各国所发明的那套游戏。查理的帝国是欧洲最有影响力的一股力量。它广阔的国土、对改革运动的热忱，以及它的王朝霸权阻挡了法国和奥斯曼帝国扩张的道路。这一时期两次主要的冲突都是发生在哈布斯堡王朝与瓦卢瓦王朝，以及哈布斯堡王朝与奥斯曼土耳其之间的。而为了制衡和摧毁敌人而建立起来的法国与土耳其的同盟，又把哈布斯堡王朝夹在了其中。

哈布斯堡－瓦卢瓦之争

哈布斯堡王朝与瓦卢瓦王朝之间的争斗是非常个人的、关于王朝的争斗，这种性质对我们而言很难理解。新的君主国都是主权国家，而非民族国家。统治者的目标并非民族目标。一个国家是以君王个人和他的王朝来定义的。文艺复兴时期的国王拥有对外交事务的单独掌控权，即便社会压力（如来自贵族的压力）甚至商业考量有时候会影响其决策，但他的目的通常还是保卫其家族的利益，不会考虑更多他人的利益。正因为如此，政治联姻成了外交谈判的重要砝码，有着很大的影响力。如我们所见，查理五世王朝是皇室婚姻的产物，对现实有益的婚姻一直都是查理外交政策一个基本且非常成功的内容。1521 年，他就为奥地利君主国的未来奠定了基础，即通过安排其妹妹玛丽（Mary）嫁给匈牙利和波希米亚的国王拉约什（King Louis of Hungary and Bohemia），并让其弟斐迪南迎娶了拉约什的妹妹，即王位的第二继承人。而查理本人迎娶的是葡萄牙的公主，这场婚姻为他的儿子腓力二世打开了一扇大门，即继承葡萄牙的王位并最终在 1580 年将西班牙和葡萄牙王朝统一在一位君主的麾下。他让腓力二世娶了英国的玛丽女王。如果这对夫妇生的是儿子的话，现在的英国恐怕就不是一个新教国家了。

瓦卢瓦王朝继任图 （1461—1559）

（备注：以下图表所注明时间均为君主在位时间）

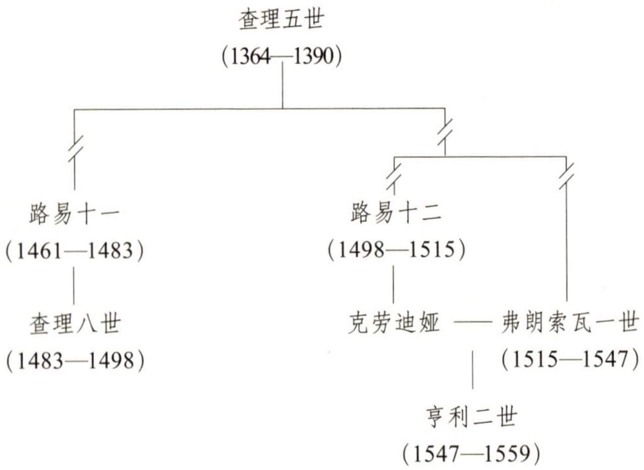

16世纪的战争也同样是非常个人的。国王为了荣誉和利益去征战，动因并非国家利益——在这种语境下是个年代错误的表述——而是个人野心、仇恨，以及家族对王朝看似公正的占有。查理八世入侵意大利是为了表明自己对那不勒斯王朝的占有，而那不勒斯王朝是他从法国皇室家族的一个年轻分支中继承来的。下一任法国国王路易十二于1499年入侵了米兰公国，宣称当时的米兰公爵斯福扎（Sforza）是篡位者，而他本人才是合法的继承人，原因是他的祖母瓦伦蒂纳（Valentina）是之前米兰统治家族维斯孔蒂伯爵（count of Visconti）的女儿。当查理五世从阿拉贡的斐迪南手中继位后，那不勒斯就为他所有，他能在那里征税，也要保卫它。当他从马克西米利安手中继位成为德意志国王以后，他就成了米兰公国的封建领主，也自然成了宣称对意大利北部拥有占有权的法国人的对手。意大利还不是唯一一个哈布斯堡王朝与瓦卢瓦王朝之间有归属争议的地方。在1477年勃艮第最后一任公爵去世时，法国的路易十一（1461—1483年在位）就占有了公爵领地并将其纳入了皇室领地。查理旨在收复被法国占有的勃艮第并重组他在勃艮第的全部遗产。弗朗索瓦也同样决绝地对抗这种对其王国的肢解。在北边和西边，佛兰德斯和阿图瓦（Artois）都自然是法国国王的封地，但是这两个地方同时也是尼德兰十七个省的一部分，因此也自然应该为哈布斯堡王朝所有。弗朗索瓦认为这两块地方属于法国，查理则认为二者是自己王朝的一部分。相似的土地占有权纠纷还涉及法国和西班牙边界地区的比利牛斯山（Pyrenees），这一争议使两国关系加剧恶化。两国都认为自己的领土和个人权力受到了威胁和挑战。查理将法国视为一股侵略势力，认为法国要掠夺他的合法遗产，为自己的私利搅乱欧洲和平，并无视上帝的天命召集基督教国家去征讨土耳其的穆斯林。相反，弗朗索瓦一世则认为自己的王国被哈布斯堡的领土西班牙、尼德兰和德意志所环视，觉得本应属于自己的合法领地受到了威胁，因为查理想做全世界的主人。如此一来，哈布斯堡王朝与瓦卢瓦王朝之间的敌意便无法消除了。

哈布斯堡–奥斯曼之争

这种敌意还存在于哈布斯堡王朝和奥斯曼土耳其之间。从 14 世纪中期起，欧洲对于奥斯曼土耳其的势力崛起充满恐惧与敌意，但只是被动旁观，除了那些马上就受到威胁的国家。在 1453 年君士坦丁堡陷落后的几十年里，土耳其人征服了多瑙河南部的大部分东欧地区，包括亚得里亚海岸（Adriatic coast）；肢解了最后一块位于东部的热那亚殖民地，控制了威尼斯王国的大部分土地，并打破了意大利商人在地中海东部长期的贸易垄断，尽管当时的商贸活动仍然强有力地进行着。基督教国家迅速在地中海西部蔓延，又面对着东部穆斯林崛起而与日俱增的压力。在奥斯曼帝国苏丹苏莱曼一世在位期间（1520—1566），哈布斯堡王朝的领土受到了土耳其的侵略，奥斯曼土耳其打过了多瑙河，成为欧洲国家系统中不可分割的一部分。苏莱曼 1521 年拿下贝尔格莱德（Belgrade），1526 年 8 月在匈牙利港口城市摩哈赤（Mohács）挫败了匈牙利军队。苏莱曼的日记生动简洁地记录了这一切。他在 8 月 31 号的日记中写道："国王坐在黄金宝座上，接受元老和省长们的敬意。屠杀 2000 囚犯，雨下如注。"在 9 月 2 号的日记中他写道："在摩哈赤：20000 匈牙利步兵和 4000 骑兵被埋葬。"

国王拉约什在这场屠杀中身亡。为了找到继承人，路易的姐夫斐迪南大公于 1526 年 10 月被选为波希米亚国王，并在 1527 年被选为匈牙利国王。与此同时，苏莱曼继续率大军逼近维也纳。1529 年 9 月，他打到城门脚下。冬天的来临以及通信线路的过度延伸，迫使他不得不撤退。维也纳从未陷落。但是几十年间，土耳其人都直接威胁着哈布斯堡王朝的权力中心。因此，查理和斐迪南加强了对其世袭土地的防卫，这也是保卫欧洲免受异教徒侵扰的一种方式。他们决心要收回失掉的匈牙利王国，这样他们就能在全欧洲范围内调遣军队并征税了。查理在 1531 年进行了反击。他们重启了葡萄牙和西班牙对北非的十字军东征，夺取了突尼斯，在此他扮演了"上帝旗手"的角色，开辟了在地中海西部战争的一块新舞台。这场战役在多年以后的 1571 年达到顶峰，那年他的私生子奥地利的丹·约翰（Dan John，1547—1578）在勒班陀（Lepanto）大破土耳其的地中海舰队。

伴随哈布斯堡王朝与瓦卢瓦王朝，以及哈布斯堡与奥斯曼土耳其这两对敌对势力持续对抗的，是各种联盟的发展（这种联盟的形成遵循的完全是一种抽象的实力逻辑）。厄尔默劳·巴巴罗（Ermolao Barbaro）是威尼斯的一位贵族、外交官、人文主义学者、亚里士多德学派学者和红衣主教，他曾经写道，任何一位政府官员的首要职责都是“要为保卫国家和提升国家地位而去说，去做，去想，去建议。”[8] 两种必须履行的责任在支配着国际政治行动：一是要保卫自己的国家免受强大邻国的入侵；二是要发展盟友对邻国进行反击，打败它，甚至有可能的话去掠夺它。在一个宗教热情高涨又拘泥于学说的时代，所有的动机却是世俗的。其中三个主要的竞争者之一就是穆斯林，而当时最主要的联盟是在法国国王和异教徒苏丹之间建立的，目标是反对共同的敌人神圣罗马帝国，即当时基督教国家的临时首领。弗朗索瓦在帕维亚之战（Battle of Pavia，1525 年 2 月 24 日）中被打败并被囚禁在马德里，他秘密写信给苏丹求助。摩哈赤之战就是对这封信的回应，苏莱曼完成了许诺，将法兰西总督从西班牙总督的控制权中解救出来。同时代的人都谴责这种“对上帝不敬的联盟”，但这也是证明十字军东征理想之空洞的最后一点证据。在 15 世纪时，威尼斯人曾鼓动土耳其人去进攻布林迪西（Brindisi）和澳特兰托（Otranto），以削弱那不勒斯王国的势力。而实际上土耳其人也确曾在 1480—1481 年间占领过阿普里亚（Apulian）海湾的一部分。就连教皇都接受土耳其人的退休金，作为交换，他要一直帮苏丹囚禁他一个桀骜不驯的弟弟。

基督教的对手是天主教。它们斗争起来毫不宽容，小一点的国家，不管它们信奉天主教还是新教，几乎都单纯按照实力而非信仰要求结成联盟。意大利人同实力稍弱的国家组成联盟对付强国，希望能够将哈布斯堡和瓦卢瓦王朝统统驱逐出半岛。德意志公国国君，无论是信奉天主教还是新教，目标都是要削弱国王的势力，他们迅速同法国形成联盟，反对国王在德意志实行皇权。教皇的政策格外具有启发性。1520 年之后的关键的几十年里，新教在欧洲大部迅速建立，一方面教皇作为意大利政权的临时代表，另一方面历代教皇都极度担忧查理五世会建立宗教委员会以解决德意志和独立于罗马的欧洲其他地区的宗教问题。这两种情形共同决定了教皇的政策。在控制了意大利北部的帕维亚后，查理又取得了对整个意大利北部和南部的控制权。这样，教皇就顺理成章地同法国结成了联盟。尽管罗马在 1527 年被皇家军队洗劫，教皇被囚，但并没有过多影响这种联盟关系。在 16 世纪中期的几十年里，这种联盟形式在不断反复建立，它对天主教是具有破坏性的，但是从实力的逻辑来讲，这种联盟模式是不可或缺的力量平衡。一边是查理五世王朝，另一边是法国和与之联盟的土耳其人、德意志异教徒公国国君，以及罗马教皇。马基雅维利在《君主论》第十五章中写道："人们真正生活的方式通常与其应该生活的方式相去甚远。如果只看到自己做了什么而忽视了应该怎样做，那么他的下场通常是毁灭。"文艺复兴时期的统治者几乎很少犯这样的错误。

财政崩盘带来了 1559 年 4 月《卡托–康布雷西》条约的签订，结束了法西两国之间为控制意大利持续了 65 年的战争。法国的亨利二世和西班牙的腓力二世都看清了这种已经存在了一些时日的形势。法国的实力已经不足以征服意大利并占有米兰和那不勒斯。哈

《法国国王亨利二世》。该作品由尼古拉·得拉·卡萨雕刻于1547年。作品中国王穿着一身华丽的裙式盔甲。该作品存放于美国华盛顿的国家美术馆内。

布斯堡王朝对权力和财富的争夺，对皇权尊严的斗争，对文化和艺术领域瑰宝的争取，使其成为亚平宁半岛的主人。托斯卡纳大公国和教皇国成为了西班牙的卫星国。只有威尼斯还保留了有限的自主行动权。另一方面，哈布斯堡王朝的实力也不再强大到能够瓜分法国，也不足以严重削弱一个管理体系完整森严、人力物力充足、战略地位显要的王国。于是腓力二世放弃了对法国勃艮第的领土主张，谴责法国将其祖先的尸骨安葬在加尔都西会（Carthusian）修道院的华贵坟墓中，因为该修道院位于第戎（Dijon）附近，在他放弃勃艮第后就属于外国领土了。阿图瓦和佛兰德斯仍然是西属尼德兰的一部分，通过一份单独的协议，加莱飞地被归还给了法国，它曾经是英国在欧洲大陆剩余的一块领地。联姻夯实了这份王朝休战条约。欧洲大陆的君主们都暂时收敛了其扩张野心，转而处理内部的异教邪说。

早期现代政治思想：国家的新理念

文艺复兴时期新型国家的兴起也带动了一种新的政治思想的形成。马基雅维利和托马斯·莫尔是这种思想的创立者。他们二人的公共事业都同新王朝建立的历史紧密交织，同时也使他们在16世纪的第二个十年间遭遇到了个人危机。他们都了解关于各国形势的原始资料：小到城市的各个机构，大到国家的外交与战事。二人还都利用“被迫拥有的闲暇”悉心思索各国新境况，并撰写相关书籍。

马基雅维利的境况是令他痛苦的。1512年，随着美第奇返回佛罗伦萨以及所代里尼（Soderini）政府失势，从事了多年公共事务的马基雅维利被夺去了公职，还涉嫌犯叛国罪，并最终在经历了多重磨难后被放逐到城市以外的农场。在那里，他花了大量功夫试图搞清楚意大利所经历的政治危机，并希望通过他思索的结果来证明他是有资格在新的美第奇政权中谋得官职的。

莫尔也同样面临着危机，也因此有了一些自由的时间来仔细思索这些事件。但是他面对的不是绝望，而是诱惑。在伦敦，他被人们看作一位聪明的律师，在整个欧洲，他被视为希腊学者、拉丁语散文作家和诗人，以及一位英国的爱国者。在获得这些名声后，他意识到为亨利八世国王服务的机会在向他招手。但是做官的机会对他而言是痛苦的，就像罢官对马基雅维利是痛苦的一样。和马基雅维利不同的是，莫尔是一位虔诚严格的基督徒。他过着禁欲的生活，尽管外面穿的是作为伦敦资产阶级的华丽长袍，但里面却贴身穿着苦行者的刚毛衬衫，他担忧也痛恨那些公职人员常常在面对诱惑时犯下罪恶。就在一次他去尼德兰完成一项使命的过程中，他利用这难得的闲暇时间思索了成为一名皇室官员的风险和各种可能性，并开始思考各国的政治并做出了自己的判断。

马基雅维利和莫尔两人都很自然地从经典中寻求帮助，来描述和阐释他们所处的世界。他们都接受过良好的人文主义教育，并且都对经典文学保持着强烈的热爱。马基雅维利最喜欢的读物是李维和塔西佗所写的罗马历史。在他讲述自己写书初衷的一封著名书信中，他曾描述自己在准备写书的时候，就会穿上华丽的衣服，走进装满经典书籍的房间，在那里同先贤们交流，询问他们各种行动的缘由并最终得到仔细的解答。这一过程其实就是阅读。而旷世奇才莫尔则让伊拉斯谟本人来讲文艺复兴学者的玩笑话和古希腊警句的翻译。马基雅维利和莫尔都将自己的想法整理成文字记录在纸上，其形式一直都是经典的传统典范。马基雅维利为诸侯们撰写了一本手册，成为自公元前4世纪以来最为常见的论述模式。莫尔的著作描述了一个想象中的理想国，他称其为“乌托邦”，而他写作的方式也延续了柏拉图《理想国》(*Republic*)和《律法》的传统文学模式。

然而，马基雅维利和莫尔都不是专业学者，也没有过隐退的生活。马基雅维利曾在位于欧洲北部和意大利的佛罗伦萨使馆工作，职务是政府委员会的秘书，并最终升职为辅佐皮耶罗·索德里尼(Piero Soderini)，即佛罗伦萨共和国最后一位统治者的大臣。在这个职位上，他建立了一个市民自卫队，在贵族怎么能够推翻共和国这件事上他也积累了很多经验。莫尔曾在伦敦学习英国普通法，并在伦敦做了一名律师。两人也都遇到了新的问题，即如何利用自己所掌握的经典材料来迅速地了解自己周围崭新的政治世界，这个深深吸引了马基雅维利又最终毁了他的世界，也是诱惑了莫尔又让他感到害怕的世界。两个人的著作并不那么容易理解，读者们对作者的意图和文字的理解一直存在争议，争论持续了数个世纪。但是在对两人书籍和写作风格的对比中，一些基本的观点还是应运而生。

早期撰写有关理想君主的人文主义学者曾描绘过这样一种理想的形象——一个道德高尚的人，志向高远、雄心勃勃，希望能对臣民实行公正的、节俭的统治，并希望以此换得人们的忠诚。他们的论述都罗列了一个明君应该具备的各种美德，还穿插着一些古代历史中警醒人们的例子。

马基雅维利也采用了和前辈们一样的文学模式。他也描述了一

《尼古拉·马基雅维利》。这尊赤土陶质半身像中马基雅维利穿着简单，没有装饰，这位佛罗伦萨的作家和大臣对政治思想进行了彻底改革，影响持续至几个世纪之后。

个理想君主所应具备的品德。他甚至还用了和过去一模一样的拉丁语篇章标题，讨论如君主应被热爱还是应被畏惧这类的话题。但是马基雅维利著作的内容却无情地破坏了其形式。他坚称在他所了解的政治世界，由于强国之间战事不断，传统的美德已经没有用武之地了。他并没有描写一个君主应该如何赢得下属的欣赏，而是阐释了一位君主应该如何保住他刚刚征服的疆土。这也正是回到佛罗伦萨的美第奇家族正在面临的难题。他并没有劝诫统治者要通过高尚的行为来赢得臣民和下属的爱戴，而是建议君主要用冷酷无情在臣民心中植入畏惧。

马基雅维利坚称，真正重要的是现实生活，即万物的实际本质，而不是学者们做梦幻想出来的理想国。在现实生活中，大部分人都是弱小的、不忠的，并容易上当受骗的。而正是这些特点，而非君主高尚的行为所引发的人们的爱戴，使得君主能够将臣民牢牢控制在自己手中。君主若想要继续统治，就不能听从西塞罗的建议，即要像人而非像兽一样行事。相反，若是形势需要，统治者必须要模仿狮子的凶猛和蛇的狡猾。只有这样，君主才能在各种危险中存活。

而莫尔则从开篇就不吝笔墨地描写被马基雅维利所抨击的理想国。在这个理想国中，人们都受到一部由先贤创立的完美的宪法的约束，过着善良、道德高尚的生活。在他描绘的位于欧洲航海大发现所开拓的一块新天地的乌托邦中，男人女人们都生活在整齐划一、管理完善的社区中，这些社区更像是修道院，而非欧洲的城市。他们穿着相同的朴素的衣衫，分享公共餐食，认为追求财富是有损尊严的事情。他们的奴隶而非官员，都戴着金链子。他们都工作劳动，且效率很高，因此人们每天工作都不会超过六小时，剩下的时间他们会用来专心学习。在很多技术领域，从孵化鸡雏到医疗技能，他们都明显要强于欧洲人。他们的一些传统风俗，比如，派刺客去刺杀帝国的统治者，或是在结婚之前要让新郎和新娘赤身相见，都更像是对欧洲惯例的拙劣模仿而非提高。关于乌托邦的其他方面，比如，莫尔描述的乌托邦的字母表，看上去不过是在开玩笑罢了。但是在很多方面，乌托邦的居民都表现出比信仰基督教的欧洲居民更高尚的道德，行为也更符合基督教的教化。莫尔的叙说者以古希腊经典和基督教教义为纲，认为只有一个秩序良好的社会，而非一位残暴的君主，才能让人们过上幸福的生活。

两本书乍一看清晰易懂，实则不然。马基雅维利最为推崇残暴，他也曾有一句在当时很出名的格言：“命运就像女人，最终都会臣服于那些对她们最凶悍的人。”他告诉他的君主要用爪去抓住并撕碎对方。但他也同样会谴责一些过于残暴的行为。在他著作的结尾，他请求美第奇不要建立一个自己的小王国，而是要驱赶蛮夷重新统一意大利。那么他到底是提倡还是抨击他绘声绘色描写的这些行为呢？当时的大部分读者都认为他的这本书就是一部推崇高效但不道德的治国经纶手册，几乎每一位君主的图书馆中都有这本书

《托马斯·莫尔》（小汉斯·霍尔拜恩所作）。这幅肖像画表现了莫尔在担任英国大臣时穿着的皮毛和天鹅绒，而这种装扮正是莫尔在《乌托邦》中所讽刺和排斥的。

的译本。在伊丽莎白的喜剧舞台和真实生活中，恶毒、品行不端的参事顾问们都被称作“马基雅维利”。而他的另一部伟大的著作《论李维》，则详尽分析了佛罗伦萨共和国失败的原因并对道德沦丧大唱挽歌，完全就是《君主论》的反面。马基雅维利到底是要提倡还是要抨击自己所写的这些行为呢？

同样，莫尔在描述乌托邦时煞费苦心选择的文学模式也让读者不禁思忖其意图。莫尔塑造了希斯洛德（Hythloday）这个英勇的旅人角色，在他写的第二本书中讲述了乌托邦的故事。在第一本书中，希斯洛德和莫尔一起讨论公共生活，希斯洛德给莫尔留下了深刻的印象，因此莫尔力劝希斯洛德能在宫廷谋得一个差事。而希斯洛德在给莫尔的回复中抨击了宫廷的腐败，并分析称当时的欧洲社会严重缺乏公平，许多无家可归的罪犯会因为偷了一点吃的就受到残忍的惩罚。但是他们的处境却完全不是自己造成的。他们中的大部分人都是农民，被圈地的地主赶出了自己的土地；很多人去参军当兵，被迫在战场上学会了如何离开土地生活。他们的悲惨境地是由那些富人所造成的。这种论调根据莫尔的实际经验，似乎是能站得住脚的。但是谁若在法庭如希斯洛德所言提出这个论点，那么这个人一定会被认为是疯了，而不会被看作圣人。聪明人到了法庭只能承受看着自己堕落的代价，因为他们并不会利用自己的智慧去改良他所处的世界。莫尔则强调聪明的人应该去法庭，也要接受与现实世界妥协的需要，做力所能及之事。他每次描写乌托邦的末了都要再嘲弄乌托邦一番，或是称没有办法填补欧洲和乌托邦之间的沟壑。

这种叙事结构使得如钻石一样有着多个棱面的乌托邦，看来同马基雅维利所描绘的耸人听闻的君主形象一样，具有各种不确定性。莫尔是真的要让读者过上这样的公共生活还是要警告人们远离这样的生活呢？他是将乌托邦表现为一个不可能实现的理想、一个对愚蠢的理想主义的嘲讽，还是作为拒绝新王朝腐朽堕落生活的理由呢？大部分现代读者再一次认为，曾经进入公共事务领域工作的莫尔是在力劝人们要采用理想国中一样的做法。但是伊拉斯谟、比代（Budé）和其他同时代的人文主义者却都认为这本书是不折不扣的理想主义论断，是对当时社会的一个全面批判。

但有一点是明确的，即这两本书都为我们描绘出了政治已有的或是可能存在的两种模样。他们也有一些共同的基础，两位作家都认为人不值得被完全信任，尽管二人对此提出的解决建议大相径庭。最值得一提的是，他们促使人们去做出更缜密的思考，思考真实的生活同一个宜居的社会之间的差距。马基雅维利和莫尔开创了实用主义和理想主义的先河，无论是对当时还是对五个世纪以后的现代都有极强的启发意义。

第五章

教会革命和宗教改革：权力之争

从1517年10月马丁·路德把他反对赎罪券的《九十五条论纲》张贴在维滕贝格（Wittenberg）教堂的墙上，到1564年约翰·加尔文逝世于日内瓦，在这不到50年的时间里，几名宗教领袖点燃了数百万人的热情，创造了基督新教教义的最初体系，建立了与罗马天主教对立的全新教派。无意之中，新教的改革者让统一上千年的基督教世界彻底且永久地分裂了。

“新教徒”（英文单词意为“抗议者”）这个词的来源清楚而著名，在意义和用法上都毫无歧义。在1529年3月召开的施派尔会议（Diet of Speyer）上，占多数的天主教徒呼吁所有德意志人谴责路德教，拒绝进行宗教改革。4月19日，少数改宗路德教的王公贵族和平民在上帝面前对此表示“抗议”，称他们不会违背上帝的旨意、话语及自己的认知，或是放弃灵魂的救赎。天主教教徒称他们为“抗议阶层”。最后，离开天主教会的人被称为新教徒，这个名字后来也指除天主教教会以外的西方基督教教会或宗派。

而探寻“宗教改革”一词的来源更加困难。在中世纪，这个词有两层主要意思：一是指基督徒个人的内心革新或改变，二是指整改教会的弊端，指“自上而下的宗教改革运动”。16 世纪，在路德的引领下，“宗教改革”一词才渐渐被新教徒用来表示反对罗马天主教教会当时的改革运动。17 世纪时这个词开始变得普遍，不过还是主要用于新教徒谈论路德式“改革运动”或者路德式宗教“改革”。在现代史学中，这个词则用来表述新教运动的持续性、影响力及其起因。宗教改革的论纲遭到亨利·查尔斯·李（Henry Charles Lea）的批判，他是 19 世纪研究中世纪宗教法庭和僧侣独身制的伟大历史学家。他写道：“宗教改革的主要起因在于教会中无处不在的腐败与宗教特权。”在他看来，改革是暴力的，它破坏了基督教世界的团结，因为“让基督教世界怨声载道的弊端已经根深蒂固，想要将其根除，代价太大，除非进行最严厉的彻底的整治”。[1]

这是宗教改革的“弊端”理论。它有两个问题。第一，它认为当时所有严肃的基督徒，无论是天主教教徒还是新教徒，关注点都在于整治弊端。第二，它歪曲了新教改革的本质。

众所周知，在中世纪和 16 世纪，教会是一个神圣的机构，以基督为领袖。但人们也都知道，教会同时也是一个人事机构，其中的人员虽然都是理性的，但他们的心智和意志也会像亚当一样堕落。弊端的出现在所难免，在人类文明的早期，这种情况尤为常见。所以人们开始努力缩小理想和现实之间的距离，尽量让教会的形象贴近品质高洁的圣徒。在 16 世纪初，教会的弊端既没有恶化，也没有扩散开来。诚然，当时的教徒很关心教会的属灵状态以及平信徒的宗教教育，他们谴责主教制度世俗化、圣俸过多（一位神职人员拿到的俸禄相当于两个甚至更多普通人应该得到的）和神职人员不在岗（牧师或主教常常不在教区）等弊端，不过这些问题在各个阶层都由来已久。16世纪的教区牧师生活十分贫困，他们往往无知而迷信，有的人还纳有妾侍。许多修道院僧侣的属灵生活都过得不温不火。在之前的500年中，宗教改革者面临同样的困境。就像当时所有的君主国一样，文艺复兴教廷也缺乏资金，继任的教皇对获取资助不屑一顾。作为意大利五个主要城邦的统治者，很多教皇都通过诸如逐出教会的刑罚和禁令来实现他们的野心。裙带关系非常普遍。国王通过观察教会如何买卖职权学会了管理世俗官职。另一方面，9世纪和10世纪时，教皇堕落的情况比文艺复兴时期更加严重。“殉教者”鲁菲努斯（Rufinus）和阿尔比努斯（Albinus）的遗骸穿金戴银，被教皇安放在“圣贪婪的金库里，在其妹妹圣贪欲的施恩座旁，而他们的母亲圣贪心的长方形会堂就在附近”。[2]这个故事在12世纪，而不是16世纪广为流传。在14世纪初但丁的著作中，多位教皇也被送入了地狱。

此外，并不是所有天主教教徒都认为他们的教会在1500年或1517年陷入了危机。从许多方面来看，教会似乎都在正常稳定地运转着。发生在14世纪和15世纪初的大规模的弊端运动，如英国罗拉德派（English Lollards）和波希米亚胡斯派（Bohemian Hussites），都遭到了镇压。在欧洲的各大城市，传统的礼拜仪式、节日和游行活动，吸引了成千上万的游客。他们远道而来，只为观

路德翻译的《圣经》第一版扉页，1534年由汉斯·卢富特（Hans Lufft）在维滕贝格出版。这是德意志宗教革命的原始资料。扉页的上部是手举四大福音书的小天使，圣父写下他的旨意："上帝的话语永存。"

看司祭表演圣餐变体论（transubstantiation）的神迹*，或是走一走因耶稣受难像而显得万分神圣的道路。基督徒十分崇敬圣餐，他们有时一次又一次地要求领受圣餐，这种崇敬之情甚至让主教和神学家有些反感。每个城市都有成千上万这样的平信徒以组织的形式聚集在一起，这种组织被称为"兄弟会"。他们会举行慈善活动，埋葬已故的组织成员，为他们的灵魂祈祷，甚至在他们的遗骸旁边放

* 面饼和葡萄酒经司祭祝圣后，转变为耶稣的圣体、圣血，只留下饼、酒的外形。——译者注

上给圣彼得的信，证实他们生前行为端正、态度虔诚。教堂的彩色玻璃窗、路边的神龛及神迹表演都在向公众生动地描述着《新约》和《旧约》中的故事，尽管传达的意义有时可能不够准确深刻。像《玫瑰经》这样的新型祈祷方式越来越受欢迎，它让普通人能以新的方式挥洒热情，抒发法国基督教历史学家路西安·费夫尔（Lucien Febvre）所谓的“敬神的欲望”。罗马及其他朝圣之地吸引了成千上万人（一部分像马丁·路德一样的信徒对所见情形表示反感）。即使是君主和贵族等上层阶级，传统仍占主要地位。萨克森选帝侯腓特烈后来成了路德的赞助者和保护者，他和众多当时的名人一样，通过收集圣物来确保自己在死后能够涤罪。这些圣物包括圣徒的骨骼，以及一些圣洁无比的物件。佛罗伦萨、纽伦堡、布拉格或慕尼黑的游客现在仍能看到以立体形式呈现出来的教堂和雕塑，其庞大的规模和复杂的细节体现了15世纪晚期人们对圣徒、天使、神奇疗法和代求祷告的热衷。

不过，问题和麻烦的征兆已然显现。15世纪末，宗教机构发现，虽然异教徒数量不多，但女巫的数量惊人。例如，在15世纪80年代，多明我会（Dominican）的审判官在莱茵兰拟草并出版了《女巫之锤》（*Malleus Maleficarum*），这本书后来成为检验女巫并向其施行酷刑的统一手册。书中说，巫术都是不可信的，女巫不是践行传统美德的善良平民，而是邪恶的反教会组织的一员，其头目是魔鬼撒旦。于是无辜的百姓（主要是妇女）被施以酷刑，就像中世纪阿比尔派（Albigensian）异教徒所遭受的致命迫害。越来越多的犹太人也遭到迫害，信奉天主教的国王把他们从伊比利亚半岛驱逐出去，并追捕那些继续待在伊比利亚半岛的、假装改变自己宗教信仰的人。德意志的律师和神学家联合对犹太人进行血祭诽谤，诬陷他们为杀死基督徒孩子的凶手，称他们把孩子的血液用于制作逾越节仪式上的薄饼，紧接着对他们大肆屠杀。

有时，流行的信仰和宗教活动清楚地体现了基督教的问题和弊端。有许多操纵信徒思想的行骗者，比如，伯尔尼的多米尼加人，他们制作了圣母马利亚哭泣和说话的画像。这些人十分贪婪。而像德意志尼克劳斯豪森的德鲁默尔（Drummer）和佛罗伦萨的萨沃纳罗拉（Savonarola）一样的先知则鼓吹世界末日的到来，谴责现存教会的失败。这带动了数千追随者进行衷心的忏悔。显然，他们满足了信徒们的情感需求，而这一点教会无法做到。这些先知短暂建立了类似神圣社团的机构，成员都是基督徒，而社团以外的人无法成为基督徒。萨沃纳罗拉吸引了 15 世纪末最有独创见解的知识分子之一的皮科 · 德拉 · 米兰多拉的追随；另一些先知则烧毁了自己的装饰物和绘画，或是试图说服妇女不要使用化妆品和其他虚荣之物。这些人即使在去世后仍有影响力。虽然萨沃纳罗拉在严刑拷打中承认自己撒了谎，最后被绑在火刑柱上烧死，但他的著作被翻译成多种语言，在欧洲流传。随着 1500 年开始临近，欧洲人等待的巨变并没有出现。

像中世纪的基督徒一样，16 世纪的基督徒呼吁改革，想要努力实现这一目标。方济各会和多明我会的传教士批评了僧侣和牧师傲慢、贪婪和世俗的生活方式。人文知识分子试图通过道德手册、虔诚指南和讽刺作品，缓解信徒们对圣像、骸骨和朝圣过度的崇拜。巴黎最高法院的法官积极推进修道院的改革。有时，他们甚至会使用军队向反抗的僧侣施加改革压力。1512 年，坎特伯雷大主教召集了他管辖范围内的神职人员，要求改正弊端。1512 至 1517 年间，第五次拉特兰会议（Lateran Council）在罗马召开。在开幕式上，奥古斯丁修会（Augustinian order，路德的修会）的领袖向上帝祷告，祈求赐教士以力量“让教会回到往日的辉煌与纯洁”，在场的高级教士通过了关于选举合格主教的法令，立法反对教会弊端、亵渎神明、买卖圣职，以及神职人员纳妾。第五次拉特兰会议结束后，一群罗马教士和信徒成立了“圣爱会”（Oratory of Divine Love）。他们不宣誓，没有教皇批准，也没有特殊地位。他们只是一群对宗教饱含热情的学者，偶尔集会以保持对神的尊敬及做礼拜的仪式。他们参加修炼灵性的活动，在城市和教会宗教生活中获得觉悟。没有任何一个团体像圣爱会一样，准确地解释了这场席卷整个欧洲的改革运动的目的和特点。

然而，对教会来说最激进、影响最大的批评者在北欧。从 14 世纪开始，一些北方的知识分子倡导更简单、更纯粹、更国际化的基督教信仰和虔敬行为。他们建立了新的修会，有正式的，也有非正式的。新修会的成员通过精心制作手工艺品或传道授业来追求圣洁，而不是表演宗教仪式或管理经营本笃会（Benedictine）的土地和牧场。他们撰写过关于灵性的书，比如，15 世纪的《效法基督》

（*Imitation of Christ*），他们在这本书中称，合格的基督徒必须走进自己的内心，有条不紊地进行冥想，感知耶稣。

15 世纪晚期，在这种北方宗教改革传统中成长起来的知识分子开始接触意大利人文主义。来自低地国家的伊拉斯谟、法国的勒菲弗·戴塔普勒（Lefèvre d'Étaples）和比代、英格兰的约翰·科利特和托马斯·莫尔在很多问题上意见相左，有时甚至公开争吵。但在某些观点上他们的意见一致。他们都认为，当时的教会在公众行为、集体行为和税收方面对基督徒施加了太大压力，而对他们的精神生活不够重视。他们都认为，教堂的遗迹和目不识丁的神职人员一样缺乏美感、毫无生气。他们相信，基督徒找到自己信仰的核心内容，最好的方法不是解读教堂窗户上的图案或听布道，而是溯本追源，成为合格的人文主义者。基督徒不能只是冥想和祷告，还要阅读，尤其是阅读《新约》。在《新约》中，他们能找到最佳的模仿对象，也就是基督和他的使徒。同时还能学到基督教教义的真谛，即反对暴力的改革运动和建立大规模的教会，崇尚和平、友爱和互助。以此作为标准，他们可以对不同的信仰核心内容和实践的真正价值做出判断。

这也促使伊拉斯谟对《新约》进行修改和翻译。他希望，不仅是学者，农民和妇女也可以用自己的语言阅读《新约》，并以此规范自己的生活。他的翻译不仅从学术层面解释了原本希腊语表述的字面意思，还涵盖了《圣经》教授的神学观念。比如，他翻译了希腊语“忏悔”（metanoeite）这个词，这个词并不像拉丁文《圣经》

中所指的那样，是进行忏悔的正式行为（poenitentiam agite），而是指回归自己的真实感知：是个人内心悔罪的需求，而不是一种公开展示。在同样的启发下，勒菲弗翻译了《诗篇》(*Psalms*)、保罗书信，以及与中世纪神秘主义相关的著作，这些著作为莫尔《乌托邦》中那些理想化的基督教社会奠定了基础。

然而，基督教人文主义者谈论的不仅是教会应该是什么样，还指责教会旧时的样子。他们知道，不会主持弥撒或阅读《圣经》的牧师、制造战争而不是和平的大主教、像文艺复兴时期君主一样行事的教皇，这类人在《福音书》中统统都不会出现（除了希律王*）。基督教的人文主义者伊拉斯谟以自己的机智灵敏当作有力武器，抨击了只懂逻辑学不懂希腊语的神学家的愚昧，抨击古迹遗物的丑陋无用，以及贪婪的修道会和腐败的教皇权。伊拉斯谟对宗教机构的抨击深得人心，他为学生撰写的拉丁语谈话记录《对话录》（*Colloquies*）影响深远。这部作品不仅传授了伊拉斯谟的基督教教义，也是一本出色的散文写作指南，教导了从英国剑桥到波兰克拉科夫的广大欧洲青年。托马斯·莫尔博学多才的女儿玛格丽特是这些年轻人中的一员，她让无知的僧侣相形见绌，而莫尔自己几乎毫不掩饰地嘲笑坎特伯雷（Canterbury）伟大的朝圣之地。伊拉斯谟式的讽刺在其模拟演说《愚人颂》(*The Praise of Folly*）中展现得淋漓尽致。《愚人颂》讽刺了所有修士的愚昧，尤其抨击了天主教

* 希律王(Herod)，前74年至前4年，亦被称为希律大帝一世，曾想杀害幼儿耶稣(马太福音2:1)。在这里他作为反面人物出现在《福音书》里。——译者注

神职人员，最后呼吁所有人加入基督教。本书有一段描述教皇尤利乌斯二世（Pope Julius Ⅱ）的辛辣利笔，那段文字言语之犀利，以至于伊拉斯谟不敢承认自己是作者。伊拉斯谟描述道，尤利乌斯二世死后，圣彼得不让他进入天堂，不承认这个烂醉如泥、血腥暴力的武士是基督徒，更不承认他是自己的继承者。1517 年，就连欧洲君主制度下的年轻统治者都对基督教人文主义者及他们所倡导的改革表示赞同。他们争先恐后地把伊拉斯谟带到自己的宫廷，进一步推行希腊语、希伯来语和《圣经》的学习。开设这些学科的学校在巴黎、牛津和剑桥如雨后春笋般发展起来。如果宗教改革运动没有受到干扰，也许弗朗索瓦一世和亨利八世能更加有力地推动人文主义运动。

新教改革的领导者对教会的弊端也很敏感，想对其进行改革。然而这并不是他们的首要任务。毕竟，要改革宗教机构就说明，这个本该健全的机构中有弊端存在。路德、茨温利和加尔文都不这么认为。他们抨击腐败的文艺复兴教皇制度，其目的不仅仅是修改制度。他们认定教皇为伪基督徒，并希望废除教皇制度。他们所抨击的不限于忏悔仪式以及特赦权的滥用。他们想彻底根除圣礼，认为圣礼没有《圣经》根据。他们并不是简单地想要改革修行制度，而是把宗教机构本身就看成一种堕落。关于宗教改革救赎条件的争论很激烈。宗教改革涉及信仰和教义的基础。相比神职人员的修行生活，新教徒更多指责的是他们的错误信仰，以及传授虚假、危险的知识。路德抨击的不是宗教机构的腐败，而是他所认为的信念自身的腐败。新教改革运动并不是严格意义上的“改革”。其领导人的意图是恢复恪守《圣经》的基督教教义。实际上它是一次革命，是对罗马天主教会传统信条和圣礼体系的全面打击。正如耶稣所说："我来并不是叫地上太平，乃是叫地上动刀兵。"宗教改革进行到 16 世纪 20 年代，从它与教会的关系上来看，其目的不是改革，而是制造破坏。

马丁·路德

路德的父亲是农民出身，后来成为最富有的矿主。路德 18 岁时被爱尔福特大学（University of Erfurt）录取。他在短时间内便完成了亚里士多德哲学课程，于 1502 年取得学士学位，1505 年取得硕士学位。路德听取了父亲的意见，报考了法学院，这是进入收入不菲、晋升有望的教会的常规途径。1505 年 7 月，路德险些被闪电击中。一阵可怕的电闪从他身边呼啸而过。他在死亡和诅咒的恐惧中大声呼喊："圣安娜快来救救我，我要成为一名修士。"7 月末他加入了募缘会（order of St. Augustine），兑现了自己的誓言。接下来的一年里，路德的精神和心理受到了困扰。他在自己生命的最后一年，简单地描述了自己近乎绝望的状态以及亵渎上帝的想法："作为一名修士，我的生活是无可指责的。但是在上帝面前，我感到自己是一个良心有极大亏欠的罪人。我无法相信上帝会因为我所做的补偿而息怒。是的，我不爱公义的上帝，甚至憎恨这个会惩罚罪人的上帝。私下里，即使谈不上亵渎，我心里对上帝也有很大的

1520年马丁·路德。蚀刻版画，作者卢卡·克拉纳赫（Lucas Cranach）。这是路德最早期的画像。铭文："路德以自己思想的不朽容貌闻名于世，而卢卡描绘了他凡人的相貌。"

抱怨，我生他的气。"[3]路德确定的是，上帝是公正的，而自己脆弱、不纯洁、有罪，不会得到救赎。路德很惊慌，他自己付出的僧侣般的"善举"微不足道，而上帝对他的要求是要公正，他离这个目标相距甚远，他战战兢兢不知道自己会被如何诅咒。

天才路德最终从保守转向激进，借此找到了内心的平静。1511年，他从爱尔福特搬到萨克森州的维滕贝格小镇。1512年，他被任命为大学的"圣经教授"，教授《创世记》（1512年10月—1513年7月）、《诗篇》（1515年11月—1516年9月）和保罗的《使徒行传》

（1515年11月—1516年9月）。在《使徒行传》中他领悟到了真理：

> 终于，因着上帝的怜悯，经过昼思夜想，我注意到了上帝话语的意境："神的义，正在这福音书上显现出来……如经上所记：'义人必因信得生。'"（《罗马书》第1章第17节）我开始意识到神的义是指义人凭借上帝的恩典活出来的义，这个恩典也就是信。因此，这句话的意思是，上帝的义借着福音显示出来，也就是说，因着信，我们蒙上帝的恩赦而称义，正如经上所说，"义人必因信得生"。写到了这里，我感到自己仿佛彻底重生了，并经过敞开的大门进入了天堂。[4]

上帝的愤怒相较他的仁慈不值一提。人们挣扎着想要获得救赎，最后却因为顺从、信任和信心而止步不前。上帝的正义成了一种无罪赦免。这种观念从9世纪发展到16世纪，出现了对教会和传统基督徒的信仰和操守都具有毁灭性影响的教条。

路德教义可以总结成"三个唯独"："唯独信心"（sola fide）、"唯独圣经"（sola scriptura）和"唯独恩典"（sola gratia）。这些"唯独"定义了人和上帝的关系，在这种关系中，上帝功高权贵，而人类的功劳微乎甚微。人类的脆弱和邪恶无可救药。（路德写道）人不仅缺乏记忆中的美德和智慧的光芒，还缺乏作为一个人身体及灵魂应有的义和力量。人生来就偏爱恶，厌恶善，喜好错误和黑暗，厌恶光明和智慧，远离善举，亲近邪恶。[5]

“唯独信心”不强调理性，而强调启示的重要性。更根本的是“唯独信心”坚信：人只有靠信才能得救或称义。这种靠信称义的信条是传统新教的基石。其主要的《圣经》出处是圣保罗的两段著名的经文：“你们得救是本乎恩，也是因着信。这并不是出于自己，乃是神所赐的；也不是出于行为，免得有人自夸。”（《以弗所书》第2章8—9节）；“所以我们看定了，人称义是因着信，不在乎遵循律法。”（《罗马书》第3章28节）。没有人是因着自己的功绩得救的。人是没有功绩的。靠人自己的力量，靠自己的意愿行事，不可能缩短与上帝的距离。如果上帝只有公义，那所有人都会受罚，但上帝也是仁慈的。没有人是因为做了什么事而得到上帝无偿的怜悯，上帝有选择地去救赎某些人。这些人被挑选出来，注定是要得到救赎的。他们只因着信得救，而信自身就是恩典的无偿礼物。所以，说一个人是因着信得救，也就是说，救赎是一个不可思议的过程，人们无法控制，人的功绩和善举毫无用处。人无法帮助自己获得救赎。

“唯独圣经”是“唯独信心”的具体实例。“唯独圣经”坚信：宗教真理的唯一来源是《圣经》中所揭示的圣言。《圣经》有独特的权威，因为它是圣言的具体落脚点，而圣言是上帝通过基督传达的书面启示，通过这种方式，上帝赐予人们恩典，与人们建立联系。

“唯独恩典”是“唯独信心”的概括。恩典和本性被认为是永远对立的两者。没有恩典的帮助，平常人不可能了解真理或有行善的意愿。人类的动机是盲目的、不成形的。无助的知识分子被束缚在黑暗中，神学知识只能从恩典中获得。同样，人类的意志被掳。

平常人只能在不同程度的罪之间进行选择，只有恩典能赋予基督徒只选择善的自由。所有的权利、善、美德都来自神的恩典；而所有的邪恶、黑暗、罪恶都来自本性，尤其是人的本性。路德说："这种信条看似严厉残酷，实际上苦中有乐。因为它教导我们要谦卑地寻求所有帮助和救赎，不是向我们自己寻求，而是通过信向基督耶稣和救世主寻求。"[6]

1517—1520 年间，路德偶然发现了隐藏在他"苦中有乐"的宽恕信条中的激进主义。虽然很意外，但他还是毫无畏惧地成了攻击罗马教会的领头人。

罗马教会过去是一个君主制机构，信奉僧侣神权和圣礼。自从 14 世纪"阿维尼翁之囚"事件以及教会分裂的危机后，罗马教会的世俗权力范围开始缩小。但在信仰和道德领域，罗马教会所宣扬的内容变得更广泛，更倾向于君主制。教皇制度理论学家把普世教会和罗马教会混为一谈，还混淆了罗马教会与其最高君主领袖罗马教皇。普世教会不允许在信仰和道德上犯错，同样，教皇统治、界定和解读教会也不容有一丁点错误。教会被定义为教皇领导的等级制度，是由君主法律制度和教皇条令统治的"帝国"，宣称对恩典有垄断权。上帝的救赎恩典只通过圣礼被客观地呈现出来：洗礼、宣誓、圣餐、忏悔、神职授任、婚礼和临终涂油礼。神职人员专门负责圣礼的管理和执行。牧师与平信徒不同，牧师被授予神职，根据圣餐变体论，牧师拥有神奇的力量，能把承载圣体的面包和红酒变为基督耶稣的肉体和血，然而天使都没有这种力量。圣餐变体论是中世纪唯一的信条，这并不是偶然。弥撒是中世纪圣职制度和圣礼主义的核心。当牧师重复“这是我的身体”这句话时，他把物体本质转变为基督耶稣的肉体和血。随后，牧师会重现道成肉身和耶稣受难的情形：上帝化为肉身，基督耶稣牺牲在人类救赎的祭坛上。只有通过牧师这个介质，上帝的恩典才能来到信徒身边。这是牧师的基本能力，也体现出教会在社会上的独特地位。

路德最初的抗议针对的是赎罪券。教皇可以通过赎罪券，把基督、圣母马利亚和圣徒多余的善功拨给信徒，以抵减他们犯罪应得的全部或部分刑罚。在路德的年代，教皇信条认为，这种善功转移不仅能让活着的人受益，同样也能让死去的人受益。路德认为人只因信得生，他否认多余的善功能被储存起来，供以后使用。他否认教皇涤罪的能力。最后，他明确表示赎罪券是有害的，因为它让人们产生了错误的安全感，对救赎有了危险的认知。内心平和及赦免罪孽只通过信出现在圣言中。“但是，不相信圣言的人，就算被教皇赦免百万次……还是永远找不到内心的平和。”[7]反对赎罪券的《九十五条论纲》让路德一夜成名。

这些论纲出自路德这位改革家之手。路德于1520年出版的三部作品《致德意志贵族公开书》《教会被囚于巴比伦》《基督徒的自由》，都是关于改革的著作。在这些书册中，路德抨击了中世纪教会的所有重要设想。他声称，普世教会的做法是错误的。他把教会权威称为“人为的发明”，并否认教皇无谬论。路德甚至否认了宣誓、结婚、忏悔、圣职和临终涂油礼的礼拜仪式。路德反对神品圣事*，试图抹除“属灵等级”（教皇、主教、世俗的或修道院的神职人员）和“世俗等级”（王储、国王、商人、工匠和农民）之间的区别。路德写道，牧师和平教徒的区别就在于“神职人员向平信徒实施可恶的暴政”。路德构想的情况是所有信徒都担任神职。因为这些人都接受洗礼，读同样的《福音书》，与基督徒一样，与属灵等级的成员一样，全都可以成为牧师。他认为，神职人员和平信徒没有多大区别，神职是一种“人为的发明”。更重要的是，路德重新定义了圣餐礼（sacrament of the Eucharist），抨击了基督教礼拜仪式的核心思想。他否认弥撒是一种能够重现基督在十字架上牺牲的情形的献祭，也否认圣餐变体论。他认为圣礼并不像中世纪神学家所说的靠自身的德行和力量就能奏效。因为人只因信得生，圣礼有效力其实是接受者信心的作用。让圣礼奏效的只有自己的信心，上帝直接赐予个人信心，除了神的话语，不需要任何介质。个人的灵魂只在其救世主和创造者面前出现。

新教的分裂

宗教个人主义对既有的信仰和仪式都具有破坏性。它的发展曾经引发权威问题。路德的反对者天主教信徒质问道，一个僧侣有什

* 神品圣事：天主教会中，主教借覆手礼，将神权授予信徒，使后者继承教会制度中宣讲、司祭、施行圣事等诸职权。——译者注

么权威，能够站出来反对整个教会的共同信仰和整个基督教世界的观点？更多问题接踵而来。宗教真理的来源在哪里？路德的答案很清晰。只有《圣经》中所揭示的神的话语是权威的："唯独圣经"。只有《圣经》是世上所有文字和信条的掌控者。即使是圣奥古斯丁一样的教父，甚至是阿奎纳（Aquinas）一样的神学家，还有教皇之类的教会的显要人物，都没有权力教授《圣经》未提及的内容。

这种观点有个问题，就是圣言的意思并不清楚，事实上，《圣经》的文字可以，甚至已经以不同的方式被解读了。那我们可以说任何一个基督徒都可以自由地解读圣言吗？"上帝不允许这样。"这是路德及在他之后所有尽职的16世纪神学家的答案。提出这个问题的人把基督徒自由和特许混为一谈，像一位新教牧师所说的那样："自由解读圣言是最邪恶的教条，因为它意味着每个人都应该被打入地狱。"[8]但如果个人的理性或判断不能切实解读一段圣言，那有什么是可以的呢？对于这个问题，路德的答案仍然很明确。基督徒必须在圣灵的指导和启发下阅读《圣经》。圣灵确保圣言解读的真实性和一致性。这个观点并不新颖。新颖的观点是路德并不认为有圣灵权威的担保，罗马教会就能把圣言解读合理地制度化。口头圣传以及教皇权威对圣言解读有着客观的控制，这在过去确保了西方基督教世界信条的统一。"唯独圣经"的信条则削弱了口头圣传对圣言解读的控制，并在宗教真理的定义中加入了主观的元素。主观性不仅把路德教和天主教划分开来，还使得新教中因为存在着互相竞争的信仰，而渐渐出现分裂。天主教人文主义者托马斯·莫尔指责路德想要制定他个人解读圣言的规范（他称路德为“从不犯错的傻瓜”），并且预测，一旦教会对圣言解读的垄断崩塌，“所有基督徒几个世纪以来都固守的信仰教条，将一时之间受到新的异教徒的质疑”。[9]

历史事件证明，莫尔是正确的。很快，其他的改革者也像路德那样从自己的角度自由解读圣言，他们都说是受到圣灵的引导。每个人都声称要解读基督教真理，就像当初罗马教会那样。“唯独圣经”就像一把刀，路德用它剪断了天主教教会“虚假的惯例”和“人为的发明”。其他的宗教改革家则很快把刀刃指向了他。这些改革家对《圣经》的解读各不相同，所以出现了新的新教派别。16世纪最重要的新教派别是茨温利教和加尔文教。

乌尔里希·茨温利

路德是最具有开创性的第一代新教神学家，之后的茨温利则接受了人文主义教育，他学习希腊语以便用“原始来源”来学习基督的教义。1519年1月，茨温利在瑞士小镇做了几年的教区牧师之后，开始在苏黎世格罗斯大教堂（Grossmünster）宣扬《福音书》。伊拉斯谟和路德先后影响了茨温利教条的发展。早在1520年，在茨温利的《诗篇》旁注中就清楚说明了只因信得生的信条。就像路德一样，他接受《圣经》独特的权威，坚信《圣经》是简明易懂的。他认为，真正的基督徒应该按照《福音书》中的标准尝试所有的教条和习俗，尝试使徒保罗所经受的磨难。与《圣经》一致的都是正确的，与之相左的都邪恶无比。和路德一样，茨温利也从假设中推断出了结论。他也反对善德是得到救赎的一种方法，反对涤罪，并抨击隐修制度和僧侣独身制。他反对自由意志以及上帝选民的宿命论，还把圣礼减少为两场，并简化礼拜仪式。1525 年的主立圣餐日（Maundy Thursday）这天，茨温利在苏黎世格罗斯大教堂举行庆典仪式，仪式并非弥撒，而是为主的晚餐而庆祝，至此苏黎世与罗马彻底决裂。

茨温利的贡献在于推行简化的礼拜仪式和圣餐仪式，在这一点

《48岁的茨温利》。木版画，未知艺术家，1531年。

从天主教弥撒到新教圣餐。左图：茨温利当天主教神父时使用的圣餐杯；右图：茨温利主持圣餐仪式时使用的木杯。

上他的贡献大于路德。茨温利希望简化宗教，获得他所谓的“宗教的精华”。因为他反对任何以实物或象征性形式出现的圣物，他热衷于简化的事物，拒绝教会传统礼仪中的画像和所有感官上的细节，否认圣餐礼仪中圣体的真实存在。他认为，这样的集会应该只聆听神的话语，而不是听音乐中的“颤音”；应该只看《圣经》，而不是奢华而光洁的女圣人画像，因为这些画像会煽动情欲。在茨温利的影响下，他的跟随者砸坏了苏黎世格罗斯大教堂内的管风琴，毁坏或移走了苏黎世数个教堂的彩色窗户、雕像及绘画，把教堂的内壁刷成单一的白色。茨温利认为礼拜仪式不重要，他把宗教术语学习简化为阅读和圣言解说。作为格拉鲁斯（Glarus）的一名神父，茨温利曾经在做弥撒的时候使用过一只装饰华丽的金色圣餐杯。而在苏黎世做牧师时，圣餐仪式上他只用了一只简易的木杯。

在同样的动力下，茨温利发展出了“圣礼主义”。他坚信，圣餐礼不是分享上帝的肉体，而是具有纪念意义的、精神上的、象征性的进餐。路德和茨温利都反对天主教弥撒，认为弥撒是一种献祭的巫术。路德相信真在论（Real Presence），相信基督圣体和圣血真实地存在于面包和酒这些天然物质内，而圣餐的功效在于接受者的信心。而茨温利则始终持有更加激进的观点。他否认在圣餐礼中基督圣体的存在，因为这与只因信得生的根本思想相矛盾。主的晚餐的面包和红酒并不是获得救赎的方式，只是圣餐礼和职责的象征。它无法赐予恩典，因为恩典的分配只跟圣灵有关。主的晚餐是一个具有纪念意义的仪式，纪念基督救赎性的牺牲。

路德和茨温利在这个问题上产生了分歧。1529 年 10 月路德教和茨温利教信徒在黑森州马尔堡（Marburg in Hesse）对圣餐礼开展了辩论，这场辩论比其他任何辩论都更加清楚地阐述了宗教权力的问题。茨温利和巴塞尔（Basel）的改革家约翰内斯·厄科兰帕迪乌斯（Johnnes Oecolampadius，1482—1531）及斯特拉斯堡（Strasbourg）伟大的神学家马丁·布塞珥（Martin Bucer，1491—1551）进行了对话。路德则和他的得力助手，后来成为其继任者的菲利普·梅兰希通（Philip Melanchthon，1497—1560）共同商议。路德开启了辩论，他在桌上用大写字母写下主设立晚餐时所说的话：Lloc est corpus meum（“这是我的身体”——《马太福音》第

26 章 26 节）。厄科兰帕迪乌斯回复说 est（“是”）这个词是有象征意义的，意思是 significat（“代表”）。为了证明他的观点，他引用了《约翰福音》第 6 章 48—54 节。其中，基督说到，他是生命的粮，“人若吃这粮，就必永远活着”。但是犹太人和门徒们只从字面意思理解这些话，基督立刻解释道：“叫人活着的乃是灵，肉体是无益的。”（《约翰福音》第 6 章 63 节）厄科兰帕迪乌斯总结道：“基督跟进食他的肉体有什么联系？这一点并不很清楚。”路德回答：“我不会去争论 *est*（‘是’）的意思是否是 *significat*（‘代表’），重点是基督说了什么，他说：这是我的身体。这一点魔鬼撒旦也无法改变。所以要相信上帝的话语并且赞美他。”以下是路德和茨温利的对话。

茨温利：我们劝你还是放弃之前那些假设的观点，来赞美上帝。我不会放弃我的文字，你要再唱一首歌。

路德：你的话充满敌意啊。

茨温利：让《约翰福音》第六章来医治你的无知吧。

路德：你太夸张了。

茨温利：不！不！那些文字会让你们断脖子。

路德：别吹牛了。我们的脖子不会这么快断的。你现在在黑森州，不是瑞士。[10]

路德说自己和茨温利有着不同的精神信仰，路德这样写道：“我绝不会听信任何与自己信条相悖的东西，基督的圣灵使我确信自己所教的内容真实准确。”[11]路德还认为茨温利是精神巫术的受害者。天主教教徒们则确信路德是被魔鬼驱使。托马斯·莫尔借用宗教改革争论中惯用的低俗语言，指出虽然路德的讲话让他看起来“在基督的怀抱中很安全”，但事实上“他的谎言被关在恶魔的肛门中”[12]。

约翰·加尔文

加尔文出生在法国北部的努瓦永（Noyon），比路德和茨温利晚了25年。他是第二代改革家，所以其观点不免与之前的改革者有分歧。然而，他很确定自己是在圣灵的引导下阅读和理解《圣经》的，所以认为自己对圣言的解读是真实的。他说：“我所教的、所写的并不是我脑海中凭空想象出来的，而是来自上帝。”他成立了第三种新教，是一种介于路德教和茨温利教之间的独立神学体系。加尔文的成果是把新教信条整理成清晰、全面的神学体系，结合路德、茨温利和布塞珥的见解，最后汇编成了一部伟大的神学大全——《基督教要义》（*the Institutes of the Christian Religion*）。他及时地说服了日内瓦的地方法官。1552年11月，经过漫长的反抗，日内瓦城邦的最高世俗机构宣布《基督教要义》“高尚圣洁，其教义是上帝的神圣教条”[13]。

创新的思维方式、强大的自信和良好的教育背景让加尔文在工作中得心应手。他在巴黎大学学习了经院哲学，阅读了大量关于教父（受人尊敬的基督教作家）的著作，以及中世纪神学、现代神学著作，还在奥尔良（Orléans）和布尔日（Bourges）学习法律，并学会了运用人文主义学者的历史和哲学技巧来评论文本（他的第一本书是对塞内加的《论宽仁》所做的评论）。1536 年《基督教要义》第一版出版，当时加尔文才 26 岁。这本书结构严谨、论点清晰、语言犀利，犹如一份书写精良的法律摘要。加尔文花了毕生的心血反复为《基督教要义》的内容进行补充、修改新版本。这本书全面解读了基督教教义，是 16 世纪新教思想最活跃、影响最深远的文集。

新教很少会从如此宏大的角度来定义上帝和人类的关系。新教认为上帝是公正、强大、荣耀的。他的意愿不受约束、至高无上、无所不能。而人类愚昧、自负、脆弱、迂腐、堕落。人类衣不遮体的可耻行为体现出他们“恶行满满”。所以，对加尔文和路德来说，因信称义是基督教的核心思想。因为人在道德上是无助的，无法与上帝建立联系。上帝必须与人重新建立联系。为了这么做，他让自己的儿子基督道成肉身。上帝仁慈地、无条件地在他的话语中赐予人们信心，使人得救，他的话语也被称为智慧、基督本身、救世主三位一体中的第二位，以及权威的《圣经》。基督本身就是圣言，他创造了一切事物。基督也是圣言的作者。通过书面的圣言，神的永世不朽的话语被人熟知。所以在圣灵的指引下阅读《圣经》时，它就是一本完美无瑕的真理之书。但并非所有聆听传道的人都受到圣言的感动。圣灵和上帝恩典的行为独立于人的意念和作为。所以，宿命论与因信称义的思想密不可分，宿命论阐明并强调了因信称义的真理。

宿命论的存在最大限度地提升了神的荣耀，循循善诱地教人谦卑。在永生的国度，上帝已经决定了每个人会得到救赎，还是会被摒弃。上帝选择赐予一些人永生，而另一些人则永远受到诅咒。有的人被选中获得永生，因为上帝的决策基于他无条件的仁慈，而不考虑人的功绩。上帝决意让剩下的人受到诅咒，这是个无可厚非的公正判决。我们可能会问，为什么？难道上帝只怜悯某些人？加尔文说，上帝就是这么安排的，没有别的答案。有人可能会说，上帝能预知一个人有无信心和功绩，以此做出选择。上帝神圣的心意从来不以一个人的善意为标准。他的心意是自由的，而人的心意是受束缚的。选择什么人并不在于他有无信心，信心让选择的过程显得很刻意。一个人不能选择相信或不信，因为恩典不可抵挡。上帝自由地选择一些人，留下另一些人，“没有别的原因，就是因为他想把那些人排除在外”。但这并不是全部。当然，上帝的每一个举措都是公正的，只是人类微弱的理性无法看到这一点。恶棍得到人类无法理解却是公正的处决，因为是公正的，所以他们所受的处决是自己的过错造成的。“一个人是否堕落是上天注定的，但他之所以堕落是因为自己的过错。”加尔文承认宿命论是个可怕的教令：“Decretum quidem horrible fateor”[14]（该教令很可怕）。更令人震惊的是，宿命论衡量了想象中 20 世纪世俗化的状态和 16 世纪新教教徒沉溺于上帝威严这两种状态之间的差距。我们只能带着对历史的同理之心，试着去理解为什么具有最高感知能力的人类能摒弃人类的弱点，在全能的神那里找到至高无上的、彻底的自由。

再洗礼派

传统新教被划分为三个不同的教条体系：路德教、茨温利教和加尔文教，这三个教派并没有深入研究“只有《圣经》是信心和道德的规范”这一思想在16世纪的影响。传统的改革家路德、茨温利和加尔文，主要把《圣经》作为与教条有关的权威指导。而更加激进的教派，包括其中最重要的再洗礼派，则把“唯独圣经”理解为对人类生活的详尽指导，其根据是“登山宝训”(《圣经 · 马太福音》中耶稣在山上所说的话)，即《新约》基督教教义的摘要，作者是一群与世隔绝、与恶行隔绝的誓约信徒。

再洗礼派最初出现在苏黎世，由茨温利教的一些成员发起，这些成员反对茨温利的渐进主义，要求与所有反《圣经》的仪式和信条立即决裂。1525年1月21日，他们彻底分裂为一个新教的派系。这一天，贵族商人之子、平信徒康拉德 · 格里贝尔（Conrad Grebel）为曾经是牧师的乔治 · 布洛克（Georg Blaurock）重施洗礼。而后，乔治又为屋里的其他男女重新洗礼。再洗礼派最重要的信条是《施莱特海姆信纲》(*Schleitheim Confession*)，由瑞士兄弟会宗教法院于1527年2月制定。再洗礼派经历了20年的迫害、排挤，几近瓦解，后由门诺·西门斯（Menno Simons，1496—1561）接手，他创建了瑞士弟兄会的教条和组织的形式，宗派名字也以门诺命名。（再洗礼派教徒最初自称为“兄弟”，或施洗者。他们的敌对势力称他们为“再洗礼派教徒”或“再施洗者”，以让他们受到古代法律《查士丁尼法典》的管治，《查士丁尼法典》规定再洗礼派要遭受死刑。1545 年，他们被命名为“门诺派教徒”。）

基督说：“若爱我，就必守我的命令。”再洗礼派教徒照做了，认为这样就活在了基督的完美国度里。他们读到《马太福音》第 5 章第 34 节：“什么誓都不可以起。”他们也照做了。这种看似无伤大雅的，拒绝起誓的行为让他们被惯于宣誓的社会所孤立，这让他们陷入“公民抗命”的困境，因为瑞士和德意志南部的城市通常都要求居民每年都向市政当局宣誓，要服从命令。他们读保罗的《哥林多前书》，其中说到基督徒不应该打官司，所以他们不找律师，拒绝上法庭。《新约》说，早期的基督徒财产都是公有的，为了达到《新约》上这一标准，再洗礼派教徒砸坏自己房屋和地窖的锁，把自己的物品拿出来与大家分享。一些再洗礼派教徒还实行福音派的共产主义。因为基督说过“不抵抗邪恶”，并命令彼得收回自己的剑。再洗礼派教徒通常都是和平主义者，他们面对迫害不会反抗。苏黎世教会的格列伯写道：“真正的基督教信徒是狼群中的羊、屠杀者的羊；他们必须在痛苦和磨难、灾难、迫害、死亡中接受洗礼；他们必须经历考验，得到永世的安息，但他们不能伤害肉身，只能靠约束自己的精神敌人。他们不能使用犀利的语言，不能参与战争，因为他们要让一切杀戮停止。”[15]

这种《圣经》直译主义（完全依照字面意思来理解《圣经》）可能导致过激行为。有些再洗礼派教徒在房顶上布道，遵循基督的命令，扮成婴孩玩耍、咿呀学语，或是因为《以赛亚书》中的一句话而裸奔。他们还模仿《旧约》中的族长实行一夫多妻制，甚至劝说迷信的女子牺牲自己的贞操，否则不会得到救赎。这些教徒辩解道，因为主说过，只有愿意舍弃自己最珍视的事物的人才能进入天堂。16 世纪 30 年代初期，再洗礼派教徒占领了德意志西北部的主教城市明斯特（Münster）。信徒们得到了当地许多民众的支持，渐渐改变了这个城市的宗教制度。他们尽可能地在现有习俗的基础上添加新的规定，把这个长期以来以协会为主导、妇女受到严格管制的社会，变为一座圣城，这座城市的居民都必须共享自己的财产，并效仿《圣经》上的族长实行一夫多妻制。1534 年至 1535 年间，明斯特的主教和盟军包围了这座城市，断绝了它与外界的联系。起义的领导人变得愈加激进，因为据称会给予他们帮助的尼德兰及其他地方的再洗礼派教徒并没有出现，他们期待的神奇法力也没有降临人世，为他们而战。再洗礼派教徒掀起了一场腥风血雨，想要消灭所有敌对力量，创立他们所认为的纯洁的天国。激烈的反抗过后，明斯特最终失守了，许多先知和居民以血腥的方式被公开处死。

接下来的几十年中，再洗礼派让天主教和新教都感受到了畏惧，如果平民百姓的热情被煽动，而统治者无法控制，会发生什么事？这样的场景，实际上一方面是他们为了反对再洗礼派教徒所做的宣传，另一方面也是明斯特居民生活的一个缩影。这些居民多数已经稳定下来，有一定财产。这种情况表明，在某些社会和政治条件下，激进的活动能吸引知名的工匠和商人，也说明，一个想要创建纯洁社团和教会的宗派有着自我封闭的性格特点：如果他们感觉有一个不公的世界想毁灭自己，那他们可以并且会陷入自我毁灭的暴力行径中。

但这种特殊情况鲜有发生。典型的再洗礼派教徒崇尚和平、谦卑、耐心、诚实、温和。他们最先采取完全禁酒的措施。他们穿着简朴，戴宽檐毡帽。凡有兄弟姊妹犯了罪，都会先予以劝告，再公开惩罚或禁止他们参加圣餐仪式，直到改正悔罪。这连再洗礼派教徒最大的仇敌都承认他们的对手是生活上的楷模。路德称他们为“圣徒”，认为他们是否认因信得救，而相信善行得救的守法主义者。再洗礼派教徒说他们完成上帝的心意，不是为了得救，而是遵从上帝的指令，通过善行证明自己的信心。但路德是正确的。道德主义是再洗礼派的核心。正因如此，再洗礼派教徒非常厌恶、反对传统天主教的核心教条——宿命论和束缚意志。和人文主义者伊拉斯谟一样，再洗礼派教徒也相信自由意志，因为同一个原因：他们都认为自由意志是道德生活不可缺少的基础，是基督做出的自由的、全新的选择。

再洗礼派教徒相信，这样的生活只有脱离世界才有可能实现。《施莱特海姆信纲》的作者们这样写道：“必须要远离邪恶，邪恶是魔鬼撒旦在世界种下的种子。所以我们不能与他们（那些邪恶的人）做朋友，因为他们的邪恶，我们不能跟他们同行……所有的生物都分为两类，善和恶，信的和不信的，黑暗的和光明的，这个世界的以及这个世界之外的，神的庙宇和圣像，基督和彼列（“彼列”是撒旦的别名），他们都没有脱离彼此。”[16]再洗礼派教徒是独立主义者。他们认为国家和社会都在上帝的完美国度之外，他们只把自己看作天堂的居民。所以，他们说，公民政府和高压政治必须完全脱离意识、宗教戒律和政体，他们认为不应该有基督教地方行政长官。因此，他们拒绝担任政府官员职务，拒绝携带武器。反之，当权机构无权干涉宗教信仰的相关事宜。再洗礼派教徒像中世纪僧侣一样从这个世界隐退了。更确切地说，他们把修道院带到这个世界，变为“与世隔绝的宗教团体”。

这个形容恰到好处，因为再洗礼派教徒的秘密聚会是一群与世界隔离的信徒的自发集会，他们否认婴儿洗礼的效力，认为只有行使自由意志的成人受洗才奏效。洗礼是一种社会圣礼。它把基督徒个人和社会联系在一起，这种方式能立即反映出这个人归属于教会或宗派。婴孩受洗的做法预先假设了婴孩属于教会，而教会包括整个社区或领地的所有人。婴孩出身于教会，他们没有自己明确的信仰或选择的自由。成人受洗则创立了一个宗派，真正的基督徒凭自由意志聚集在一起，成为革新的团体。它标志着成熟的悔罪行为以及基督信仰的重生，标志着这个集体的成员都是凭着自由意志选择信仰基督的。路德、茨温利、加尔文创立了教会，而再洗礼派是16世纪第一个宗派。

圣徒之城

路德教、茨温利教、加尔文教和天主教的教徒们都畏惧、憎恨并且迫害再洗礼派教徒。然而，再洗礼派却有渗入传统新教的趋势：其改革者动力十足、通过执行各种戒律努力维持这个与世隔绝的团体在道德上的圣洁，并且关注每一个道德和行为细节。这种清教徒似的愿景和行径与再洗礼派信徒自愿选择宗派的自由相结合，就引发了“权威的”新教徒的忧虑。“权威的”新教徒是指像路德、茨温利和加尔文这样的新教徒，他们对教会普世和独裁的概念有所保留，这些概念由中世纪传承下来，他们认为教会是由基督徒国家组成的联盟，应该通过基督徒国家相互间的合作，在世俗权威的保护下进行宗教改革，建立管控社会的、深刻而全面的体系。

这种有章可循的体系最显著的范例是加尔文改教运动（1541—1564）时期的日内瓦城邦。日内瓦公民社区的成员也是教会的成员。再洗礼派教徒争论道，有形的教会（相对于不朽的无形教会来说）的成员只限于真正有信仰的信徒。加尔文则回答，并没有严格的标准来区分占少数的真基督徒和占多数的假基督徒。想要把这两者区分开来非常困难，因为即使是真基督徒，他的一生也将会是个罪人。所以，每个人都必须通过教会牧师的传道聆听圣言。通过洗礼，婴孩从魔鬼撒旦手中被夺回，然后加入教会团体。根据犹太人古老的契约，通过割礼，婴孩进入神圣的世界。每个成人都必须参加圣餐礼。

加尔文认为很有必要对信徒的信仰和行为进行全面的规范，这么做不仅因为教会的一员也是国家的一员，还因为每个成人都必须怀着崇敬之心参加圣餐礼，不沾染异端、邪恶，不亵渎神灵。错误的信仰和伤风败俗的行为会让上帝蒙羞，因为教会是基督的体，“不能被这些道德败坏的、腐败的信徒所玷污，让恩典无法降临”。[17]加尔文教戒律的目的是使圣餐礼不受亵渎，确保教会每位成员的信仰都符合《基督教要义》，每个人的生活和行为都能成为楷模。为了达到这个目的，所有违背要义的人都会被识别出来，并加以警告。如果他们不改正错误，牧师会公开指责他们。屡教不改的罪人会被逐出教会，这种情况就像为了不影响一个健全的大团体而将其

《55岁的约翰·加尔文》，木版画，未知艺术家，1559年。画框内文字：“约翰·加尔文，圣言的牧师。”下面是《箴言篇》第一章第七节：“敬畏上帝是知识的起点。”

中的异教徒斩首。邪恶的人也必须被逐出教会，以免恶影响到善。被逐出的罪人要远离教会其他成员，远离圣礼，他们理应感到羞耻、后悔、想要改过自新。如果谁在被驱逐的时候笑了，他将被送到世俗机构加以惩戒。

宗教法庭负责制定惩罚条例，法庭有12位长老，包括市议会会员，以及生活作风正派、声誉良好的平信徒。他们每周跟牧师进行一次会面，听取告发者和好事之人对他们邻居行为的控诉。无论男女，职位高低，都无法逃脱宗教法庭对其行为进行的“友好的矫正”。人们因为各种各样的罪行受到惩罚，从最严重的道德丧失到最轻的罪行。其中一种重要的罪行是个人道德缺失，如打架、通奸、乱伦、咒骂等。在宗教仪式上大吵大闹或大笑，安息日行为不得体，也会受到惩罚。长老们限制所有娱乐消遣活动，禁止男女混浴、打牌、赌博和跳舞，禁止戏剧表演，还以小吃店取代了酒馆，小吃店内摆放有法语版本的《圣经》。许多人受罚的原因都与罗马天主教的残余思想有关。一位金匠因为制作弥撒使用的圣杯而受罚，理发师因为为神父剃度而受罚，有人因为称赞教皇是好人而受罚，因为所有“经历过改革的”加尔文教教徒都知道教皇是反基督者。加尔文教教徒的教会戒律创造了一个神圣的联邦，一座以颂扬上帝为目标的城市，为了这个目标，每个公民都要把自己的生命献给上帝。苏格兰改革家约翰·诺克斯（John Knox，1505—1572）表示，这座城市信徒们的虔诚令他震惊。1556年12月，约翰在家书中这样写道：“日内瓦的教会是使徒时代以来最完美的基督教教会。我承认其他地方也有传道，但除了这里，我没有在其他地方见到过真正的宗教改革。”[18]

天主教改革和反宗教改革

新教改革者创建了新的教会和宗派，同时，天主教改革者调整了老教会的组织结构。正如我们所见，1517 年以前，欧洲所有国家的牧师和平信徒都忙着修正弊端。1517 年后，改革教会的势头才缓缓而来。16 世纪 30 年代，这股势头转变为针对精神、道德及教会改革的大规模运动。它独立于新教，但并不与之对立。这次运动被称为天主教改革。天主教改革在社会的各个阶层——天主教会、红衣主教、主教教区、地方教区和修道院，都取得了成功，弊端在教会传统的圣礼体系和制度体系下得到了修正。天主教改革在 16 世纪中叶达到高潮，特伦托宗教会议（Council of Trent）颁布了关于修正弊端的法令。虽然天主教君主在执行此法令时因瞻前顾后而进展缓慢，但法令让教会政体和管辖权更加合法化。它消除了教会任免神职带来的混乱，完善了牧师和僧侣的戒律。这样的改革重振了教会，是 16 世纪末的重大事件。

天主教改革不仅修正了许多弊端，还保留了各个国家现有的惯例和教条。与路德一样，教会的许多天主教徒有着复杂而具戏剧性的精神历程，但他们的结局与路德不同。比如，十字架的约翰

（John of the Cross）和阿维拉的圣特雷萨（Teresa of Ávila）一类的神秘学家，在与神结合之前，他们有着漫长的痛彻心扉的经历，包括难忍的疼痛和灵魂出窍的迷幻感觉。所有神秘学家都认为，他们无法对没有此类经历的人描述这种情景。但它给人一种很明显的感觉，就是神秘学家的一生都是在神的庇护中度过的，他们的决定都是最佳的，通过他们，上帝就像一道光从教堂窗户洒进来，让所有问题都变得清晰明了。神秘学家在15世纪和16世纪声望颇高，这也是情理之中的事，他们中的许多人，如圣依纳爵·罗耀拉（Ignatius of Loyola，后文会提到他），把圣洁的信心和无限的经历投到了从建立宗教秩序到关心穷人的大小事宜中。这样新老教会就可以调动信徒们的热情和信心。

天主教改革创立了新的思想和制度。像加斯帕罗·孔塔里尼（Gasparo Contarini）和雅各布·塞杜徒（Jacopo Sadoleto）一样的人文主义者对主教的定义和行为有了新的认识。和中世纪的主教不一样，加斯帕罗·孔塔里尼认为自己应该是一个精神统治者，而不是皇室的行政管理者。不管多穷多远，主教都应该住在自己的教区。要确保神职人员受过教育，有能力主持教堂礼拜仪式，还要帮助穷人和病人。总之，不管付出什么代价，他应该像早期基督徒领袖那样尽职尽责。而塞杜徒离开了文艺复兴的高雅殿堂罗马，去往被异端占据的边远法国南部教区卡庞特拉（Carpentras），为此他放弃了朋友、赞助人及文明社会。还有的天主教改革家建立了新秩序，他们只招募把宗教生活看作天职的人，还给予男人和妇女潜心传道和关心穷人的机会。有时很难区分清楚天主教的改革试验者和新教异端，有的天主教改革家，比如，伯纳迪诺·欧基诺（Bernardino Ochino）就属于新教异端。但总的来说，罗马圣爱会推行的新形式的灵修生活，以及乌尔苏拉会修女（Ursulines）向妇女们的布道，都释放出无限能量，让教会在接下来的几个世纪充满活力。

然而，一些政策和活动阻碍了这种改革动力，这些政策原本的目的是抵抗新教徒的攻击，并在适当的时候发起反攻，逐渐夺回从路德反抗的初期到1560年新教徒夺取的战场。这场最终大获全胜的抵抗新教的漫长斗争被称为“反宗教改革”（Counter-Reformation）。这场改革之战在多个战场轮番上演，武器装备也是多种多样。随着新教思想的传播，越来越多的信徒受到保护，以免受异端的诱惑，避免因为轻信异端的宣传而更改自己的信仰。当局也加大了审查力度。教廷的知识分子开始担心，教会的信仰和习俗会遭到天主教、新教著作的批判。1537年，一个由教皇组成的专家委员会建议，禁止男学生阅读伊拉斯谟的《对话录》，原因是此书讽刺了教会的教条和制度。1542年教皇建立罗马宗教法庭，抓捕了意大利改革家和其他异教徒。一些禁书的目录索引被制定出来，以打压思想的传播。图书馆清除了那些书名有问题的书，书商因为售卖异端或匿名的书而受到惩罚，天主教时期所有的书都要经过审查才能出版。与此同时，传教士和审判官搬到了天主教的腹地。在与意大利南部的牧羊人和弗留利（Friuli）的农民接触时，他们遇到了震惊的事：许多所谓的“天主教徒”不知道他们所敬拜的是一个神，还是三个，甚或是一百个神；一些人仍然实行基督纪元前的祭仪传统，这些传统出现在一千年前，甚至更久远的基督教信仰中。大力布道宣讲，镇压反对者，威胁烧死异己者，这些举措彻底压制了意大利、西班牙和巴伐利亚天主教徒的不同意见，杜绝了他们不规范的言行。新教和天主教的牧师都想要惩戒民众，但他们都没有这个能力。剥夺独立思考和独立演说权的做法令人心寒，这种普遍存在于20世纪的现象成了17世纪早期欧洲天主教的标志。通过新世界的发现以及哥白尼的新天文学说，哲学家的想象力得到解放，他们梦想着一个无穷大的宇宙和其他有人居住的星球，结果发现自己必须在审判者面前毕恭毕敬，否则，就会像乔尔丹诺·布鲁诺（Giordano Bruno）、托马索·康帕内拉（Tommaso Campanella）一样遭受牢狱之灾，甚至死亡。整个过程像一部戏剧，它始于16世纪30年代，以哥白尼的著作遭受镇压而告终。

很多时候正是因为天主教改革的人文主义精神，而掀起了保护教会的反宗教改革行动。教会急需像牧师、平信徒和改宗的新教徒一样值得信赖的传道士向美洲和亚洲的人布道。接着越来越多的新修会出现，最著名的要属耶稣会（Jesuits）。耶稣会由依纳爵·罗耀拉（1491—1556）创办，虽然不是规模最大的修会，但在1540年耶稣会正式得到教皇保罗三世的认可。耶稣会高举regimini militantis ecclesiae（“为了教会军队的秩序”）的旗号，迅速发展起来。耶稣会成员必须掌握人类学和哲学知识，必须在医院和其他场合以谦卑的态度服务于他人，必须遵守《精神训练》上的规定。《精神训练》由依纳爵于16世纪20年代至30年代所著，它描绘了一系列阶段性的冥想练习，这些练习由耶稣会一位资深的精神导师指导。在冥想过程中，信徒要想象基督在十字架受刑和魔鬼下地狱时的情景；要认清并杜绝一切缺点和坏习惯；因为自知受到了神的感召，他们会感到很安全。只有顺利完成每一项测试的人才能成为新修会的正式成员。依纳爵和他的信徒非常同意基督教人文主义的观点：信仰有关个人的内心，所以他们不会招募缺乏虔诚之心和灵性的人。他们需要的是对自己、对同伴都绝对忠诚的人。这个人必须能够为了修会和教皇制定的会规甘愿放弃自己的意志和思想，心甘情愿地为修会、教皇服务，就像主人手中的棍杖效力于主人。他必须坚信："凡是等级制的教会所做的决定，都应无条件服从。"他还必须时刻保护包括哲学和敬拜圣物在内的所有形式的传统，以免遭到人文主义者和改革者的攻击。耶稣会精神导师对个人灵魂的高度关注让人回想起伊拉斯谟，但耶稣会的活动与伊拉斯谟的核心思想相去甚远，而依纳爵严厉批判了伊拉斯谟的著作。

耶稣会要成就事业，必先苦其心志。没错，耶稣会成员不会去培养特别的爱好或吃粗粮，但那是因为与大多数僧侣和修士相比，他们面临的挑战更大。他们到世界各地去传道、做礼拜，这让他们身处险境。他们在英格兰和其他新教国家被判死刑，还有些人在日本遭到迫害，因为日本拒绝传播基督教。16世纪，有数千名信徒正式成为耶稣会成员，他们全心全意地为教会服务，回答新教宣传册

依纳爵·罗耀拉，天主教耶稣会创始人，以圣人的形象出现，手举字母IHS（耶稣圣号，“Ihesus”或“Jesus”一字的缩写）。

作者和辩论者的问题，帮助新教国家的天主教徒，并开办人文主义学校，授课内容包括军事演习、弹道学、拉丁文和哲学。他们成功使得新教家庭的下一代皈依传统基督教。耶稣会的传教士纷纷离开欧洲，比如前往中国的杰出传教士利玛窦，他以惊人的速度和决心把教会的精神带到一个新的国度，融入了新的语言。16 世纪晚期，耶稣会到世界各地传道、教学、开展辩论，所到之处从布拉格到巴拉圭（Paraguay），再到北京，无所不至。

但16世纪天主教发展进程中最重要、最有趣的事不是教会内部对弊端的修正，也不是教会成功阻止了新教的传播，而是在特伦托宗教会议结束之前的几十年间，出现了一些教条和虔修的生活方式，导致罗马天主教的发展在现代受到了阻碍。

相比16世纪新教教会或特伦托宗教会议后的天主教教会，中世纪的教会更加普世，教条更包容。其教条执行起来有更多自由度，与东正教产生分歧和争论的可能性也更大。在中世纪，加尔文的《基督教原理》中的许多教条和特伦托宗教会议中的所有法令和教规同时存在，互不干扰。神职人员可以就这些教规进行讨论，提出质疑，或相信或反驳。总之，对于中世纪思想体系来说，16世纪新教和天主教神学体系所包含的要素繁多，且不确定。但宗教改革时期的最重大的一个事件是，新教和天主教被划分为两个截然不同的对立的体系，比它们自身的起源，中世纪传统神学更独特、更一致、更严谨。首先，新教教徒在路德“三个唯一”，即信心、圣言、恩典的基础上建立了系统化的神学。面对这样的挑战，天主教教徒自然感到有必要重新定义和整改天主教教条。这是特伦托宗教会议的计划和成果。

特伦托宗教会议共有三轮会晤。第一轮从1545年持续到1547年，第二轮从1551年到1552年，第三轮从1562年到1563年。第一轮和第二轮会晤的相关教条法令清晰地定义了天主教，并且承认天主教与新教的区别甚小。新教教徒只承认一个权威，即《圣经》。而特伦托宗教会议上神父创立了两个权威——《圣经》和传

教皇保罗三世（Pope Paul Ⅲ）之墓。雕刻家古列尔莫·德拉·波尔塔（Guglielmo della Porta）的作品。在保罗三世执政时期，反宗教改革运动在罗马逐渐形成。

统教说。他们宣布拉丁文《圣经》(武加大译本)为《圣经》的权威读本，并强调圣母教堂有判断“圣言的真实性及其解读”的特权。新教徒称，人只因信得救，和律法无关；而特伦托宗教会议上的神父判定人因为信和善行得救。这些涉及圣礼的法令和教规与路德教、茨温利教和加尔文教教徒对天主教的解读截然不同。半个世纪以前，诸如伊拉斯谟的天主教人文主义者认为有些信仰和行为是迷信，比如：起誓、炼狱、圣人祷告、崇拜圣物、发放赎罪券。特伦托宗教会议最后一次会晤重新定义了这些信仰和行为，认定它们是迷信。1564 年 11 月 13 日，教皇总结了特伦托宗教会议上传授的《庇护四世教皇严令》中的天主教信仰。

天主教教徒和新教徒在信仰操守和虔修方式上的差异越来越大，使得两者之间产生了心理差距，这种心理上的差距甚至比加尔文和特伦托宗教会议神父所定义的教义差距还大。16 世纪中叶，不寻常的热忱情绪是天主教虔修最明显的特征。当代宗教绘画展现了理想中拜神时的姿态：泪流满面、容貌扭曲、手势夸张、双眼朝上看。中世纪的一种文学体裁——令人泪流满面、幡然悔悟的诗歌，在当时风靡一时，其目的是想要描绘一些情景。例如圣彼得否认认识基督耶稣，之后流下了悔恨的泪水；又例如，抹大拉的玛丽亚因对自己早期的生活感到遗憾而流泪，从而让信徒流泪，再次唤醒他们的信心和虔诚之心。为了让人们能再次感受耶稣在十字架上受的苦难，或殉难者所受的痛苦，教会让艺术家把这些遭受痛苦的可怕场景描绘得细致入微：圣阿加莎被割去乳房，圣多萝西被打上烙印，圣斐德被鞭打，圣爱德华被割喉。特伦托宗教会议召开之后，墓碑上常常出现骷髅的图案。碑文上的字句透露着忧伤的语气，比15世纪文艺复兴时期的碑文更忧伤。一位1451年逝世于罗马的红衣主教的碑文这样写道："为什么要害怕死亡？死亡让我们安息。"但16世纪晚期最具代表性的碑文是这样的："昨天我去世了，今天该你了。"

天主教宗教情绪的核心是神秘主义。可能除了14世纪，再也没有其他任何时代像特伦托宗教会议时期一样，出现过如此之多的梦想家。其中一个原因是，当时会议法令教规和神秘主义的假想并不矛盾。神秘主义者假设，人有了上帝的恩典就能逐渐完善自我，能亲眼见到上帝。神秘主义者与传统新教不同，他们对上帝和人都持乐观态度。16世纪神秘主义重视有条不紊的冥想、精神训练，以及对意志的严格考验。它完善了一种神学体系，这种体系对人的自由意志、为了救赎自己进行协作的能力，以及施舍和善举的效力予以肯定。神秘主义同时也满足了善男信女希望通过虔修的行为与上帝建立更直接关系的需求。新教取消了上帝与人之间的媒介，比如等级体系和圣礼，满足了人们的需求；神秘主义则为人们提供了一架通往冥想和完美的云梯，爬到云梯高处就能获得短暂而难以忘却的甜美和喜悦。

天主教新的虔修行为最显著的特征或许是一再强调继承基督教信仰的传统元素，而这些传统元素遭到了新教徒的否定或蔑视。新教教徒否认圣母马利亚和诸圣徒的宗教意义。然而，16世纪晚期，敬拜圣母马利亚受到了天主教教徒的追捧，这股热情之前只在 13 世纪以前出现过。圣母无染原罪的教义遭到中世纪晚期以及文艺复兴时期多明我会神学家的攻击，他们认为那是迷信，而现在此教义在罗马正式得到保护。新的敬拜对象出现了：敬拜圣家庭、圣约瑟（中世纪一个粗俗而有趣的形象）、圣婴耶稣。圣徒同样也受到关注，尤其是圣彼得。罗马圣彼得教堂的壁画描绘了圣彼得水上行走，叫死人复活，用影子医病，在罗马之门与基督会面，击败行邪术的西门 · 马格斯（Simon Magus）的情形，这些情形体现并保护了罗马教廷的地位。新教教徒否认炼狱的存在。天主教教徒则组建宗教团，为死者祷告。罗耀拉在他的著作《精神训练》中呼吁读者对宗教团、贞操、独身制及神圣之地表示肯定，“表现崇敬之情，向圣人祷告”，并且认可朝圣、赎罪券、大赦年、十字军东征、大斋节的斋戒和禁欲，以及在教堂点亮蜡烛等风俗。不同时期的艺术家诠释了《最后的晚餐》的不同场景，体现出对“圣体实在”信条的重视。中世纪和文艺复兴时期，《最后的晚餐》（列昂纳多 · 达 · 芬奇的作品是很好的例子）通常展现的是基督和门徒们在一起的场景，基督说：“你们中间的一人要背叛我。”16 世纪中叶后，画家们则选择描绘另一个场景，也就是圣餐的习俗来源，当时基督说：“这是我的身体。”最后一点不同是新教徒不认为中世纪礼拜仪式和早期教堂装饰有任何美感。而特伦托宗教会议的教会使尽浑身解数，想把天主教礼拜仪式办得妥妥当当。新教徒和天主教教徒在感觉、品位和习惯上的差异日益增大，产生了鲜明的对比，比如，苏黎世格罗斯大教堂内是简单的白墙，而罗马耶稣会教堂内装潢得金碧辉煌，宛如音乐厅，壁画和雕塑随处可见，仿佛听到帕莱斯特里那（Palestrina，意大利作曲家）蜿蜒的曲调和加布里埃利（Gabrieli）的管风琴演奏。

到了 1560 年，欧洲宗教统一的希望彻底破灭。天主教教会、路德教教会、茨温利教教会、加尔文教教会、圣公会及其他宗派跃跃欲试，在人类思想和信仰的问题上你争我夺。这是多个世纪以来，宗教选择和宗教皈依首次成为普通民众关心的问题。

第六章

教会革命和宗教改革：改宗问题

从维滕贝格（Wittenburg）和苏黎世，从斯特拉斯堡和日内瓦，新教思想以书籍的形式，通过牧师、商业旅行者的学生之间的人际传播，借助公开或秘密的传道活动，渗透到欧洲各地。

印刷术在新教传播过程中发挥的作用至关重要。仅在 1517 年至 1526 年之间，路德的著作和讲道文章就出现了大约两千个版本。此外，还有铺天盖地的宣传手册、传单和讽刺画，它们抨击反基督的教皇，嘲讽弥撒，呼吁修道院世俗化，称农奴制与基督教自由相悖。这些简单的文字和生动的讽刺形象深入到各个社会阶层和文化阶层。

交换新思想次重要的方式是传道。宗教改革是一次教条危机，是极端重视信条的神学家们辩论的开端。与 13 世纪时的情况类似，16 世纪初的神学家们几乎都是神职人员。所以，最早改宗皈依新教的人顺理成章都是牧师和僧侣——路德所属的奥古斯丁修会、方济各会及多明我会的成员，还有像茨温利这样的地方牧师。听取并相信“因信得义”的福音及《圣经》的神圣权威，因而四处奔走，向他人传道。但起初他们并不属于任何组织或教会。在乡村和城镇，路德教与传统信条和信仰同时存在，这种暗流涌动的情形令人忐忑不安，充满困惑。通常只限于神学院讨论的思想现在被牧师宣扬开来，在诸侯、地方法官和民众面前公开辩论，商人、工匠、骑士、农民、学生、主教、公爵，无论是在家里或是在大街上，都议论纷纷。

总之，宗教信条处在公开竞赛当中，公众有自由（我们将会看到，这种自由由于宗教迫害和统治者的优先选择而渐渐受到限制）选择相信何种信条。是什么决定了他们的选择？为什么有些人对传统信仰从一而终，而一些人则成了路德教或加尔文教教徒？是什么

《路德传道图》。木版画，老卢卡斯·克拉纳赫（Lucas Cranach the Elder）绘。路德面前摆放着一本《圣经》。他的右手指向受难的基督，左手把罗马牧师贬入地狱。会众正接过圣餐的面包和酒。

吸引人们加入再洗礼派？

选择什么样的信仰与个人的道德标准有关。总的来说，证据显示，大部分人凭着忠诚选择某种宗教信仰，因为他们相信自己选择的宗教所宣扬的东西是真实的，而不是因为这种宗教在某种程度上是有用的。有这样一种假设：某些神学教义和特定的社会阶层利益之间有直接关联，但这个假设的正确性还未经证实。在社会各个阶层都皈依路德教的改宗者，他们的社会利益和经济利益有着很大的不同。在16世纪，加尔文教并不是中产阶级的宗教。因为其政治影响力，加尔文教对贵族同样具有，乃至具有更大的吸引力。这并不意味着我们只能从个人宗教心理学的角度来解释改宗。社会学理论对于解释改宗现象也有帮助，但前提是必须考虑到当地环境的复杂性。

农民

农民阶级的回应是解读新教传播的第一个视角。1524年至1526年，德意志农民和地主之间爆发农民起义，导致彼此之间关系紧张。这是始于中世纪晚期的一系列农民起义中的最后一次，也是最激烈的一次。农民有所抱怨并非新鲜事。最著名的农民宣言《十二条款》（*Twelve Articles*，1525年1—2月）列出了一个多世纪以来人们耳熟能详的农民们的申诉——反对缴纳什一税；反对农奴制；反对地主侵占公共田地、森林河流和草地；反对地主无视采邑制，加重租税和劳役。因此，农民常常把自己的经济和社会需求与福音派的期望及千年至福论（相信太平盛世会来临）联系在一起，或是通过《圣经》经文赋予这些理论合理性。大约30万农民、矿工、艺术家、工人和愤愤不平的骑士把矛头指向了自己的土地主，但路德教并不是这场武装革命冲突的始作俑者，只是他对福音书毫不妥协的态度深深地吸引了这些抗议者。当然，路德的一些思想可能让人产生歪曲社会现状的激进想法。比如，在路德的神学体系中，基督徒的自由只是一个单纯的宗教概念，可以理解为从农奴制中获得自由。"信徒皆祭司"的思想体现出更加世俗的平等主义。路德对隐修制度的反对更迎合了农民本性中的贪婪。按照路德的看法，至少有一些地主是理应遭到掠夺的。路德的经济观念很简单，他强烈抨击奥格斯堡银行家发放高利贷，反对建立"富格尔区"（Fuggerei）*，这恰恰与农民们的怨恨不谋而合。最重要的也许是路德给予了信徒希望，让农民相信宗教改革是走向更公正的全新社会的第一步。在这种希冀之下，福音派的戒律不像过去那样与现实有明显的冲突。

所以农民代表用福音路德教的语言重新解释了传统需求。《十二条款》的第一条认为教会的信众都有权利选择自己的牧师"单纯而清晰地为大家宣讲福音书，不人为添加任何内容、教条或

* "富格尔区"：位于奥格斯堡，由银行家富格尔捐赠建立，是世界上最古老的贫民区之一。——译者注

戒律”。还有一条反对什一税的条款。什一税是要上缴给地方牧师的一种传统的牲畜税收，反对它的理由是“上帝创造了牲畜供人们自由使用，而什一税是人类不合理的发明，我们绝不会继续忍受”。最重要的一个条款是反对农奴制的：“这些人把我们当作他们的私人财产，这是可耻的；基督用自己宝贵的鲜血来救赎世人，所有人无论身份贵贱，都应得到救赎。所以，按照《圣经》的指示，我们是自由的，并且将来也是。”农民们承诺遵守《圣经》十诫，服从他们的合法统治者，最后以一种盲目的乐观态度总结道：“作为真正

《农民抢劫韦瑟拿修道院（the monastery of Weissenau）》。佚名绘制（1525）。

的基督徒，我们坚信（我们的土地主）或欣然将我们从农奴制中解放出来，或用福音书证明我们就是农奴。”[1]

1525 年 4 月，路德在《劝告和平：对上士瓦本农民的十二条款的回复》（*A Reply to the Twelve Articles of the Peasants in Swabia*）中对此做出了回答。他说，农民们曲解了《福音书》的内涵。他们的态度还停留在肉体，而非属灵的阶段。他们想方设法为自己的计划披上《福音书》的外衣，其实只是为了让自己的财产和身体得到自由。路德直言不讳地抨击了谴责农奴制的条款：“它把基督徒的

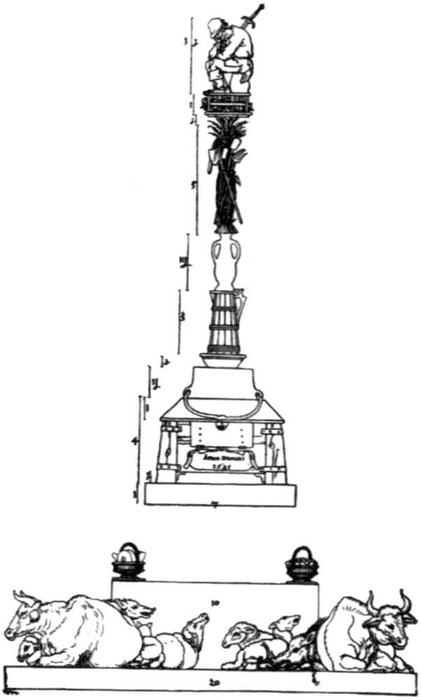

《农民战争纪念碑》。木版画，摘自丢勒的《尺规测量艺术引论》（*Unterweisung der Messung*），1525 年出版。丢勒写道：“如果有人因为打败造反的农民，想建造一座标志胜利的石碑，那他可以采用这个设计。” 纪念碑底座和中间的柱子放满了供奉的水果和祭品。最顶端有一个装满鸡的笼子，上面坐着一位农民，他的肩胛上插着一把剑。

自由变成了彻头彻尾的世俗之事，难道亚伯拉罕，还有其他族长和先知就没有奴隶吗？……所以，这一条款完全违背了《福音书》。从自己雇主身上取走东西，取走属于雇主的财产，是一种偷窃行为。因为一个奴隶可以是基督徒，拥有基督徒的自由，同样一个囚犯或病人也可以是基督徒，但他却没有（行动的）自由。这一条款对所有人一视同仁，它将把属灵的基督王国变为世俗的外部国度。”[2]路德著作中很少有章句如此强调他对世俗愿望的蔑视。他在这篇文章中展示了他保守和独裁的一面。他坚持说神之国是超然的，它存在于天堂，而不是地上；他认为人在这个世界的外部生活完全是由遭受苦难、忍耐而组成的，短暂的财富和生命理应遭到蔑视，除此之外，从《福音书》中无法得出任何社会推论；宗教之于他占首要地位，而他全心全意关心它的纯粹性。

这并不是路德对农民战争发表的最后言论。一个月后，也就是5月，他发表了《反对杀人越货的农民暴徒》（*Against the Robbing and Murdering Hordes of Peasants*）一文，这是他写过的唯一一篇不可饶恕的、可耻的文章。他写道，农民背负三个罪名：背信弃义、反叛、亵渎神明。“所以无论是谁，只要力所能及，无论是暗地里也好，公开地也好，都应该把他们戳碎、扼死、刺杀，就像必须打死疯狗一样！记住，没有任何事情比叛乱来得更为苦毒、有害和邪恶。如果你不打倒他，他就会打倒你，并且侵占你的土地。”[3]

事实上，王公贵族、平信徒和一般民众、天主教教徒和路德教教徒，无一例外联合起来镇压农民。这种镇压加剧了德意志政治和社会发展中专制统治的趋势。关键时刻新教领袖没有选择民众，而是选择了诸侯。路德对诸侯根本就不抱希望，他称之为“狂怒、胡言乱语、愚蠢的暴君”。但因为害怕其他人的革命，路德无可救药地将他自己与诸侯永久地联系在一起，为之后几个世纪的路德教教会打下了基础：路德教教会是一个依靠世俗统治者的国家教会，极度保守，其教徒主要来自中上层阶级。德意志农民对路德教的迷恋是他们的致命伤，他们要求得到和福音派教义一致的公正待遇，得到的回应却是残忍的屠杀，据估计，有十万农民遭到屠杀。无论是信奉天主教还是路德教的农民，都成了冷漠的顺从者。如果有选择的自由，他们会选择这个国家之外的教派，或是英国国教（the established Church）。

市民

新教渗入城市人群，从另一个侧面体现出了宗教改革时期思想和利益之间的相互影响。帝国城市奥格斯堡的改革模式就是个具有指导性的例子。16世纪上半叶，奥格斯堡是欧洲大陆最大的经济贸易中心之一。（一位意大利游客这样评论道，连苏格兰国王都希望自己的居住条件能赶上奥格斯堡的俭朴市民。）奥格斯堡的社会结构，以及划分社会阶层的敌对力，都是当时那里城市生活的特征。

处在社会最顶端的是少数富有的商业银行家。富格尔家族是其中最著名的商人世家，但绝不是唯一的一家。安东·韦尔泽（Anton Welser）和科南特·沃林（Conard Vöhlin）的公司，把生意做到威尼斯，借钱给哈布斯堡家族（Habsburgs），涉足蒂罗尔的白银生意，还资助了葡萄牙帝国的第一次远航。1505 年，韦尔泽向印度派遣了三艘商船，之后同葡萄牙国王的舰队满载而归，赚取了 175% 的利润。霍赫施泰特家族（Hochstetters）是当时最招人嫉恨的垄断者。还有赫沃特家族（Herwarts）、戈森布罗特家族（Gossembrots）、保姆嘉特纳家族（Paumgartners）、雷姆家族（Rems），都是当时赫赫有名的商业银行家。在这一富有的社会阶层之下是生产亚麻布、棉麻粗布、服饰、书籍和鞋的制造商，而在这些独立经营的企业之下是数量更为庞大的依附于他们的熟练工、工人和雇工。熟练工和工人不得不和行业雇主竞争。而行业雇主要同时与两部分人竞争，一边是工人学徒，另一边是试图主宰城市经济和政治生活的商业银行家。行业雇主作为资本主义改革者，在与熟练工的竞争中，顽固地捍卫“合理价格”的制定和竞争中的合作限制，他们认为这样能够阻止垄断集团妄图通过施加商业和经济压力破坏其自身独立性的阴谋得逞，而他们却用同样的方式去削弱熟练工的自主权。

奥格斯堡市民的宗教选择反映出了当时利益冲突和不满情绪的模式。大部分著名商业世家和金融世家仍然信仰天主教。安布罗修斯·霍赫施泰特（Ambrosius Hochstetter）“完全反对路德教”。富格尔家族、韦尔泽家族和其他家族同样反对路德教。同样明显的是，16 世纪 20 年代早期，大部分独立企业主和他们的雇工都渴望改宗加入路德教。棉布生产商们心怀尊敬地聆听路德教牧师传道。奥格斯堡的印刷厂出版了路德翻译的德文版《圣经》以及他的许多其他著作。一位前方济各会修士布道反对罗马教廷和高昂的商品价格，他疾呼，这是雅各布 · 富格尔（Jakob Fugger）造成的。地方议会把这位修士逐出这座城市的时候，1800 百名织布工人和熟练裁缝在市政厅前抗议，要求让他回来。宗教改革初期，奥格斯堡的路德教教会对天主教的攻击与对垄断和富格尔区的攻击密不可分。

农民起义期间，情况发生了改变。再洗礼派传教士进入了这个城市，在酒窖和花园中秘密布道，还征募了 800 名改宗者，他们大多是穷困潦倒的织布工人。1526 年，茨温利教传教士来到奥格斯堡，让这座城市的宗教生活变得更为复杂。1530 年，天主教在奥格斯堡已无立足之地，再洗礼派也遭到地方议会的攻击，信徒们被施以刑罚或被驱逐。路德教仍然拥有大批信徒，政府支持的却是茨温利派。

值得注意的是，在奥格斯堡，再洗礼派吸引了不少织布工，小规模制造业主通常都是路德教信徒，而商业银行家仍然保持传统的宗教信仰。是否有必要对这种一一对应的特殊模式做出讨论，那是另一回事了，但它至少反映出某种宗教信仰和相应的社会阶层之间固有的密切联系。并非 16 世纪的天主教教义和资本主义企业更高组织形式之间的内在一致性，使得商业寡头保持天主教信仰。对于这种情况更加合理的解释是奥格斯堡的商业银行家对皇帝承担了一定的义务。查理五世需要这些商业银行家，一旦商业银行家把钱借给查理，查理就能更大限度地满足他们的需求。这些银行家与哈布斯堡家族牵扯到的每一点利益都要求他们信仰传统宗教。认为路德教的主要信条与小制造业主的心理和道德需求之间关系密切的说法，也同样武断。正如我们所看到的，在某些特定环境下，路德教更吸引农民和工人。

欧洲其他城市则有着不同于奥格斯堡的宗教选择模式。比如，在里昂，富人通常都是天主教徒，而许多熟练工和工人先后成了路德教和加尔文教的信徒。1529 年，严重的社会动荡导致丝绸业和印刷业的工人之间发生了骚乱。当时的人们把问题归咎于“邪恶的教派”，也就是新教徒。16 世纪 50 年代初期，大批丝绸业和印刷行业的工人（周边省份的穷苦工匠的儿子，农工的儿子，来自德意志和意大利的贫穷移民）聚集在大街上高唱“加尔文教”圣歌。1573 年，一位里昂的牧师将这起发生在“蚁民”（menu peuple），或者说平民之间的新教大事件归因于这些人渴望从教会政府获得自由，减轻税负，期望在新教的认可之下洗劫富人的房子。其他城市的模式要么恰恰相反，即大部分工人仍然信奉天主教，而城市统治者支持茨温利教或加尔文教；要么更为普遍一些，是经过修正的，比如在巴黎发生的情况。1534 年 10 月 17 日和 18 日晚上，新教徒在巴黎市区的墙上贴满了反对弥撒的标语。政府烧死抓捕回来的所有肇事者，以此作为回应。一些不完整的列表记录了那些被烧死的人或被定死罪者的社会阶层和职业。这张列表显示，加入巴黎新教的教徒遍布各个社会阶层。列表上列出的大部分是工人、来自底层社会和中产阶级。其中一个相对较小的群体是染工、织布工人、泥瓦匠、厨师、木匠，另外还有大量企业主、金匠、印刷工人及少数公务员。更大的群体由工匠和零售商组成，包括图书装订工、雕刻师、帽商、修鞋匠、照明师、家具木匠、糕点师、杂货商，还有四位皇家礼堂唱诗班的歌唱家。列表上记录了零星几位分散于完全不同的社会阶层的人：一位神学家、四位奥古斯丁修会会士、诗人克莱昂·马罗（Clement Marot）、几位贵族和他们的妻子，还有几位富商。

由此我们能得出怎样的结论？首先，在宗教改革刚开始的几十年，新教时常招致社会和经济上的不满。面对欧洲较大国家的君主权力、熟练工匠的入侵，德意志西南部的农民和德意志骑士做出了最后的反抗，他们全都“世俗地”理解《福音书》，试图以福音式的

《奥格斯堡风景》。摘选自哈特曼·舍德尔（Hartmann Schedel）的《编年史》（*Liber chronicarum*）中由米歇尔·沃尔格穆特（Michel Wohlgemuth）和威廉·普莱登沃夫（Wihelm Pleydenwurff）绘制的木版画，于1493年在纽伦堡出版。

热情满足自己强烈的物质需求。这种简单的回应逐渐让位于造成更为复杂的宗教多样性模式的利益冲突：一旦人们拥有选择教会和宗派的自由——他们理应拥有这种自由，那么不同社会群体的成员就会倾向于选择不同的宗教归属。一个特定团体在某个特定地方选择了一个特定的宗教，这是偶然的，是由具体的局部条件造成的。可以概括的是，富人和穷人选择的宗教截然不同。到 1540 年，一些镇上的富有公民成为天主教徒，而另一些镇的富人选择信奉路德教，还有些地方的有钱人加入了茨温利教或加尔文教。在每个城镇，富人选择的占主导地位的宗教之外的教派，吸引了为数不多的工匠、熟练工和工人。16 世纪的宗教信仰并没有固有的经济和社会倾向，但是在巴黎的数据所显示的期望范围内，在巴黎，社会分层亦呈现出宗教维度，人们把阶级斗争延伸到宗教意识形态这一新的领域。

迫害与自由

自宗教改革开始，在相互竞争的宗教中做出选择的自由就因为迫害而受到限制。以暴力压迫直至顺从，最终成为欧洲宗教版图形成的决定性因素。

路德教、茨温利教、加尔文教、英国国教和天主教教徒都暴力镇压过持异见者。再洗礼派教徒是新教迫害中的第一批殉道者。早在 1525 年，在茨温利的批准下，再洗礼派教徒被苏黎世当局处刑溺死。1529 年，帝国议会在施派尔召开会议，6 位新教诸侯和来自 14 个信仰新教的德意志南部城市的代表，加入了天主教多数派和神圣罗马帝国皇帝查理五世的阵营，一致同意恢复并强制执行罗马法《查士丁尼法典》(*Justinian Code*)，并据此判处再洗礼派信徒死刑。这样的结果惨无人道。门诺·西门斯描述道：

难道我们未曾看见，就这短短几年，有多少虔诚的上帝的子民因见证上帝和自己的良知，被夺走了家园和财产？未曾看见，有多少人缺衣少食，是因为帝王的贪得无厌？多少人遭到背叛，被赶出家园，绑上刑架，残忍折磨？多少孩子变得孤苦伶仃，身无分文？有人被高高吊起，施以酷刑，绞喉致死，悬尸柱上。有人被施以火刑，活活烧死。有人手持自己的内脏，仍然大声宣读上帝之道。有人被斩首处决，尸体任鸟兽叼啄。有人被投入水中，葬身鱼腹。有人被沉入泥潭。有人被砍去双足，其中的一人我见过并曾与之交谈。还有人漫无目的地四处游荡于山林、沙漠、洞穴和峡谷间，就像保罗所说的那样。受迫害者必须携妻带子，东躲西藏，从一个村子逃到另一个村子，从一个城市逃到另一个城市——遭到所有人的憎恨、凌辱、诽谤、嘲笑、诬陷和践踏，被贴上“异端”的标签。他们的名字在宗教讲坛上和市政厅里被宣读，无论走到哪儿都难以养家糊口，在寒冷的冬季衣不蔽体，食不果腹，被人指指点点。的确，正如基督所说，任何冤枉和迫害基督徒的人，都认为自己是在替天行道。[4]

再洗礼派信徒并不是新教迫害唯一的受害者。米格尔·塞尔维特（Michael Servetus,1511—1553）就是个典型的例子。当时几乎所有的基督徒都认定，这位西班牙医生是个臭名昭著的顽固异教徒。他拒绝婴儿受洗，信奉再洗礼派“教会是让人们重获新生的自愿组织”的思想。更有甚者，塞尔维特攻击三位一体说，因此发表了第二条在教义上离经叛道的言论，即支持罗马法中的死刑条款。他反对三位一体说的理由基于《圣经》。通过论证《约翰福音》第5章第7、8节（Johannine Comma）是后来添写的，伊拉斯谟已经证明三位一体说并不具备清晰的《圣经》依据。1523年，通过把矛头指向三位一体说的信条，托马斯·莫尔爵士试图证明路德的论点是荒谬的，他说的任何事都不可尽信，除非有明确的《圣经》经文作为支撑。莫尔评论道：“没有任何地方提到圣父‘非受造’；没有任何地方提到圣子是与圣父‘同体的’；没有任何地方提到圣灵被明确指出是由‘圣父和圣子’而来的。”[5]莫尔问道，路德仅仅是因为没有经文的支撑就否认了那么多，那为什么他不否认三位一体说？

塞尔维特迈出了令所有伟大改革家都望而生畏的一步。因为没有《圣经》依据，他把三位一体称为“三首兽”，声称圣子和圣父并非“同一本质”。菲利普·梅兰希通抨击塞尔维特发布的是“可憎的异端邪说”。加尔文称塞尔维特的著作是“所有时期的痴人呓语的合集”；1553年年初，塞尔维特在里昂伪造身份生活了二十年后，秘密发表了他的代表作——《基督教原理补正》(*the Restitution of Christianity*), 并轻率地以自己的名义给加尔文寄了一本，加尔文通过其他人向法国的天主教当局告发了塞尔维特。塞尔维特被囚禁，但后来他成功越狱。里昂宗教法庭对他的模拟像执行了绞刑，再将其焚烧。塞尔维特原本计划去尼泊尔避难，但虚荣心驱使他在从里昂去往尼泊尔的路途中取道日内瓦，这无异于自杀。就在到达日内瓦的第二天，塞尔维特去听加尔文讲道。在人群中他被认了出来，加尔文立即让自己的一位信徒以亵渎上帝和发布异端邪说的主要罪名，向地方法官提出对塞尔维特的指控，并要求判处他死刑。三周后塞尔维特被定罪。1553 年 10 月 27 日，塞尔维特被活活烧死，这是罗马法规定的反三位一体说者和反婴儿受洗者应受的惩罚。

天主教徒同样大力对异教徒进行迫害。全欧洲最著名的宗教迫害机构是成立于 1478 年的西班牙宗教裁判所。从理论上讲，在西班牙宗教裁判所，审问的过程根本不算是一种审讯。审问者也不是法官，而是倾听忏悔的神父。他的目的不是惩罚信徒的肉体，而是拯救其灵魂，认罪的目的是获得宽恕。宗教裁判所不会惩罚忏悔者，而会让忏悔者以苦修赎罪：朝拜、鞭打(通常是一百至两百鞭，在公众面前执行)、流放、短则一个月长则终生的监禁、被发配到皇家海军的战船上做劳役。不用说，这些忏悔者被公职拒之门外，个人财物被全数充公。

冥顽不化的人则被处以死刑，而在他们之下情节稍轻、对世俗权力机构态度稍缓和一些的反抗者，则被处以火刑：这些人包括拒绝公开认错的异教徒（这种人通常不多）；坚持说自己的信仰没有错而法庭认定他有错的反对者；最多的是再度堕落者，即曾放弃抵抗并达成和解，但又重蹈覆辙的人。被宗教裁判所送交到世俗机构手中的人数难以计数，毋庸置疑，这种形式是成功的。通过这种形式，从“改宗犹太人”（Conversors）中搜查出许多走了回头路的信徒。“改宗犹太人”是指改宗基督教的犹太教徒，他们中很多人跟西班牙上流家族的成员通婚（斐迪南国王拥有犹太人后裔，阿维拉的圣特雷萨也是如此），在教会和国家中占显著位置。1530年，西班牙已经没有了马拉诺（Marranos，表面上改信基督教，但仍以犹太人身份秘密居住在西班牙的犹太人）。新教徒也觉得西班牙非久留之地。审判者疑心重重，以至于关押了耶稣会创始人、托莱多大主教、西班牙大主教，随便找了一些所谓的“路德教”信徒并处以火刑。

宗教迫害的受害者为何而死，很容易理解。他们因对《圣经》经文的个人解读而死，为保全自己的良知而死。但是为什么，加尔文和日内瓦的法官，维滕贝格的路德教权威，以及巴塞尔、伯尔尼（Bern）、沙夫豪森（Schaffhausen）和苏黎世的教会，都认为杀死塞尔维特是理所当然的？为什么法国的天主教当局对塞尔维特的模拟像施以绞刑和火刑？为什么西班牙宗教裁判所的代理人，同时也是塞尔维特的亲兄弟，专门赴西班牙以外的地方搜集证据，指证塞尔维特？为什么连塞尔维特自己都认为死亡是对异教徒的正当惩罚？

宗教迫害的名义层出不穷，听起来都十分在理。父亲理应阻止自己的孩子玩火自焚；儿子必须强行阻止发狂的父亲跳下悬崖；医生截断病人感染的手臂，为的是保全他身体的其他部分；一个好的园丁会剪除腐烂的树枝保全整棵树。同样的道理，异教徒受到限制，对他们自己好，也对别人好。

《圣经》经文被用来赋予这种类比以合理性。13 世纪末，神学家们把《旧约》中“叛教者”应受的处罚——死刑，定为对《新约》中异端罪行的惩罚。他们反对对被指控叛教者定罪时考虑他们所处的社会阶层。他们认为，叛教是反对上帝的罪行，所以死刑是对其唯一适当的处罚。圣托马斯·阿奎纳将异教徒和伪造货币者做类比，来说明他的论点：伪造货币者破坏了世俗生活中重要的货币流通体系，而异教徒败坏了对于属灵生活同样重要的宗教信仰。死刑是帝王施予伪造货币者的公正刑罚；异教徒被处死并不能彰显更大的公义，因为他们的罪孽更为深重，因为属灵的生活比世俗的生活更为珍贵。

迫害者不仅相信异端是穷凶极恶的、反上帝的罪行，应该对异教徒处以极刑，而更狂热地坚信自己对《圣经》的解读才是正确的，他们本人和他所代表的教会是宗教真理唯一的代言人。与这种思想不谋而合的是，在 16 世纪前五十年的宗教战争爆发之前，事实上几乎所有欧洲人都认为，国家的安全取决于公民在宗教生活和世俗生活中的双重服从，以及在宗教生活和世俗生活保持忠诚和一致性。结果，异教徒成了严重扭曲上帝真理的可耻之人，既是反叛者，又是政治破坏分子。迫害者还抱有一种当时盛行的偏执想法，即高压手段是有效救赎被迫害者的方式。当时的人普遍认为，这是实施迫害坚不可摧的正当理由。

当时迫害者顽固地拒绝让步，完全是因为他们拒不背叛圣灵，而圣灵能够保证他们对教义的解读是无懈可击的。同时代的受迫害者也同样顽固。每一位宗教领袖都相信，任何人如果否定他对《圣经》经文的解读，或否认三位一体说这种他所认为的基本基督教教义，那就是妄图推翻上帝。我们要惩罚这些诽谤者。难道我们能让亵渎神灵的人就这样毫发无损地离开吗？背叛君主的人要被处以极刑。那么，对于辱骂至高无上的我主上帝的人，难道能够从轻发落吗？我们公正地处决夺人生命的杀人犯，那么扼杀灵魂的亵渎者难道就不应该被处死吗？那无异于为狗戴上口套，制止它们狂吠。难道我们能够放任他们信口开河，放任他们利用贻害无穷的书籍取悦并腐蚀他们的同胞和教会？加尔文在《申命记》（*Deuteronomy*）第十三章的评论中这样写道：“上帝清楚地表明，假先知会被毫不留情地投以石块。当事关上帝的荣耀时，我们要甘心挣脱所有人类情感的羁绊。父亲不应宽恕爱子，兄弟不应宽恕手足，丈夫不应宽恕妻子或挚友，即便这些人之珍贵更甚于他们的生命。如无上帝的恩典，一切人类的血缘情爱与兽类无异。如果一个人与妻子的结合不守上帝之道，那么他应该像畜生一样被驱逐。如果一段友谊的建立未得上帝认可，则无异于野兽的媾和。”[6]塞尔维特死有余辜，因为他是伪先知。他的观点大错特

《水刑》。木版画，出自《处决罪犯》，1541年出版。审讯时常使用的方法，用于刑事诉讼和审讯程序。受刑者的嘴里被塞满布条，用鼻子呼吸，布条用水浸湿。最后受刑者因间歇性窒息而死。

错，可能会导致其他灵魂的毁灭，扰乱公民和教会团结，最重要的是它们是对上帝威严的可耻亵渎。

并非所有人都认同塞尔维特被处以火刑是公正的。塞尔韦特的死导致了人们捍卫信仰自由最具说服力的著作在16世纪出现：新教人文主义者塞巴斯蒂安·卡斯特利奥（Sebastianus Castellio,

1515—1563）的两部作品《论异端》（*Concerning Heretics and Whether They Should be Punished by the Sword of the Magistrate*）和《驳加尔文书》（*Contra libellum Calvini*，1554）。他的结语被人们牢记于心："烧死一个异教徒并不能捍卫教条，而是将一个活生生的人置于死地。"[7]

德意志诸侯的宗教选择

德意志的各个邦国、公国和王国的政府在自己的领土上强制执行宗教统一，有的很快取得了成功，有的则进展缓慢，地方法官和诸侯的宗教选择与公民和国民的宗教选择相较，占据了上风。各领地的宗教几乎无一例外正好是其诸侯信奉的宗教；个人宗教自由只局限于一种情况，即个人可以选择移居到统治者跟自己信奉同一宗教的邦国。正如君主的个人决定左右着国家的战争与和平，他们个人神学信念也左右着其领地上宗教改革的成败。虽然皇帝、国王和诸侯的道德感并不比农民和商人关联更多的内在利益，但其历史意义更为深远。诸侯的改宗对于16世纪欧洲宗教历史和版图至关重要，就如同诸侯间的联姻和王朝的更替对于外交和战争至关重要。

1520年8月路德出版了《致德意志的基督教贵族公开书》（*Open Letter to the Christian Nobility of the German Nation*），在书中他感谢上帝再一次唤醒了他内心的希望，让查理五世这位年轻而高贵的统治者来统治德意志国家。然而他的这种希望被证明是毫无根据的，在沃尔姆斯会议上（the Diet of Worms），路德与这位年轻的帝王进行了激烈的对峙。1521年4月18日晚，路德出现在了灯火通明的大殿，面前是国王和德意志邦国的代表。他被问及是否愿意撤回自己的主张，他用德语做了简短回答，回答的结束语尤为著名。当时他对查理五世、帝国选帝侯和诸侯们说道：

（想让我认错）除非从《圣经》中找到明证，或者有其他清晰明了的理由（我不相信教皇和议会，众所周知，他们常常犯错、自相矛盾），我只相信我所引用的圣言，我的良知都出于上帝之道。我不能也不愿意收回任何观点，因为背叛自己的良知既不安全，也不正确。愿上帝助我！阿门。[8]

第二天，也就是4月19日，查理五世做出了回应。他的慷慨陈词和路德的演说一样富有激情、令人动容，真实反映了说话人的性格和眼界：

正如你们所知，我是尊贵的德意志邦国多位笃信基督的帝王的后裔，我的祖先位及西班牙天主教国王、奥地利大公、勃艮第公爵。为沐浴神之荣耀，坚定虔诚信仰，获得灵魂救赎，他们至死都是教会虔诚的子民。他们是天主教信仰、神圣仪式、神之典章和神圣习俗的捍卫者。有朝一日他们安息主怀，以天赋之权利、血缘承袭之纽带留给我们神圣的天主教戒律，令我们无论生前身后，均以先人为效。先人趋于前路，追随者未曾偏离半分，至今我们无时无刻活于此神圣戒律之中。故此，我已下定决心对祖先及自己一直以来奉行的一切给予支持……可以确定，一旦一位修士的观点与整个基督教世界的背道而驰，那么，整个基督教世界过往的几千年，甚至现下，都将陷入严重的信仰危机。我决心已定，我愿用我的王国和领地、我的朋友、我的血肉、我的生命和灵魂作为赌注。我们是血统尊贵之人，代表着声誉卓著的德意志邦国，特权和重任赋予我们“天主教信仰的守护者”的称号，如果在我们的时代，异端和疑似异端的思想因为我们的忽视扎根于我们身后的人民和继承人心中，那将是莫大的耻辱。4 月 18 日，在我们所有人出席的会议上，我向你们宣布，我后悔拖延如此长的时间才对路德和他的异端邪说做出审判，我再也不想听到他的任何言论……我决定对这个臭名昭著的异教徒做出审判，我请求你们在此事上表明你们作为虔诚基督徒的立场，正如你们曾对我做出并立誓坚守的承诺。[9]

查理用法语发表了这番讲话，这提醒人们德意志国王是位外邦人。查理在尼德兰长大，在法国勃艮第宫廷受教育。他在德意志以外的地方长到成年，直至离世之时，他在情感、语言和品位上都算得上是一个西班牙人。路德革命运动中表现出的德意志文化民族主义和宗教民族主义，对他而言是完全陌生的。再扩展到路德革命所明确表达的政治愿望，其实是诸侯特殊主义和城市特殊主义的联合，会对查理构成威胁，进而削弱他在德意志的权威。查理的政策构想从来不仅限于德意志，而是涉及整个帝国，因此它比任何德意志的国家政策更大范。至于德意志国内事务，都与地方领地息息相关，无非某个德意志诸侯的事务，此时他的政策又小于国家政策。查理的帝国政策不可避免地要扎根于天主教，意识形态不可避免是罗马式的。查理无法做到在西班牙当一名天主教徒，在德意志又当一名新教徒。所有的个人利益和王朝的利益，所有的信念和愿望，都使得查理的命运和罗马紧密地联系在一起。查理认为自己是基督教世界的世俗首脑。摒弃传统信仰将削弱他统治帝国的意义、目的和正当性，引发一场政权事故。皇帝仍然是天主教徒，他宣判了路德的罪行，向他颁布帝国的禁令，让他沦为罪犯。

事实上，在查理的整个统治时期，他在德意志并没有实权。他并没有强化皇室权力，或削弱其他诸侯的权力。他试图通过国家议会和武力铲除异端，恢复帝国的宗教统一，但都失败了。由于发动对瓦卢瓦王朝的战争，查理长期不在德意志。土耳其人进攻（维也纳）的巨大压力让查理的弟弟斐迪南对抗新教的热情大减，一方面斐迪南需要新教诸侯的资助来抵抗土耳其人，另一方面斐迪南作为天主教徒的使命是指控新教诸侯为异教徒，他无法在这两者之间找到平衡。查理在 1547 年穆尔堡（Mühlberg）战役中击败新教诸侯，但这种胜利转瞬即逝。一些新教诸侯与法国联盟，立刻对查理发起反攻，声称要反对西班牙“专制”，捍卫德意志的“自由”，逆转了当时的军事形势，逼查理穿过阿尔卑斯山脉而退至意大利：简而言之，从沃尔姆斯会议到35年后查理退位，诸侯日益崛起的势力瓦解了对路德和宗教改革的敌意。是诸侯的宗教选择，而非帝王的宗教选择，最终决定了德意志的宗教版图。

德意志诸侯的宗教选择无法用简单的模式解释清楚。改宗路德教带来了巨大的经济和政治优势。成为新教徒，使得诸侯摆脱天主教帝王的统治而获得独立的诉求得到了宗教上的合理性，也加强了他们这样做的动机。德意志诸侯反对君主对领地进行干涉，这不仅是对司法自治的保护，也是对福音真理的保护。再者，改宗新教带来的经济利益十分诱人。路德抨击隐修制度，而教会财产世俗化，尤其是修道院财产世俗化，是一种“改革”，能大大地增加收入。最重要的新教诸侯之一黑森伯爵腓力（Landgrave Philip of Hesse，1504—1567）就是一个典型的例子。他解散了自己领土上的修道院和女修道院，并处置了教会的财物。黑森伯爵分配修道院的收入，使大量既得利益集团受到了影响。所以他把百分之五十九的收入投入教育和慈善领域，诸如修建医院，为潦倒的贵族女性置办嫁妆，在马尔堡（Marburg）成立了德意志第一所新教大学。剩下的百分之四十一被他收入私囊。很明显，黑森伯爵的经济收入不可估量。最重要的是，这位德意志诸侯通过把宗教改革引入自己的国邦，加大了对教会的管控。早在14世纪德意志诸侯就曾表明野心，要成为自己领地上的“教皇、大主教、主教、会吏长、执事”，和罗马教廷公开决裂是实现这个野心的方法之一。这些诸侯篡夺教皇、主教之位，建立法庭行使教会法庭的司法权。强制执行家庭法和道德监管成为国家特权。诸侯们加强了对圣职的任免权。由诸侯任命教会理事的做法，遏制了职权的滥用，并且有助于区别应对不同会众群体的财政状况和物质需求。教会理事在诸侯统治的国民中强化了信仰和礼拜仪式的统一，实际上他们甚至定义了教条。通过这些措施获取的威信极大地加强了诸侯的统治权。

新教诸侯巩固这些优势并非毫无风险。从1520年一直到1555年《奥格斯堡和约》（*Peace of Augsburg*）签订的这段关键时期内，天主教诸侯在议会中占大多数席位。直到1546年离世，受到帝国禁令的限制，路德仍是被逐出教会的异教徒。支持路德教，改变一个领地的教会组织是一项革命性的举措，是对帝王权威和议会决议的公然挑衅。查理五世决心要镇压异教徒，有必要的话会施以武力。在这种对抗中，新教诸侯们面临着失去土地和头衔的风险。这种风险切实存在，从萨克森公国选帝侯约翰·腓特烈（John Frederick，1503—1554）多舛的命运中可见一斑。1547年查理率领西班牙军队入侵腓特烈的领地，击败了穆尔堡的萨克森军队，选帝侯本人被抓捕入狱。他被迫在自己的领土和信仰两者中做出选择，最终他选择了信仰，失去了头衔和大部分领土。

然而，我们并不能因此认为，天主教诸侯在宗教危机中增强统治权以及对教会的掌控权时，面对的危险会少一些。巴伐利亚公国是南德意志的一个天主教邦国，巴伐利亚公爵们的宗教政策更为灵活。他们一直都追随传统信仰，并把路德教教义视为对法律和秩序的威胁。1527 年威廉公爵在给自己兄弟的信中这样写道："一定要意识到这样的事实，如果教义允许民众按照自己的喜好和意愿来诠释信仰，那么一定会滋生出反抗情绪，最终发展成叛乱和流血事件。"[10] 天主教诸侯们做好了准备，在特定的时间以他们自己的方式平息事态。每一次镇压异教徒的行动都得到了罗马教廷的特许：公爵有权对神职人员进行管辖，撤回上诉到罗马教廷的案例，缩减宗教法庭的权限；教皇的诏书还授权公爵参观修道院，并允许他们撤掉不称职的修道院院长和传道者；加强了公爵对神职任命的控制权；允许对神职人员征收占其年收入五分之一的所得税（从此税收成为巴伐利亚财政体系的支柱）。公爵们在宗教政策的制定上强化了自身对权力的垄断。他们的代理人则执行改革，避免教会权力滥用。唯有公爵有权逮捕和审问疑似异教徒。天主教教条以牺牲神职人员的"自由"和教皇的权威为代价，才得以保存。最终的结果是巴伐利亚建立了一个很大程度上由公爵掌控的领地教会。

在德意志宗教改革中，信奉路德教的诸侯和信奉天主教的诸侯各自获得的世俗优势并无显著的不同，说明诸侯们在选择保留天主教信仰还是成为路德教教徒时，很少只考虑政治或经济目的。当被置于同样的环境中，且政治和经济利益保持一致，一位勃兰登堡选帝侯可能成为狂热的天主教徒，而他的儿子却成了路德教教徒。对于一些诸侯来说，宗教改革不无嘲讽地与世俗化之间界限模糊。1525 年，霍亨索伦家族的阿尔布雷希特（Albert of Hohenzollen，1490—1568），即条顿骑士团的总团长，在路德的建议下放弃了他的神职，将骑士团的土地变成世俗领土，成为第一位普鲁士公爵。还有一位诸侯成了路德教教徒，原因是他的妻子已是路德教教徒。其他的人因为更简单的原因选择了新的信仰——他们被说服，认为路德所言都是事实。诸侯保留天主教信仰的原因则各不相同。萨克森公爵乔治（Duke George of Saxony）是一位忠诚的天主教徒，但毫无疑问，他对传统信仰的坚守受到了这样一个事实的强化：萨克森选帝侯的亲戚、竞争者、敌人，是路德的世俗庇护者。而诸如巴伐利亚公爵的天主教诸侯则受到某种恐惧的影响，即宗教革命会成为社会革命的信号。极少有教会诸侯会效仿阿尔布雷希特的做法；即使没有这么做，他们也准备好了利用路德来反抗罗马教廷，迫使天主教教会在财政、管辖权和圣职任命的问题上做出让步。但他们同时依靠天主教教义保护自己，以避免路德教教义威胁到自己的地位。其他的诸侯像查理五世一样肯定，"一位修士的观点与基督教世界的所有观点背道而驰"，如果要让他们放弃宗教，他们宁可放弃自己的邦国。总之，诸侯改宗是一件关乎道德之事，大多是或世俗层面或宗教层面的复杂压力共同作用导致的个人选择，在不同条件下情况各异，但因人类自我欺骗的潜力无穷无尽而趋于一致。

16 世纪中叶，诸侯们为了保护各自的独立性、自由选择权和信仰，一致同意在德意志宪法中建立宗教多样性的标准。最终帝国议会于 1555 年 2 月至 9 月达成了《奥格斯堡和约》。议会将宗教原

《教皇，反基督者》。梅尔基奥尔·洛克（Melchior Lorck）所画，献给路德；1545年。教皇被描绘成魔鬼般的兽人，头戴三重冕，一只手拿着三叉长棍，另一只手拿着生锈的圣彼得的钥匙，口吐烈焰，在大地上四处宣扬毁灭和憎恨。这是一张反映暴力、宗教狂热和憎恶的画，这些情绪一直伴随着16世纪人们的生活。

则以及天主教和路德教教会普世的诉求置于政治私利之下。条约允许选帝侯、诸侯、帝国骑士及各城市在天主教和路德教之间做出选择，而圣礼形式论者（茨温利教教徒和加尔文教教徒）及宗派主义者（再洗礼派教徒）被排除在外。如果一个城市既有信奉天主教又有信奉路德教的公民，两派可以自由遵循自己的宗教习俗。另一方面，在诸侯领地，国民们的宗教选择应与统治者的宗教选择一致。路德教诸侯治下的天主教国民以及在天主教统治者治下的路德教国民没有自由，他们唯一选择的自由是，要么出售自己的财产，要么离开。改革的权利（ius reformandi）是指指挥一个领地宗教事务的权利，它成了诸侯主权的一个特征；而国民可以享受移民的权利（ius emigrandi）。后世的律师用一个形象的短语来定义和约的原则：教随国定（cuius regio, einus religio）。诸侯提倡的宗教“自由”像政治“自由”一样获得了成功，世俗法律在西欧历史上首次同时承认两种宗教信仰。

领地教会的胜利

16世纪罗马教会的统一在德意志，乃至整个欧洲最终崩溃。在中世纪鼎盛时期，教会曾是一个欧洲范围的团体，后来分裂成一个个领地教会，其边界由政治势力版图决定；包括国家教会、诸侯教会、省份教会，甚至还有只属于某一个城市居民的教会，比如，在波兰，有的教会只属于某一个贵族庄园。教条的多样性使得领导层面对教会世俗化控制的强化比过去更为突出，但其本质特征没有改变：圣职任命权、税收权、管辖权、行政权，以及世俗权力集团手里制定法规条例的权力，仍然高度集中。在这种情况下，宗教改革是主权国家突然呈现的另一种面貌。

查理五世个人对其祖先信仰的忠诚，加上伊比利亚半岛（Iberian Peninsula）的特殊情况，确保西班牙君主信仰天主教。中世纪西班牙历史中最具代表性的事件是十字军东征，以及1492年收复格拉纳达的运动。与穆斯林的长期斗争，王国里居住着大量的犹太教徒，让基督徒下意识地产生了敏感情绪，极度热衷天主教，尤其具有侵略性，对外来信仰持怀疑态度，恐惧异端，坚定不移地忠于罗马教廷的信条。就在收复格拉纳达，哥伦布开始寻找“印度”的远航的同一年，西班牙政府驱逐了犹太人。在接下来的几十年中，宗教审判在对马拉诺与“路德教信徒”的镇压中取得胜利，逐渐建立了教条的统一和欧洲独有的知识统一。

西班牙国王对王位和国家正统性的狂热，并没有阻止他们在强大富有的教会中维护自己的威信。1523 年，西班牙君主拥有对所有主教的举荐权。在美洲殖民地，君主对教会实施普遍的庇护，包括对神职任命的垄断权。国王还通过另一种方式，即限制教会的管辖权，用来扩大自己在教会的势力。皇家议会必须检查西班牙收到的所有的教皇诏书，确保没有与国王或其王国特权相悖的内容。而当教皇保罗四世（Pope Paul IV，1555—1559 年在位）担任临时外交斡旋人，将查理五世和腓力王子驱逐出教会时，皇家议会收回了诏书，并禁止其公布，违者将被处以示范性的惩罚。国王狠狠地撤回了从西班牙宗教法庭上诉到罗马教廷的案例。1527 年，由教廷大使和六位西班牙法官组成的高等法庭——“罗马教皇使团”（Nunciatura）成立后，大部分过去需要上诉至罗马教廷的案件被留在了西班牙审理。皇家议会复核法庭的判决结果，以及来自梵蒂冈的教廷大使的案件说明。最后，政府减少了交给罗马的圣俸，向神职人员征收比过去更重的所得税，从而加大对教会收入的控制。整个16世纪，教会的税收都是皇家收入的重要来源之一。到了腓力二世统治时期，国王成了教会首脑，其高效的行事作风很像英国国教的首脑亨利八世。

法国的情况与西班牙类似。到1515年法国国王弗朗索瓦一世登基时，法国教会宣布了三种自由：行政自由，即教会可根据教规中的教士规范原则来选拔神职人员；财政自由，即有权根据自己的目标征税；司法自由，即有权审判和惩戒教会成员。法国人神职人员一致抵抗教皇和国王以捍卫这些自由。他们认为教皇对法国教会内部事务的干涉几乎都是在滥用职权，在皇家法院的支持下，挫败了教皇试图任命法国天主教圣职的努力，限制了上诉至罗马教廷的案件数量，拒绝缴纳被教皇任命担任罗马教廷圣职第一年的收入。法国天主教教会不仅想脱离罗马教廷，还想脱离王权的控制，但面对最迫近的王权威胁时还是没能捍卫自由。1516年弗朗索瓦一世签订了《博洛尼亚协定》（*Concordat of Bologna*），以达成教皇和皇室的利益之间的折中，但代价是牺牲法国教会的自治权。尽管神职人员、巴黎大学以及皇家法院强烈反对，该协定仍然压制了他们的选择权，授予国王掌控法国圣职任命的权力。国王提名他选中的人，教皇很少提出反对意见。为此教皇会获得经济上的补偿，恢复征收圣职第一年收入。在这种交易中，教皇作为属灵力量的代言人，把属灵之事交给俗世的君王，而将世俗之事归为己有。当然，弗朗索瓦一世并没有打算任凭教皇独享在法国天主教教会这只“金鹅”上拔毛的权力。他加大对教会财产和财富的控制，并在16世纪末制定了一系列保证对神职人员的定期征税的政策。只有彻底处于国王的控制之下，法国天主教教会才能抵抗教皇的干涉。

《博洛尼亚协定》签订于路德出版关于赎罪券的著作的前一年，该协定大大加强了法国王权和教权之间的联系。为了保证自己对法国教会实际上至高无上的权力，弗朗索瓦一世和他的继任者亨利二世并不打算模仿英国国王的做法。权力上的牵扯让法国国王以另外一种方式与罗马教皇关联在一起。16世纪20年代，帝国军队的胜利扩大至意大利，重创了法国的野心，也削弱了教皇的独立性。结果正如我们所见，弗朗索瓦和教皇结成联盟。双方都愿意以微小的代价继续王室对天主教信仰的忠诚。只要瓦卢瓦王朝还占据着王位，就不会有产生新教继承人的威胁。

英国宗教改革

与弗朗索瓦和查理五世不同，1509年继位的英格兰国王亨利八世与罗马教廷公然决裂。这种决裂的情形从另一侧面体现出政治和宗教改革之间互相作用的复杂关系。使亨利的教会政策变得复杂的并非任何宗教动机。他在宗教上态度保守，而且不喜欢教条革新。1521年他写了一本反对路德的书，一位教皇为表示感激，赐予他“信仰捍卫者”（Defensor fidei）的头衔。亨利于1547年去世，在此之前新教在其国民中取得的进展微乎其微。不可否认，许多平信徒都是反教权者，他们彼此心照不宣地对教权的滥用抱有敌对态度，比如，将圣职授予未成年人，收取丧葬费，在收割时节安排过多的宗教节日，以及宗教法庭自命不凡。除了否认教皇的至高权位，在亨利的统治时期，英国国教圣公会的官方教条在每一个重要方面都保留了天主教特色。

亨利八世并非因为对英国教会和神职人员的管控能力不及法国和西班牙国王，才冒险与罗马教廷决裂。在英格兰，教皇的势力就如在欧洲大陆君主国一样受到限制。议会通过法令，皇室负责执行，这些法令被用来加强世俗权力，保护国王势力不被教会篡夺。《圣职授职法令》（*Statute of Provisors*，1351）限制了教皇在英格兰任命圣职，确保英国教会的自治权及平信徒和教会赞助人的权益。1352—1393 年通过的被称为《王权侵害罪法令》（*praemunire*）的一系列法令，对上诉至教皇法庭的案例做出了限制，保护皇家法院不受教皇和神职人员干预。皇室对教会收入以及来自罗马的人员和文件有极大的控制权。早在 1420 年，教皇就曾苦笑着评论道："在自己的领土上对教会进行统治的人不是教皇，而是英格兰国王。"

亨利与罗马决裂的动机更具体：关系到个人和王朝。他希望摆脱自己的妻子阿拉贡的凯瑟琳（Catherine of Aragón）。他无可救药地爱上了安妮 · 博林（Anne Boleyn），并决定与她结婚。更重要的是凯瑟琳没有为他生下男嗣，只生下一个女儿玛丽 · 都铎（Mary

Tudor)，缺少男嗣引发了他对王朝危机的恐惧。英格兰从来都没有被一位女王统治过。不管什么情况，让女王来统治国家会引发无法克服的王朝和国际问题——来自贵族对抗和宗派的威胁，如果她与自己的国民成婚甚至会引发内战；如果她与外国王子成婚则会带来外来统治的威胁。而真正折磨亨利良知的是一直以来他对自己婚姻合法性的顾虑。《圣经》禁止男人弟娶兄嫂，而凯瑟琳正是亨利离世的哥哥亚瑟的遗孀，仅仅是教皇的特许让亨利和凯瑟琳成婚。现在亨利希望教皇宣告这段曾获前任教皇认可的婚姻无效。在一般情况下，让教皇宣布婚姻无效并非难事。然而现在情况非同一般：凯瑟琳是查理五世的姨母。1527 年，罗马被查理五世的帝国军队攻陷，接下来几年罗马教皇克雷芒七世在其统治下过得很安稳，所以无法答应亨利的请求。

1527—1529 年期间亨利试图通过与教皇谈判获准“离婚”，但以失败告终，他有些犹豫了。1532 年年初，在大臣托马斯·克伦威尔（Thomas Cromwel，约 1485—1540）的影响和引导下，亨利定下了方向，要在 1534 年之前成为自己领土上的教皇。他的目的是在英格兰建立一个能够宣布自己婚姻无效的法律权威。通过迫使教会人员承认自己为英格兰教会的首脑，“只要基督的律法允许”（1531），他消除了教会的反对意见。之后议会授权他停止向罗马缴纳年俸（1532）。通过制造财政压力和外交策略的双重威胁，亨利最终从教廷获得诏书，承认全力支持他实现目标的候选人托马斯·克兰麦（Thomas Cranmer，1489—1556）为坎特伯雷大主教。

1533年1月安妮·博林怀孕，事情必须加速推进，因为分娩必须合法化。2月，议会通过了《上诉法》（*Act of Appeals*），切断了一切与罗马教廷的司法联系，克兰麦的大主教法庭成了审理英国案件最高等级的，也是唯一合法的教会特别法庭。5月，克兰麦判决亨利八世与凯瑟琳的婚姻无效。日后成为女王的伊丽莎白在那年秋天出生了。《继位法》（*Act of Succession*）赋予她的降生以合法性，规定她未来生育的男性子嗣有权继承英格兰王位。1534年11月最后通过的《至尊法案》（*Act of Supremacy*）使英格兰的宗教改革大业获得圆满。亨利无条件成为"英国国教（Church of England）或曰英格兰圣公会（Anglicana Ecclesia）唯一的最高元首"。[11]

虽然与罗马决裂的关键因素是个人和王朝，但如果不是因为亨利的离婚，英格兰宗教改革的到来也许会推迟很长时间。改革的结果是形成国家高于教会的决定性主从关系，使得神职人员服从独立于罗马教廷的皇家意愿。经历了几个世纪的罗马教廷的"僭越权限"，英格兰最终建立了"真正的君主制"，成为只为国王一人效忠的"帝国"。国王行使着过去只有教皇才拥有的权力。国王可以掌控教会法庭、教会收入以及教会人员的职位任免。他还可以制定教会法律，确定教条。亨利和德意志新教诸侯一样都成了"教会首领"（summus episcopus），是自己的领土上的世俗主教。民众的信仰必须与教会首领的信仰一致：教随国定。离经叛道的行为马上被视为异端和叛国，亨利于是为圣公会想出一个"折中方法"——成对地烧死异教徒，一边是天主教徒，一边是再洗礼派教徒和路德教教徒。亨利统治的最后几年，以及玛丽统治时期，信仰坚定的新教徒认为移民到瑞士和莱茵兰河地区是权宜之举。大部分英国人的道德心比他们更为灵活，这一点也不足为奇。他们表面上顺从君主反复多变的教条选择，数千名活得足够长的英国人见证了这种多变：1529 年，他们是罗马天主教徒；在 1534—1547 年亨利统治时期，他们从温和的天主教徒变为极端的天主教徒；在爱德华六世统治时期（1547—1533）他们又成为新教徒；而在玛丽统治时期（1553—1558），再次一度成为罗马天主教徒：然后在伊丽莎白一世时期，他们又转变为温和的新教徒。

领地教会的胜利、欧洲世俗统治者作为自身领土的宗教仲裁者出现，这些事件都为宗教斗争添加了新的政治暴力。正如经济上的和阶级间的紧张态势带有宗教色彩，那个时代最根本的政治对抗也是如此：一方面皇室和诸侯力求国土统一，实施集权统治；另一方面，地方和社会团体要求保护自身特权，贵族和神职人员，修道院和大学，省份和城市，都渴求自由。除了都铎王朝，欧洲其他最重要的君主最终联合起来组建了一个经过改良、重获生机的天主教联盟。与之形成鲜明对比，新教通常在较低的社会阶层获得政治基础，比如，较小的公国、省份、城市，并得到一些抵抗集权统治入侵的团体的支持。16 世纪，天主教渐渐成为了“专制主义”的宗教；新教则拥有封建主义、城市和团体反对派的意识形态。然而，反对派选择新教，不是因为它蕴含支持自由之说的政治原则，而其他与新教竞争的宗教在政治上保持中立，正如它们在经济和社会问题上也保持中立。地方自治和地方特权的拥护者通常都是新教徒，仅仅是因为哈布斯堡和瓦卢瓦家族都信奉天主教。就像德意志诸侯的发现，路德教及其对良知权利的肯定，是对抗帝国权力的又一堡垒。许多尼德兰、法国、德意志、波兰和匈牙利的贵族和城市寡头政治家也发现，加尔文教和自己想要保护、加强或恢复他们政治独立性的野心不谋而合。但英国的情况清楚地反映出，君主的反对者不一定要成为新教徒。就在英国，封建反动势力（比如，亨利八世时期的求恩巡礼骚乱，还有伊丽莎白统治时期的北方伯爵叛乱）在反抗新教诸侯、恢复天主教信仰的过程中，发现可以审时度势“安排”自己的意识形态。一旦集权的“专制主义”、对地方“自由”的捍卫与新教和天主教之间的斗争相结合，那个时代最强有力的世俗对抗就带上了宗教色彩。基于对信仰和政治热情二者密不可分的无比确信，于是这种斗争变得偏执，毫无妥协的余地。欧洲就这样站在了持续了一个世纪之久的内战和宗教战争的起点。

注 释

第一章

[1] J.R. 帕廷顿援引于《希腊枪支和火药史》(*A History of Greek Fire and Gunpowder*，剑桥，英格兰，1960)，第 78 页。

[2] 《疯狂的奥兰多》，艾伦 · 吉尔伯特译(纽约，1954)，第一卷第 156 页。

[3] 《论李维》，第三卷第五章。

[4] 弗洛伦萨的圣安东尼著，《神学大全》(*Summa sacrae theologiae*)。爱德华 · 施图茨援引于《赞美智慧》(*The Praise of Wisdom*)中关于圣托马斯 · 莫尔的乌托邦宗教和道德问题的评论(芝加哥，1957)，第 271 页。

[5] 《亚里士多德的物理评论》(*In Libros Aristotelis Physicorum commentarii*)，尼尔 · W. 吉尔伯特援引于《文艺复兴方法概念》(*Renaissance Concepts of Method*，纽约，1960)，第 168 页。

[6] 马歇尔 · 克拉格特著，《中世纪机械学》(*The Science of Mechanics*，麦迪逊，1959)，第 284 页。

[7] 《关于主要的两个世界体系的对话——托勒密和哥白尼学说》，斯蒂尔曼 · 德雷克译(伯克利，加州，1953)，第 328 页。

[8] 阿尔瓦罗 · 费罗，《1497 年至 1499 年，瓦斯科 · 达 · 伽马首次航行的日志》"*A Journal of the Fist Voyage of Vasco da Gama in 1497-1499*"，发表于《葡萄牙航行》，C.D. 雷尔编(伦敦和纽约，1947)，第 3 页。

[9] 李维斯 · 汉克援引于《巴托洛梅 · 德拉斯卡萨斯》(*Bartolome de las Casas*，海牙，1951)，第 9 页。

[10] 《哥伦布航海日志》(*The Joural of Christopher Columbus*)，C.R. 马卡姆编(哈克路特学会出版，第 86 卷，伦敦，1893)，第 16 页。

第二章

[1] 《浅谈英格兰的公共福利》(*A Discouse of the Common Weal of This Realm of England*),伊丽莎白·拉蒙德编,(剑桥，英国，1893)，第 19、第 38—39 页。

[2] 金特·弗兰茨援引于《德国的内战》(*Der deutsche Bauernkrieg*) 第四版(达姆施塔特，1956)，第 124 页。

第三章

[1] 《信件》(*Lettere*),G. 莱斯卡编,(佛罗伦萨，1929)，第 88—89 页。

[2] W.H. 伍德沃著,《维多里诺及其他人文主义教育家》(*Vittorino da Feltre and Other Humanist Educators*，纽约，1963)，第 177 页。

[3] 皮科·德拉·米兰多拉著,《论文的尊严》，欧金尼奥·加林编,(佛罗伦萨，1942)，第 500 页。

[4] 《随笔集》，F. 斯特罗夫斯基编,(波尔多，1906)，第一卷，第 268 页。

[5] Epistolario di Coluccio Salutati，ed. by Francesco Novati (Rome，1891—1905)，Vol III，p.603.

[6] Pierre Charron，De la sagesse，I，xviii，ed. by A. Duval (Paris，1820 — 1824)，Vol. 1，p.142.

[7] 鲁道夫·威特科尔援引于《人文主义时期的建筑原则》(*Architectural Principle in the Age of Humanism*，伦敦，1949)，第 21 页。

[8. 同上，第 14 页。

[9] V. Golzio，Raffaello nei documenti，nelle testimonianze dei contemporanei e nella letteratura del suo secolo (Vatican City，1936)，pp.30 — 31.

[10] Woodward，Vittorino de Feltre，p.102

[11. 同上，第 137 — 138 页。

12] Sir Thomas Elyot，The Boke Named the Gouvernour，ed. by H. H. S. Croft (London，1880)，Vol. I，pp.295—296.

[13] J. H. 赫克斯特援引于《重评历史》(*Reappraisals in History*) 中的《文艺复兴时期的贵族教育》一文,(纽约，1963)，第 63 页。

[14] 《廷臣书》(*The Book of the Courtier*)，查尔斯·辛格尔顿译,(纽约，1959)，第 110、114 页。

第四章

[1] Quoted by Gaston Zeller, Les institutions de la France au XVIe siècle (Paris, 1948), pp.79—80.
[2] 《共和六书》, M. J. 托雷译(牛津，未注明出版日)，第 197 页。
[3] 卡尔·布兰迪援引于《查理五世皇帝》(*Kaiser Karl V*, 慕尼黑，1937)，第 96 页。
[4] J. H. 艾略特援引于《西班牙帝国，1469—1716》(*Imperial Spain, 1469—1716*, 纽约，1964)，第 157 页。
[5] Quoted by Johannes Janssen, Geschichte des deutschen Volkes seit dem Ausgang des Mittelalters, ed. by L. Pastor (Freiburg—im—Breisgau, 1897), Vol. I, p.523.
[6] 同上，第 547 页。
[7] Storia fiorentina, ch. xi. Opere inedite de Francesco Guicciardini, ed. by P. and L. Guicciardini (Florence, 1859), Vol. III, p.105.
[8] 加勒特·马丁利援引于《文艺复兴时期的外交》(*Renaissance Diplomacy*, 伦敦，1962)，第 117 页。

第五章

[1] 《剑桥现代史》，第一卷(纽约和伦敦，1903)，第 678—679、691 页。
[2] 《中世纪的形成》(纽黑文，1953)，第 153 页。
[3] 《路德作品集》，第 34 卷，路易斯·W. 斯皮茨编，(费城，1960)，第 336—337 页。
[4] 同上，第 337 页。
[5] 《马丁·路德文选》。《海德格尔全集》，第 56 卷，(魏玛，1938 年)，第 312 页。
[6] 同上，第 89、91、382 页。
[7] 《路德作品集》，第 32 卷，哈罗德 J. 格林姆编，(费城，1957 年)，第 100—101 页。
[8] 罗伦·培登援引于《宗教自由的劳苦》(*The Travail of Religious Liberty*, 费城，1951)，第 114 页。
[9] 《答路德》(*Responsio ad Lutherum*)，修女格特鲁德·唐纳利译，(天主教大学中世纪和文艺复兴时期拉丁语研究北美中心，第十三卷，华盛顿特区，1962 年)，第 147 页。
[10] 《马丁路德文集》第 30 卷，(魏玛，1910)，第 110—123 页。
[11] 圣保罗的《使徒书》和《迦拉太书》的评论，P.S. 沃森编(韦斯特伍德，纽约，

未注明出版日期），第195页。

[12] 《答路德》，第127页。

[13] 弗朗索瓦·文德尔援引于《宗教的起源与发展》（*The Origins and Development of His Riligious Thought*），P. 梅雷译，（纽约，1963），第92页。

[14] 《基督教要义》，J. T. 麦克尼尔编，F. L. 巴特尔译，第10—11卷（基督教经典著作图书馆，1960），第11卷，第955、957页。

[15] 《精神和再洗礼派作家》，G.H. 威廉姆斯和A.M. 梅尔嘉编，（基督徒古典图书馆，第25卷，宾夕法尼亚州，1961），第80页。

[16] 约翰·C. 威戈著，《施莱特海姆信纲》"*The Schleitheim Confession of Faith*"，发表于《门诺派季度评论》第19卷（1945），第249页。

[17] 《基督教要义》，墨尼尔编辑，巴特斯翻译，第2卷，第1232页。

[18] 《约翰·诺克斯作品集》（*The Works of John Knox*），戴维·莱恩编，（爱丁堡，1864），第4卷，240页。

第六章

[1] 《马丁·路德作品集》，第四卷（费城，1931），第210—216页，由C.M. 雅各布翻译成英文的《十二条论纲》。

[2] 同上，第240页。

[3] 同上，第249页。

[4] 《门诺·西门斯全集》（*The Complete Writing of Menno Simons*），约翰·C. 温格编，伦纳德·韦尔杜因译（斯科茨代尔，宾夕法尼亚，1956），第599—600页。

[5] 《答路德》（*Responsio ad Lutherum*），修女格特鲁德·唐纳利译（天主教大学中世纪和文艺复兴时期拉丁语研究北美中心，第十三卷，华盛顿特区，1962），第141页。

[6] 罗伦·培登援引于《宗教自由的劳苦》（*The Travail of Religious Liberty*，费城，1951），第70页。

[7] 约瑟夫·雷勒援引于《忍受和宗教改革》（*Toleration and the Reformation*），作者T.L. 韦斯顿译，（纽约、伦敦，1960年），第一卷，第355页。

[8] 《路德作品集》，第十七卷，乔治·福雷尔编，（费城，1958年），第112—113页。

[9] 同上，第114页，第九条注释。

[10] 杰拉尔德·施特劳斯援引于《教会历史》（*Church History*）中的"威廉公爵和巴伐利亚国王路德维格在新教时期头十年的宗教政策"，第13卷，第368页。

[11] G.R. 埃尔顿，《都铎宪法》（*The Tudor Constitution*，剑桥，英国，1962），第355页。

推荐阅读

通俗读物

Myron Gilmore, *The World of Humanism*, 1453—1517（1952）
Denys Hay, *The Italian Renaissance*（1962）
Peter Burke, *The Italian Renaissance*, rev. ed.（1987）
Lewis Spitz, *The Protestant Reformation*（1987）
Wallace K. Ferguson, *The Renaissance in Historical Thought*（1948）
A. G. Dickens et al., *The Reformation in Historical Thought*（1985）

政治史

Brian Pullan, *A History of Early Renaissance Italy*（1973）
Lauro Martines, *Power and Imagination*（1988）
Werner Gundersheimer, Ferrara：*The Style of a Renaissance Despotism*（1970）
Dale Kent, *The Rise of the Medici*（1979）
John Elliott, *Imperial Spain*（1964）
John Lynch, *Spain under the Habsburgs*, Vol. I（1964）
S. T. Bindoff, *Tudor England*（1950）
S. L. Davies, Peace, *Print and Protestantism*（1976）
John Salmon, *Society in Crisis*（1975）
Hajo Holborn, *History of Modern Germany*, vol. I, *The Reformation*（1959）
Karl Brandi, *The Emperor Charles* V, tr. C. V. Wedgwood（1939）
G. R. Elton, *The Tudor Revolution in Government*（1953）
G. R. Elton, *The Tudor Constitution* 2d ed.（1982）
G. Zeller, *Les institution de la France au xvie siècle*（1948）

Ralph Giesey, *The Royal Ceremony in Renaissance France* (1960)
J. Russell Major, *Representative Institutions Renaissance France* (1960)
William Church, *Constitutional Thought in Sixteenth-Century France* (1941)
Sarah Hanley, *The Lit de Justice of the Kings of France* (1983)
F. L. Carsten, *Princes and Parliaments in Germany* (1959)
H. Cohn, ed., *Government in Reformation Europe* (1970)
Garrett Mattingly, *Renaissance Diplomacy* (1955)
F. L. Taylor, *The Art of War in Italy*, 1494—1527 (1921)
Sir Charles Oman, *The Art of War in the Sixteenth Century* (1937)
J. R. Partington, *A History of Greek Fire and Gunpowder* (1937)
J. R. Hale, *War and Society in Renaissance Europe*, 1450—1620 (1985)
Donald Kelley, *Foundation of Modern Historical Scholarship* (1970)
Donald Kelley, *The Human Measure* (1990)
G. Strauss, *Law, Resistance and the State* (1986)
Quentin Skinner, *Foundations of Modern Political Thought* (1978)
Skinner, Richard Tuck, and Raymond Geuss, *Cambridge Texts in the History of Political Thought*

经济和社会史

Cambridge Economic History, esp. vol. 4 (1967)
Carlo Cipolla, *Before the Industrial Revolution*, 2d ed. (1980)
Gene Brucker, *Renaissance Florence* (1969)
Gene Brucker, *The Society of Renaissance Florence* (1971)
Iris Origo, *The Merchant of Prato* (1957)
Raymond de Roover, *The Rise and Decline of the Medici Bank*, 1394—1494 (1963)
Richard Goldthwaite, *Private Wealth in Renaissance Florence* (1968)
Fredrick Lane, *Venice, a Maritime Republic* (1973)
David Chambers, *The Imperial Age of Venice* (1966)
Henri Lepeyre, *Une Famille de marchands : les Ruiz* (1955)
Robert Mandrou, *Les Fugger*
John Hale, *Renaissance Exploration* (1972)
Carlo Cipolla, *Clocks and Culture* (1967)
David Landes, *Revolution in Time* (1983)
Otto Mayr, Authority, *Liberty and Automatic Machinery in Early Modern Europe*

(1986)
Fernand Braudel, *The Mediterranean and the Mediterranean World in the Age of Philip II*, tr. S. Reynolds (1977)
John Elliott, *The Old World and the New* (1970)
Jan de Vries and L. R. Poos, *Renaissance Quarterly*, 44 (1991)
Judith Brown, *Renaissance Quarterly*, 44 (1991)
David Herlihy and Christine Klapisch-Zuber, *Tuscans and Their Families* (1984)
David Herlihy, *Pisa in the Early Renaissance* (1958)
Gene Brucker, *Giovanni and Lusanna* (1986)
Judith Brown, *In the Shadow of Florence* (1982)
Lucien Febvre, *A New Kind of History* (1973)
Robert Mandrou, *Introduction to Modern France, 1500—1640*, tr. R. E. Hallmark (1975)
B. Moeller, *Imperial Cities and the Reformation*, tr. H. C. Erik Middelfort and M. Phillips (1982)
R. Po-Chi Hsia, *The German People and the Reformation* (1988)
Gerald Strauss, *Nuremberg in the 16th Century* (1976)
Margaret King, *Women in the Renaissance* (1991)
Christiane Klapisch-Zuber, Women, *Family and Ritual in Renaissance Italy* (1985)
Samuel Cohn, *The Laboring Classes in Renaissance Florence* (1980)
Michael Baxandall, *The Limewood Sculptor of Renaissance Germany* (1980)
Cipolla, *Before the Industrial Revolution* (2d ed., 1980)
Benjamin Nelson, *The Idea of Usury* (1949)
Leon Battista Alberti, *The Family in Renaissance Florence*, tr. Renée Watkins (1968)
Brucker, *The Society of Renaissance Florence*

思想史

Eugenio Garin, *Italian Humanism: Philosophy and Civic Life in the Renaissance*, tr. Peter Munz (1965)
Paul Oskar Kristeller, *Renaissance Thought: The Classic, Scholastic, and Humanist Strains* (1961)
Paul Oskar Kristeller, *Eight Philosophers of the Italian Renaissance* (1964)
Paul Oskar Kristeller, *Renaissance Concepts of Man* (1972)
James McConica, *English Humanists and Reformation Politics* (1965)
Margo Todd, *Christian Humanism and the Puritan Social Order* (1988)

Lewis Spitz，*The Religious Renaissance of the German Humanist*（1963）
A. Renaudet，*Préréforme et humanisme à Paris pendant les premières guerres d'Italie*，1494—1517，2d ed.（1953）
Lucien Febvre，*The Problem of Unbelief in the Sixteenth Century*，tr. Beatrice Gottlieb（1982）
John Huizinga，*Erasmus and the Age of the Reformation*（1957）
C. Augustijn，*Erasmus：His Life，Works，and Influence*（Toronto，1991）
Lisa Jardine，*Erasmus，Man of Letters*（1993）
Elizabeth Eisenstein，*The Printing Revolution in Early Modern Europe*（1983）
Martin Lowry，*The World of Aldus Manutius*（1979）
William Harrison Woodward，*Vittorino da Feltre and other Humanist Educators*（1897）
Anthony Grafton and Lisa Jardine，*From Humanism to the Humanities*（1986）
Hans Baron，*The Crisis of the early Italian Renaissance*，2d ed.（1966）
Hans Baron，*In Search of Florence Civic Humanism*（1988）
Felix Gilbert，*Machiavelli and Guicciardini：Politics and History in Sixteenth Century Florence*（1965）
Kelley，*Foundations*
Herbert Butterfield，*The Origins of Modern Science*，1300—1800（1949）
Marie Boas Hall，*The Scientific Renaissance*，1450—1630（1962）
Charles Schmitt and Brian Copenhaver，*Renaissance Philosophy*（1992）
Charles Schmitt et al. ed.，*Cambridge History of Renaissance Philosophy*（1986）
Michael Baxandall，*Painting and Experience in Fifteenth-Century Italy*（1972）
John Shearman，*Mannerism*（1978）
Kenneth Clark，The Nude：*A Study in Ideal Form*（1956）
Jean Seznec，*The Revival of the Pagan Gods，tr. Barbara Sessions*（1953）
Erwin Panofsky，*Renaissance and Renascences in Western Art*，2d ed.（1965）
Edgar Wind，*Pagan Mysteries in the Renaissance*，2d ed.（1967）
Baxandall，*The Limewood Sculptors of Renaissance Germany*
Rudolf Wittkower，*Architectural Principles in the Age of Humanism*，3d ed.（1962）
Richard Goldthwaite，*The Building of Renaissance Florence*（1981）

教会和改革

John Bossy，*Christianity in the West*，1400—1700（1985）
Denys Hay，*The Church in Italy in the Fifteenth Century*（1971）

Bernd Moeller, "*Piety in Germany on the Eve of the Reformation*," in *Pre-Reformation Germany*, ed. Gerald Strauss (1972)
Roland Bainton, *The Reformation of the Sixteenth Century* (1952)
A. G. Dickens, *The German Nation and Martin Luther* (1974)
Heiko Oberman, *Luther* (1989)
William Bouwsma, *John Calvin* (1988)
G. R. Potter, *Zwingli* (1976)
Abraham Friesen, *Thomas Muenzer: A Destroyer of the Godless* (1991)
A. G. Dickens, *The English Reformation* (1964)
G. Donaldson, *The Scottish Reformation* (1960)
William Monter, *Calvin's Geneva* (1967)
Steven Ozment, *The Reformation in the Cities* (1975)
Bob Scribner, *For the Sake of Simple Folk* (1984)
Gerald Strauss, *Luther's House of Learning* (1978)
R. Po-Chi Hsia, *Social Discipline in the Reformation* (1989)
George H. Williams, *The Radical Reformation* (1962)
H. Outram Evennett, *The Spirit of the Counter-Reformation, ed. John Bossy* (1968)
Carlo Ginzburg, *The Night Battles, tr. John and Anne Tedeschi* (1985)
Carlo Ginzburg, *The Cheese and the Worms, tr. John and Anne Tedeschi* (1982)
R. Po-Chi Hsia, *Trent 1475* (1992)
Judith Brown, *Immodest Acts* (1986)

专有名词对照表

Aachen 亚琛

Abraham Ortelius 亚伯拉罕 · 奥特柳斯

Acapulco 阿卡普尔科

Acis 阿西斯

Act of Appeals《上诉法》

Act of Succession《继位法》

Act of Supremacy《至尊法案》

Aden 亚丁

Adrianople 阿德里安堡

Adriatic coast 亚得里亚海岸

Aeneas 埃涅阿斯

Aeneid（Virgil）《埃涅阿斯纪》（维吉尔）

Against the Robbing and Murdering Hordes of Peasants《反对杀人越货的农民暴徒》

Aglicola 阿格里科拉

Agostino Chigi 阿戈斯蒂诺 · 齐吉

Albert of Hohenzollen 霍亨索伦家族的阿尔布雷希特

Albertus Magnus 艾尔伯图斯 · 麦格努斯

Albigensian 阿比尔派

Albinus 阿尔比努斯

Albrecht Dürer 阿尔布雷特 · 丢勒

alcabala 阿卡巴拉

Aleppo 阿勒颇

Alessandra Macinghi Strozzi 亚历山大 · 马琴尼 · 斯特拉琪

Alexandria 亚历山大港

Alfonso de Albuquerque 阿方索 · 德 · 阿尔布克尔克

Algiers 阿尔及尔

Allegory of Philosophy《哲学的寓言》
Almadén 阿尔马登
Almagest（Ptolemy）《天文大成》（托勒密）
Alte Pinakothek 老绘画陈列馆
Ambrosius Hochstetter 安布罗修斯 · 霍赫施泰特
Amerigo Vespucci 亚美利哥 · 韦斯普奇
Anabaptist 再洗派信徒
Anatomy of Melancholy《忧郁的剖析》
Andrea Montegna 安德烈亚 · 曼特尼亚
Andrea Palladio 安德烈亚 · 帕拉第奥
Anglicana Ecclesia 英格兰圣公会
Anne Boleyn 安妮 · 博林
Anton Welser 安东 · 韦尔泽
Antonio Averlino（Filarete）安东尼奥 · 阿韦利诺（菲拉雷特）
Antwerp 安特卫普
Apollonius 阿波罗尼奥斯
Apulian 阿普里亚
Aquinas 阿奎纳
Armentières 阿尔芒蒂耶尔
Ashanti 阿善堤
artes liberales（liberal arts）自由的艺术
Artois 阿图瓦
Augsburg 奥格斯堡
Augustinian order 奥古斯丁修会
Augustus 奥古斯都
Aulus Gellius 奥鲁斯 · 格利亚斯
Avignon 阿维尼翁
Aztec 阿兹特克帝国
A Rameli《书轮》
A Reply to the Twelve Articles of the Peasants in Swabia《劝告和平：对上士瓦本农民的十二条款的回复》
Baldassare Castiglione 巴尔达萨雷 · 卡斯蒂利奥奈
Barbary Coast 巴巴里海海岸
Barcelona 巴塞罗那
Baron Haussmann 乔治—欧仁 · 奥斯曼男爵
Bartholomeu Dias 巴尔托洛梅乌 · 迪亚士

Basel 巴塞尔
Battle of Crécy 克雷西战役
Battle of Pavia 帕维亚战役
Beirut 贝鲁特
Belgrade 贝尔格莱德
Bellona 贝洛纳
Benedictine 本笃会
Bern 伯尔尼
Bernardino Ochino 伯纳迪诺 · 欧基诺
Bertolt Brecht 贝尔托 · 布莱希特
Boethius 波爱修
Bohemia 波希米亚
Bohemian Hussites 波希米亚胡斯派
Bolivian highlands 玻利维亚高地
bonae artes（good arts）好的艺术
Bône 波尼
Bosporus 博斯普鲁斯
Bourges 布尔日
Brabant 布拉班特
Brandenburg 勃兰登堡
Brindisi 布林迪西
Britanny 布列塔尼
Bruges 布鲁日
Brunelleschi 布鲁内莱斯基
Brutus 布鲁特斯
Budé 比代
Calabria 卡拉布里亚
Calicut 卡利卡特
Canon《医典》
Canterbury 坎特伯雷
Carpentras 卡庞特拉
Carthusian 加尔都西会
Caterina Sforza 卡特琳娜 · 斯福扎
Catherine de Medici 凯瑟琳 · 德 · 美第奇
Catherine of Aragón 阿拉贡的凯瑟琳
Catullus 卡图卢斯

Cennino Cennini 赛尼诺 · 赛尼尼

Cerro Rico 塞罗里科山

Ceuta 休达

Charlemagne 查理曼大帝

Charles de Bovelles 夏尔 · 德 · 波维尔

Charles Ⅶ 查理七世

Christopher Columbus 克里斯托弗 · 哥伦布

Church of England 英国国教

Cicero 西塞罗

Cimmerian 辛梅里安人

Clement Marot 克莱昂 · 马罗

Cnidian Aphrodite 阿芙洛狄忒

Colloquies《对话录》

Cologne 科隆

compagnies d' ordonnance 皇室直属骑士团

Conard Vöhlin 科南特 · 沃林

Concerning Heretics and Whether They Should be Punished by the Sword of the Magistrate《论异端》

conciliar 教会会议

Concordat of Bologna《博洛尼亚协定》

Conrad Celtis 康拉德 · 策尔蒂斯

Conrad Grebel 康拉德 · 格里贝尔

Consolation of Philosophy《哲学的安慰》

Contra libellum Calvini《驳加尔文书》

Conversors 改宗犹太人

corregidor 行政长官

Cortes 科尔特斯

Cosimo de' Medici 科西莫 · 德 · 美第奇

Cotswolds 科茨沃尔德

Council of Trent 特伦托宗教会议

count of Visconti 维斯孔蒂伯爵

Counter-Reformation 反宗教改革

Cross of Christ 基督十字架时期

crusado 克鲁扎多

cuius regio（einus religio）教随国定

Customary Law 习惯法

Cuzco 库斯科

Dan John 丹 · 约翰
Defensor fidei 信仰捍卫者
Denaturafossilium《化石研究》
Deofficiis（Cicero）《论责任》（西塞罗）
Desiderius Erasmus 德西德里乌斯 · 伊拉斯谟
De revolutionibus orbium coelestium《天体运行论》
De re metallica《矿冶全书》
Deuteronomy《申命记》
Dido 狄多
Diebold Lauber 迪博尔德 · 劳伯
Diet of Speyer 施派尔会议
Diets of Worms and Augsburg the estates 沃尔姆斯和奥格斯堡的议会
Dijon 第戎
Diophantus 丢番图
Discourses on Livy《论李维》
Dominican 多明我会
Donatello 多纳泰罗
Donation of Constantine《君士坦丁的捐赠》
Donato Bramante 多纳托 · 伯拉孟特
Drummer 德鲁默尔
Duke George of Saxony 萨克森公爵乔治
Duke of Burgundian 勃艮第公爵
dukes of Guise 吉斯公爵
duke of Este 埃斯特公爵
dukes of Saxony 萨克森公爵
dukes of Württemberg 符腾堡公爵
East Anglia 东安格利亚
écus 埃居
encyclopedia 百科全书
English Lollards 英国罗拉德派
Epicureanism 伊壁鸠鲁学说
Erasmus 伊拉斯谟
Erasmus of Rotterdam 鹿特丹的伊拉斯谟
Ermolao Barbaro 厄尔默劳 · 巴巴罗
eruditio in stitutioque in bonas artes 好的艺术中的知识
Estremadura 埃斯特雷马杜拉省

Euphrates River 幼发拉底河
fall of Constantinople 君士坦丁堡的陷落
Ferdinand Magellan 斐迪南 · 麦哲伦
Ferdinand of Aragon 阿拉贡的斐迪南国王
Fernando Francisco Avalos 弗朗切斯科 · 特 · 阿瓦洛
Ferrara 费拉拉
Ferrarese 费拉拉
filosofogeometra 哲学几何学家
First Epistle of John《约翰书》
Florentine History《佛罗伦萨史》
Francis Ⅰ 弗朗索瓦一世
Francesco Guicciardini 弗朗切斯科 · 圭恰迪尼
Francesco Petrarca 弗朗西斯克 · 彼得拉克
Franche-Comté 弗朗什—孔泰
Francisco Pizarro 法兰西斯克 · 皮泽洛
Francus 弗兰克斯
Frank Lloyd Wright 弗兰克 · 劳埃德 · 赖特
Franks 法兰克人
free and imperial cities 自由帝国城市
Friuli 弗留利
Fuggerei 富格尔区
Gabrieli 加布里埃利
Galatea《伽拉忒亚》
Galen 伽林
Galileo 伽利略
Gascony 加斯科尼
Gasparo Contarini 加斯帕罗 · 孔塔里尼
Gattamelata 加塔梅拉塔骑马像
Genoa 热那亚
Gentile da Fabriano 金泰尔 · 达 · 法布里亚诺
Georg Blaurock 乔治 · 布洛克
George of Trebizond 特拉布宗的乔治
Georg Bauer 格奥尔 · 鲍尔
Gerardus Mercator 吉哈德斯 · 墨卡托
Gerelamite monastery of Yuste 雅斯特修道院
Germania《日耳曼尼亚志》

Ghent 根特
Giordano Bruno 乔尔丹诺 · 布鲁诺
Giotto 乔托
Giovanni Boccaccio 乔万尼 · 薄伽丘
Girolamo Savonarola 吉洛拉谟 · 萨伏那罗拉
Glarus 格拉鲁斯
Goa 果阿
Golden Bull《金玺诏书》
Golden Fleece 金羊毛勋章
Goro Dati 戈罗 · 达提
Gossembrots 戈森布罗特家族
Gotz von Berlichingen 古兹 · 冯 · 伯利辛根
Granada 格拉纳达
Grossmünster 格罗斯大教堂
Guanajuato 瓜纳华托
Guglielmo della Porta 古列尔莫 · 德拉 · 波尔塔
Guillaume Budé 纪尧姆 · 比代
Guinea 几内亚
Habsburgs 哈布斯堡家族
Hans Böhm 汉斯 · 博伊姆
Hans Holbein the Younger 小汉斯 · 霍尔拜因
Hans Lufft 汉斯 · 卢富特
Hans Sachs 汉斯 · 萨克斯
Hartmann Schedel 哈特曼 · 舍德尔
Henry Charles Lea 亨利 · 查尔斯 · 李
Hercules 赫拉克勒斯
Hernando Cortes 赫南多 · 科尔特斯
Herwarts 赫沃特家族
Hieronymus Bosch 希罗尼穆斯 · 博斯
Hipparchus 希帕克斯
Histories of Florence《佛罗伦萨史》
History of Florence《佛罗伦萨的历史》
History of Italy《意大利史》
Hochstetters 霍赫施泰特家族
holy youngster 神圣少年
humanae artes（human arts）人的艺术

humanism 人文主义
humanist 人文主义者
Hungary 匈牙利
Hythloday 希斯洛德
Iberian Peninsula 伊比利亚半岛
Ignatius of Loyola 圣依纳爵 · 罗耀拉
Île-de-France 巴黎及其周边地区
Imitation of Christ《效法基督》
impetus 冲力
Inca 印加帝国
Institutes of the Christian Religion《基督教要义》
Isabella of Castile 卡斯蒂利亚的伊莎贝拉女王
ius emigrandi 移民的权利
ius reformandi 改革的权利
Jacopo d'Angelo 雅各布 · 丹吉洛
Jacopo Sadoleto 雅各布 · 塞杜徒
Jacopo Zabarella 杰克柏 · 萨巴瑞拉
Jacques Lefevre d' Etaples 雅各 · 勒菲弗 · 戴塔普勒
Jakob Fugger 雅各布 · 富格尔
Jean Bodin 让 · 博丹
Jean de Lannoy 让 · 德 · 兰农
Jenné 杰内
Jesuits 耶稣会
Johann Fust 约翰内斯 · 福斯特
Johann Gutenberg 约翰内斯 · 谷登堡
Johann Reuchlin 约翰内斯 · 罗伊希林
Johannes Regiomontanus 约翰内斯 • 雷格蒙塔努斯
Johannine Comma《约翰福音》
John Colet 约翰 · 科利特
John Frederick 约翰 · 腓特烈
John Knox 约翰 · 诺克斯
John of the Cross 十字架的约翰
Johnnes Oecolampadius 约翰内斯 · 厄科兰帕迪乌斯
José de Acosta 庞塞 · 德 · 阿科斯塔
Jost Amman 约斯特 · 安曼
Juana 胡安娜

Justinian Code《查士丁尼法典》
Juvenal 尤文纳里斯
Kepler 开普勒
King Charles Ⅷ 查理八世国王
King John Ⅰ国王若昂一世
King John Ⅱ 若昂二世国王
King Louis of Hungary and Bohemia 匈牙利和波希米亚的国王拉约什
Landgrave Philip of Hesse 黑森伯爵腓力
landgraves of Hesse 黑森伯爵
Lateran Council 拉特兰会议
Lefèvre d' Étaples 勒菲弗 · 戴塔普勒
Leipzig 莱比锡城
Leonardo Bruni 莱昂纳多 · 布鲁尼
Leonardo da Vinci 列奥纳多 · 达 · 芬奇
Leon Battista Alberti 莱昂 · 巴蒂斯塔 · 阿尔伯蒂
Leopold Ranke 利奥波德 · 兰克
Lepanto 勒班陀
Letters《信件集》
Le Corbusier 勒 · 柯布西耶
Liber chronicarum《编年史》
lieutenant 海军上尉
Lisbon 里斯本
Litterarum（literature）文学
Livy 李维
Lodovico Ariosto 卢多维可 · 阿里奥斯托
Lorenzo Ghiberti 吉贝尔蒂
Lorenzo Valla 洛伦佐 · 瓦拉
Lucas Cranach 卢卡 · 克拉纳赫
Lucas Cranach the Elder 老卢卡斯 · 克拉纳赫
Lucca 卢卡
Lucien Febvre 路西安 · 费夫尔
Lyons 里昂
Macedonia 马其顿
Maghrib 马格里布
Mainz 美因茨
major term 大项

Malabar Coast 马拉巴尔海岸
Malacca 马六甲
Mali 马里
Malleus Maleficarum《女巫之锤》
Mansa Musa 曼萨 · 穆萨
Marburg 马尔堡
Marburg in Hesse 黑森州马尔堡
marchese di Pescara 佩斯卡拉侯爵
Marcus Aurelius 马可 · 奥勒留
Marignano 马里格纳诺
Marinus 马里纳斯
Marranos 马拉诺
Marseille 马赛
Marsilio Ficino 马尔西利奥 · 费奇诺
Mary of Burgundy 勃艮第的玛丽
Mary Tudor 玛丽 · 都铎
Masaccio 马萨乔
Maundy Thursday 主立圣餐日
Melchior Lorck 梅尔基奥尔 · 洛克
Menno Simons 门诺 · 西门斯
menu people 蚁民
Mercurius 墨丘利
metanoeite 忏悔
métayage 土地收益分成制
Michael Servetus 米格尔 · 塞尔维特
Michel de Montaigne 蒙田
Michel Wohlgemuth 米歇尔 · 沃尔格穆特
middle term 中项
Minerva Expelling the Vices from the Grove of Virtue《密涅瓦将邪恶驱逐出道德园》
Mohács 摩哈赤
Montaigne 蒙田
Monticello 蒙蒂塞洛庄园
Montmorency 蒙莫朗西
Montorio 蒙托丽欧
Morat 莫拉特
Mühlberg 穆尔堡

Munich 慕尼黑
Münster 明斯特
Natural History《自然史》
Neusohl 诺伊索尔
Niani 尼亚尼
Niccolò Machiavelli 尼可罗 · 马基雅维利
Niccolò Tartaglia 尼科洛 · 塔尔塔利亚
Nicolaus Copernicus 尼古拉 · 哥白尼
Niklashausen 尼克拉斯豪森
Normans 诺曼人
Nova reperta《新发现》
Noyon 努瓦永
Nunciatura 罗马教皇使团
Nuremberg 纽伦堡
one-point perspective 一点透视法
On Painting《论绘画》
On the Family《关于家庭》
On the Revolutions of the Celestial Spheres（Copernicus）《天体运行论》（哥白尼）
Open Letter to the Christian Nobility of the German Nation《致德意志的基督教贵族公开书》
Oration on the Dignity of Man《论人的尊严》
Oratory of Divine Love 圣爱会
order of St. Augustine 募缘会
Order of the Garter 嘉德勋章
Orléans 奥尔良
Ormuz 霍尔木兹海峡
Orpheus 俄耳甫斯
Otranto 澳特兰托
Ovid 奥维德
pagan Capitol 非基督教神殿
Palestrina 帕莱斯特里那
Pappus 帕波斯
Paracelsus 帕拉塞尔苏斯
Paraguay 巴拉圭
Paumgartners 保姆嘉特纳家族
Peace of Augsburg《奥格斯堡和约》

Peace of Cateau-Cambrésis《卡托—康布雷西和约》
Peter Schöffer 彼得 · 舍弗
Philip Melanchthon 菲利普 · 梅兰希通
Philip the Handsome 美男子腓力
Phocylides Miletus 甫西里第斯 · 米勒图斯
Picardy 皮卡第
Pico della Mirandola 皮科 · 德拉 · 米兰多拉
Pienza 皮恩扎
Piero Soderini 皮耶罗 · 索德里尼
Pierre de Brandtome 皮埃尔 · 德 · 布兰托姆
Pierre Terrail 皮埃尔 · 特利尔
Pietro Bembo 皮埃特罗 · 本博
planetary conjunction 双鱼座行星合
Pliny 普林尼
poenitentiam agite 忏悔的正式行为
Politics《政治学》
Poor Richard's Almanack《穷理查历书》
Pope Paul Ⅲ 教皇保罗三世
Pope Paul IV 教皇保罗四世
posteriori 后验
Potosí 波托西
Poussin 让普桑
Praemunire《王权侵害罪法令》
Prester John 祭司王约翰
primogeniture 长嗣继承权
Prince Henry 亨利王子
prince of Orange 奥兰治亲王
Princeps legibus solutus "国王不受法律约束"
priori 先验
Psalms《诗篇》
Pyrenees 比利牛斯山
Quicquid principi placuit legis habet vigorem "国王的意愿是具有法律效力的"
Real Presence 真在论
Regnum Italicum 意大利王国
Reichstag（imperial Diet）国会
Rems 雷姆家族

Republic《理想国》
Restitution of Christianity《基督教原理补正》
Rhineland 莱茵兰
Río de la Plata 拉普拉塔河
Robert Burton 罗伯特 · 伯顿
Roger Bacon 罗杰 · 培根
Rosso Fiorentino 罗素 · 菲伦蒂诺
Rufinus 鲁菲努斯
sacrament of the Eucharist 圣餐礼
Sardinia 萨丁尼亚岛
Savonarola 萨沃纳罗拉
Savoy 萨伏依
Saxony 萨克森
Schaffhausen 沙夫豪森
Schleitheim Confession《施莱特海姆信纲》
Sebastianus Castellio 塞巴斯蒂安 · 卡斯特利奥
Seneca 塞内卡
Seville 塞维利亚
Sforza 斯福扎
Simon Magus 西门 · 马格斯
Soderini 所代里尼
sola fide 唯独信心
sola gratia 唯独恩典
sola scriptura 唯独圣经
sovereignty 主权
Statute of Provisors《圣职授职法令》
Strasbourg 斯特拉斯堡
studia humanitatis（humanities）人文主义
Study of History《历史学习简介》
St.Augustine 圣奥古斯丁
St. Jerome 圣杰罗姆
St. Paul's School 圣保罗学校
St. Thomas Aquinas 圣托马斯 · 阿奎纳
Sudan 苏丹
Suez 苏伊士
Suleiman the Magnificent 苏莱曼大帝

Sultan Mahomet Ⅱ 苏丹穆罕默德二世
summus episcopus 教会首领
Swabian 斯瓦比亚
Tacitus 塔西佗
taille 平民税
Tempietto 坦比哀多礼拜堂
Terence 特伦斯
Teresa of Ávila 阿维拉的圣特雷萨
Terminus 特尔米努斯
Theocritus 忒奥克里托斯
the baillis 地方政府官员
The Book of Daniel 但以理书
The Book of the Courtier《廷臣书》
The Cerro Rico of Potosí《波托西的里科山》
The City of God《上帝之城》
the Council of Nicaea 尼西亚会议
the Diet of Worms 沃尔姆斯会议
the established Church 英国国教
the Gemeinpfennig 联邦税
The Holly Roman Empire 神圣罗马帝国
the Incarnation 道成肉身
the island of Hispaniola 伊斯帕尼奥拉岛
the island of São Tomé 圣多美岛
the Landfriede 社会安定
the Last Judgment 末日审判
The Laws《律法》
the Moluccas 摩鹿加群岛
the monastery of Weissenau 韦瑟拿修道院
the Moors 摩尔人
the North Sea 北海
The Praise of Folly《愚人颂》
the Reichskammergericht 法院
the Reichsregiment 行政委员会
the Stoics 斯多葛学派
The Three Penny Opera《三便士歌剧》
the Visigoths 西哥特人

the younger Pliny 小普林尼
Thomas Cranmer 托马斯 · 克兰麦
Thomas Cromwel 托马斯 · 克伦威尔
Thomas More 托马斯 · 莫尔
Thucydides 修昔底德
Tiber River 台伯河
Tibullus 提布卢斯
Timbuktu 廷巴克图
Titian 提齐安诺 · 维伽略
Tolfa 托尔法
Tommaso Campanella 托马索 · 康帕内拉
transubstantiation 圣餐变体论
treasure-man 寻宝者
Trier 特里尔
Tudors of England 英格兰都铎王朝
Tunis 突尼斯
Tuscany 托斯卡纳
Twelve Articles《十二条款》
Tyrol 蒂罗尔
universitas Christiana 基督教集合体
University of Erfurt 爱尔福特大学
University of Salamanca 萨拉曼卡大学
Unterweisung der Messung《尺规测量艺术引论》
Ursulines 乌尔苏拉会修女
Valentina 瓦伦蒂纳
vanishing point 灭点
Van Eyck 范 · 艾克
Vasco da Gama 瓦斯科 · 达 · 伽马
Venice 威尼斯
Vespasiano da Bisticci 韦斯帕夏诺 · 达 · 比斯特奇
Vienna 维也纳
Villers-Cotterêts 威莱—克特
Walata 瓦拉塔
Wesel 韦瑟尔
Wihelm Pleydenwurff 威廉 · 普莱登沃夫
William of Nassau 拿骚公爵威廉

Wittelsbach dukes of Bavaria 巴伐利亚的维特尔斯巴赫公爵
Wittenberg 维滕贝格
Ypres 伊普尔
Zacatecas 萨卡特卡斯